汽车车身电路详解

转向助力·无钥匙进入
整车配电·电动后视镜

第三册

曹晶 编著

化学工业出版社
·北京·

内容简介

本书介绍了汽车车身电路中的转向助力系统、无钥匙进入系统、整车配电系统和电动后视镜系统电路，结合市面上常见车型的实车彩色电路图，对其功能组成、工作原理、控制类型、控制方式和典型控制电路及故障诊断方法、技巧等进行了详细的讲解和剖析。书中涵盖的车型包括大众/奥迪、别克/雪佛兰/凯迪拉克、比亚迪、吉利、奇瑞、长安、丰田、本田、马自达、日产、三菱、现代/起亚、福特、传祺、宝马、长城等。

本书内容实用，通俗易懂，适合汽车维修技术人员阅读，可供汽车维修培训机构、职业技术院校汽车相关专业师生参考。

图书在版编目（CIP）数据

汽车车身电路详解. 第三册，转向助力·无钥匙进入·整车配电·电动后视镜/曹晶编著. —北京：化学工业出版社，2022.1
ISBN 978-7-122-40060-4

Ⅰ. ①汽… Ⅱ. ①曹… Ⅲ. ①汽车 - 车体 - 电子系统 - 电路 Ⅳ. ①U463.62

中国版本图书馆CIP数据核字（2021）第206183号

责任编辑：黄 滢　张燕文　　　　　　　文字编辑：朱丽莉　陈小滔
责任校对：杜杏然　　　　　　　　　　　装帧设计：王晓宇

出版发行：化学工业出版社（北京市东城区青年湖南街13号　邮政编码100011）
印　　装：北京瑞禾彩色印刷有限公司
880mm×1230mm　1/16　印张17　字数534千字　2022年3月北京第1版第1次印刷

购书咨询：010-64518888　　　　　　　　售后服务：010-64518899
网　　址：http://www.cip.com.cn
凡购买本书，如有缺损质量问题，本社销售中心负责调换。

定　　价：128.00元　　　　　　　　　　　　　　　　　　　　　版权所有　违者必究

前言 PREFACE

随着汽车制造业的快速发展和技术进步的加快，现代汽车的构造也越来越复杂，原因之一就是汽车电路在汽车上所占的比重越来越大。因此，现代汽车维修，最核心的内容就是汽车电路维修。汽车维修技术人员检测、诊断和排除故障等，都离不开汽车电路，都要围绕和结合实际的汽车电路进行。

而据笔者长期从事汽车维修培训和教学的经验来看，绝大多数的汽车维修入门人员，由于对汽车车身电路的基本原理、构造等理论知识还缺乏深入的理解，尤其是对汽车车身电路维修的要领和技巧还缺乏系统的掌握，不能很好地驾驭。这就导致了他们在从事汽车维修工作两三年以后，常常会出现技术瓶颈，给维修工作带来困难。因此，还需要有相关的理论书籍作指导，进一步提升理论知识和加强维修实践操作技能。为了帮助这些人员快速适应汽车维修工作岗位的需求，在化学工业出版社的组织下，特编写了《汽车车身电路详解》。由于车身电路纵横交错、较为复杂，因此在编写过程中将其分成四册，逐一对车身电路知识进行详细介绍。

本书为《汽车车身电路详解》的第三册，详细介绍了汽车车身电路中的转向助力系统、无钥匙进入系统、整车配电系统和电动后视镜系统电路，结合市面上常见车型的实车彩色电路图，对其功能组成、工作原理、控制类型、控制方式和典型控制电路及故障诊断方法、技巧等进行了细致的讲解和剖析。书中涵盖的车型广泛，如大众/奥迪、别克/雪佛兰/凯迪拉克、比亚迪、吉利、奇瑞、长安、丰田、本田、马自达、日产、三菱、现代/起亚、福特、传祺、宝马、长城等，有利于读者有针对性地对照学习和理解，举一反三。

本书为全彩色印刷，编写过程中努力做到图片精美丰富、内容通俗易懂，力求既适合初中级汽车维修工、汽车电工使用，也可作为汽车类职业技术院校师生教学和自学的参考书及相关企业的培训用书。

本书由大力汽修学院创始人兼首席培训讲师曹晶结合自身多年培训教学和汽车电路维修实践经验精心编写而成，编写过程中参考了部分厂家的原车维修手册及相关的多媒体资料，在此一并表示感谢！

限于笔者水平，书中疏漏之处在所难免，恳请广大读者批评指正。

编著者

目录 CONTENTS

第一章 电子转向助力系统典型控制电路详解 001

第一节　转向助力系统的作用 ……………………………………… 001

第二节　转向助力系统的类型 ……………………………………… 001

第三节　电子转向助力系统的组成 ………………………………… 002

第四节　电子转向助力系统的工作原理 …………………………… 003

第五节　电子转向助力系统的功能 ………………………………… 004

　一、主动回正功能 …………………………………………………… 004

　二、直线行驶功能 …………………………………………………… 004

第六节　电子转向助力系统典型控制电路 ………………………… 004

　一、相关部件及作用 ………………………………………………… 004

　二、大众/奥迪车型电子转向助力系统典型电路详解——大众迈腾控制
　　　电路 ………………………………………………………………… 005

　三、别克/雪佛兰/凯迪拉克车型电子转向助力系统典型电路详解——别克
　　　威朗控制电路 …………………………………………………… 008

　四、吉利车型电子转向助力系统典型电路详解——远景 X1 控制电路 … 009

　五、长安车型电子转向助力系统典型电路详解——悦翔 V7 控制电路 …… 010

　六、丰田车型电子转向助力系统典型电路详解——卡罗拉控制电路 …… 011

　七、本田车型电子转向助力系统典型电路详解——XR-V 控制电路 …… 016

　八、马自达车型电子转向助力系统典型电路详解——CX-4 控制电路 …… 020

　九、日产车型电子转向助力系统典型电路详解——轩逸控制电路 …… 021

　十、现代/起亚车型电子转向助力系统典型电路详解——现代名图 MISTRA
　　　控制电路 ………………………………………………………… 022

　十一、福特车型电子转向助力系统典型电路详解——锐界控制电路 …… 022

　十二、传祺车型电子转向助力系统典型电路详解——GS4 控制电路 …… 025

　十三、宝马车型电子转向助力系统典型电路详解——3 系 G28 控制电路 … 025

　十四、长城车型电子转向助力系统典型电路详解——WEY（魏派）VV7 控制
　　　电路 ……………………………………………………………… 028

第七节　电子转向助力系统典型故障检修技巧 …………………… 029

　一、EPS 警告灯保持常亮诊断流程 ………………………………… 029

　二、转向助力失效诊断流程 ………………………………………… 030

　三、供电电压过低故障诊断 ………………………………………… 030

　四、转矩传感器信号安全校验错误故障诊断 ……………………… 031

　五、ECU 控制软件失效故障诊断 …………………………………… 032

六、电机传感器失效故障诊断……………………………………………………… 034

第二章
无钥匙进入系统典型控制电路详解

035

第一节　无钥匙进入系统介绍…………………………………………………… 035
第二节　无钥匙进入系统的组成………………………………………………… 035
第三节　无钥匙进入系统的功能………………………………………………… 036
　一、解锁车门（以大众迈腾车型为例）………………………………………… 036
　二、进入车内（以大众迈腾车型为例）………………………………………… 036
第四节　无钥匙进入系统典型控制电路………………………………………… 037
　一、相关部件及作用…………………………………………………………… 037
　二、大众/奥迪车型无钥匙进入系统典型电路详解——大众迈腾控制电路…… 037
　三、别克/雪佛兰/凯迪拉克车型无钥匙进入系统典型电路详解——别克君
　　　越控制电路………………………………………………………………… 039
　四、吉利车型无钥匙进入系统典型电路详解——帝豪GS控制电路………… 045
　五、比亚迪车型无钥匙进入系统典型电路详解——元控制电路…………… 049
　六、长安车型无钥匙进入系统典型电路详解——悦翔V7控制电路………… 049
　七、丰田车型无钥匙进入系统典型电路详解——卡罗拉控制电路………… 054
　八、本田车型无钥匙进入系统典型电路详解——XR-V控制电路…………… 058
　九、马自达车型无钥匙进入系统典型电路详解——CX-4控制电路………… 061
　十、日产车型无钥匙进入系统典型电路详解——轩逸控制电路…………… 067
　十一、现代/起亚车型无钥匙进入系统典型电路详解——现代名图MISTRA
　　　　控制电路………………………………………………………………… 070
　十二、福特车型无钥匙进入系统典型电路详解——锐界控制电路………… 076
　十三、传祺车型无钥匙进入系统典型电路详解——GS4控制电路………… 079
　十四、宝马车型无钥匙进入系统典型电路详解——3系G28控制电路…… 086
　十五、长城车型无钥匙进入系统典型电路详解——WEY（魏派）VV7控制
　　　　电路………………………………………………………………………… 087
第五节　无钥匙进入系统典型故障检修技巧…………………………………… 096
　一、快速定位之车内遥控上锁法……………………………………………… 096
　二、快速定位之车外触摸上锁法……………………………………………… 097
　三、与BCM失去通信故障诊断………………………………………………… 097
　四、与AC（AC-FCP）失去通信故障诊断……………………………………… 098
　五、与GW失去通信故障诊断…………………………………………………… 098
　六、无钥匙控制模块至车内前部天线之间的线路故障诊断………………… 099

目录 CONTENTS

　　七、无钥匙控制模块内部天线检测传感器故障诊断 …………………………… 101

　　八、左前/右前门把手天线故障诊断 …………………………………………… 102

　　九、室内一号天线故障、室内二号天线故障、室内三号天线故障、后备门
　　　　天线故障诊断 ………………………………………………………………… 103

　　十、车内前部天线故障诊断 ……………………………………………………… 104

　　十一、车内中部天线故障诊断 …………………………………………………… 106

　　十二、车内后部天线故障诊断 …………………………………………………… 108

　　十三、前乘员侧天线故障诊断 …………………………………………………… 109

第三章　整车配电系统典型控制电路详解　　113

第一节　点火开关的作用 ……………………………………………………………… 113

第二节　点火开关的类型 ……………………………………………………………… 114

　　一、三挡位式点火开关 …………………………………………………………… 114

　　二、四挡位式点火开关 …………………………………………………………… 114

　　三、带智能进入和启动系统的点火开关 ………………………………………… 115

第三节　整车配电系统典型控制电路 ………………………………………………… 116

　　一、大众/奥迪车型整车配电系统启动电路典型电路详解——大众宝来控制
　　　　电路 …………………………………………………………………………… 116

　　二、别克/雪佛兰/凯迪拉克车型整车配电系统启动电路典型电路详解——
　　　　别克威朗控制电路 …………………………………………………………… 116

　　三、比亚迪车型整车配电系统启动电路典型电路详解——速锐控制电路 …… 125

　　四、吉利车型整车配电系统启动电路典型电路详解——全球鹰GC7控制
　　　　电路 …………………………………………………………………………… 128

　　五、长安车型整车配电系统启动电路典型电路详解——悦翔V7控制
　　　　电路 …………………………………………………………………………… 128

　　六、丰田车型整车配电系统启动电路典型电路详解——卡罗拉控制电路 …… 133

　　七、本田车型整车配电系统启动电路典型电路详解——飞度控制电路 ……… 140

　　八、日产车型整车配电系统启动电路典型电路详解——轩逸控制电路 ……… 140

　　九、现代/起亚车型整车配电系统启动电路典型电路详解——现代名图MISTRA
　　　　控制电路 ……………………………………………………………………… 146

　　十、传祺车型整车配电系统启动电路典型电路详解——GS4控制电路 ……… 151

　　十一、长城车型整车配电系统启动电路典型电路详解——WEY（魏派）
　　　　　VV7控制电路 ……………………………………………………………… 163

第四节　整车配电系统的典型故障检修技巧 …… 198
一、ACC 继电器输出故障、IG1 继电器输出故障、IG2 继电器输出故障、START 继电器输出故障诊断 …… 198
二、组合仪表对搭铁短路或对电压短路故障诊断 …… 200
三、附件电源电路故障诊断 …… 201
四、可中断的保持型附件电源继电器电路故障诊断 …… 201

第四章　电动后视镜典型控制电路详解　　203

第一节　电动后视镜的作用与组成 …… 203
一、电动后视镜的作用 …… 203
二、电动后视镜的组成及开关电路 …… 203

第二节　电动后视镜的工作原理 …… 205

第三节　电动后视镜的典型控制电路 …… 206
一、相关部件 …… 206
二、大众/奥迪车型电动后视镜典型电路详解——大众迈腾控制电路 …… 206
三、别克/雪佛兰/凯迪拉克车型电动后视镜典型电路详解——别克君越控制电路 …… 211
四、比亚迪车型电动后视镜典型电路详解——比亚迪元控制电路 …… 213
五、吉利车型电动后视镜典型电路详解——帝豪 GS 控制电路 …… 214
六、长安车型电动后视镜典型电路详解——悦翔 V7 控制电路 …… 217
七、丰田车型电动后视镜典型电路详解——卡罗拉控制电路 …… 217
八、本田车型电动后视镜典型电路详解——XR-V 控制电路 …… 221
九、马自达车型电动后视镜典型电路详解——CX-4 控制电路 …… 224
十、日产车型电动后视镜典型电路详解——轩逸控制电路 …… 226
十一、现代/起亚车型电动后视镜典型电路详解——现代名图 MISTRA 控制电路 …… 228
十二、福特车型电动后视镜典型电路详解——锐界控制电路 …… 228
十三、传祺车型电动后视镜典型电路详解——GS5 控制电路 …… 237
十四、宝马车型电动后视镜典型电路详解——3 系 G28 控制电路 …… 237
十五、长城车型电动后视镜典型电路详解——哈弗 H6 控制电路 …… 248

第四节　电动后视镜的典型故障检修技巧 …… 254
一、故障症状表 …… 254
二、所有后视镜都不能调节诊断流程 …… 254

三、单一后视镜不能调节诊断流程 …………………………………… 256

四、单一后视镜不能折叠诊断流程 …………………………………… 258

五、检查车外后视镜总成 ……………………………………………… 258

六、检查车外后视镜开关总成 ………………………………………… 260

七、检查电动外后视镜折叠开关电路 ………………………………… 261

八、电动外后视镜镜片调节电路 ……………………………………… 262

九、电动外后视除霜电路 ……………………………………………… 263

第一章 电子转向助力系统典型控制电路详解

第一节 转向助力系统的作用

汽车转向助力系统的作用是根据车辆行驶需要，按照驾驶员的意图适时改变汽车的行驶方向。其示意图如图 1-1-1 所示。

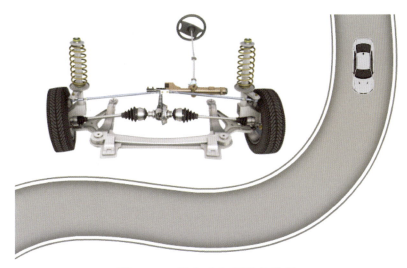

图 1-1-1　转向助力系统的作用

第二节 转向助力系统的类型

如图 1-2-1 所示，按动力能源类型，动力转向助力系统可分为液压助力转向系统和电动助力转向系统两种。

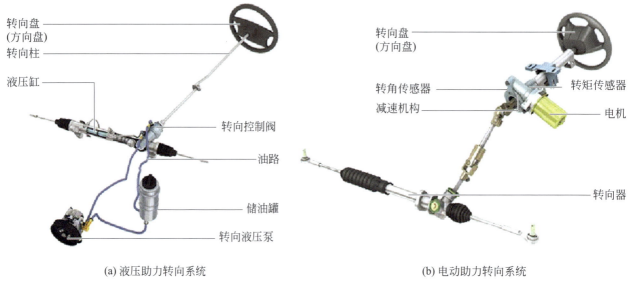

(a) 液压助力转向系统　　　(b) 电动助力转向系统

图 1-2-1　转向助力系统的类型

第三节
电子转向助力系统的组成

电子转向助力系统由动力转向系统控制模块、动力转向电机、动力转向电机旋转传感器、转矩传感器、转向机（齿条和双齿轮）等部件组成（图 1-3-1）。

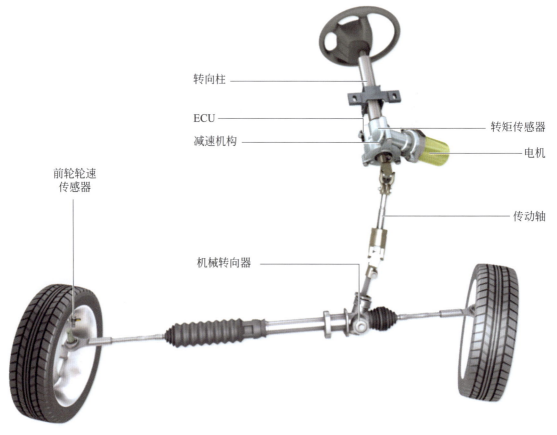

图 1-3-1　电子转向助力系统的组成

第四节
电子转向助力系统的工作原理

如图 1-4-1 所示，转矩传感器测得驾驶员发出的转向力矩，电子控制单元根据转向力矩、车速、转向角、转向速度以及其他输入值，计算出所需的助力力矩。

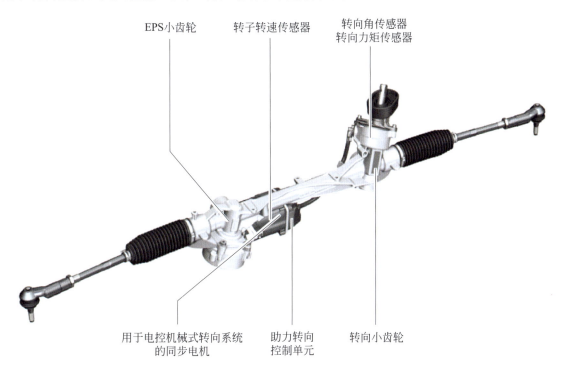

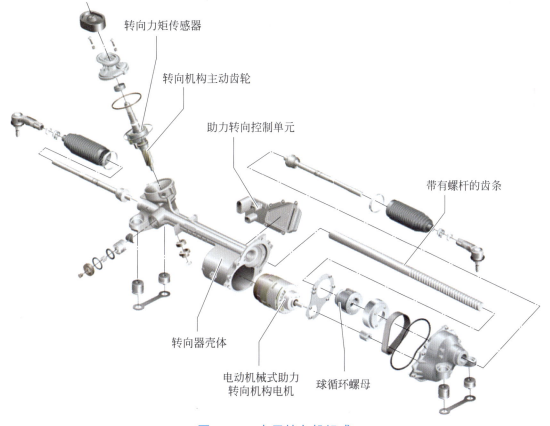

图 1-4-1　电子转向机组成

电机内部有一个转子转速传感器，负责探测电机的转子位置。控制单元内集成了一个温度传感器，负责测量输出端温度。如果超过了规定的极限值，系统就会逐级减小转向助力。如果识别出系统故障，则会切断转向助力系统。这时会亮起一个黄色或红色指示灯，并发出报警音信号，从图像和声音两方面告知驾驶员出现系统故障。

第五节 电子转向助力系统的功能

一、主动回正功能

如果驾驶员在转弯的过程中减小了施加在方向盘上的力矩，旋转杆上的转矩也相应减小。于是在转向力减小的同时，转向角度和转向的速度都相应地减小，回转速度也相应被精确地检测到。控制单元根据转向力、车速、发动机转速、转向角度、转向速度和存储在控制单元中的特性曲线计算出电机需要的必要的回正力，并控制电机工作，促使车轮回到直线行驶的方向，即中心位置。

二、直线行驶功能

直线行驶功能是主动回正功能的一个扩展，当没有力矩作用在方向盘上时，系统将产生助力使车轮回到中心位置。

为实现直线行驶功能，又分为长时间法则和短时间法则两种不同的情况。

1. 长时间法则

当长时间发生背离中心位置任何一侧时，系统将起到平衡的作用，如将夏季使用的轮胎换到冬季使用。

2. 短时间法则

当短时间发生背离中心位置的任何一侧时，系统将起到平衡的作用，如受到侧向风时。

当车辆受到持续的侧向力时，驾驶员将给方向盘一个力矩使车辆保持直线行驶状态。此时，控制单元根据转向力、车速、发动机转速、转向角度、转向速度和存储在控制单元中的特性曲线计算出要保持直线行驶状态电机需要提供的必要的力矩，并控制电机工作。

第六节 电子转向助力系统典型控制电路

一、相关部件及作用（图1-6-1）

1.EPS控制单元

a. EPS控制单元对数据执行算术运算，如来自转矩传感器的方向盘转动力（传感器信号）、车速信号等。然后根据驾驶状况产生EPS电机的最优辅助转矩信号。

b. 当连续过度使用动力转向功能（如空转向）时，EPS控制单元减少输出到EPS电机的信号，以保护EPS电机和EPS控制单元（超载保护控制）。

c. 当停车/启动系统启动时，EPS 控制单元通过 CAN 通信从 ECM 接收停车/启动状态信号，使辅助控制失效。

d. 当驾驶员在停车/启动系统操作下转动方向盘时（转矩应用超出规定转矩），EPS 控制单元通过 CAN 通信发送 EPS 转矩信号至 ECM，并且重新启动发动机（使停车/启动系统失效）。

2.EPS 电机

EPS 电机通过 EPS 控制单元的控制信号提供辅助转矩。

3. 转矩传感器

转矩传感器会检测转向力矩，并发送信号至 EPS 控制单元。

4. 减速齿轮

减速齿轮通过蜗轮增加由 EPS 电机提供的辅助转矩，并输出至柱轴。

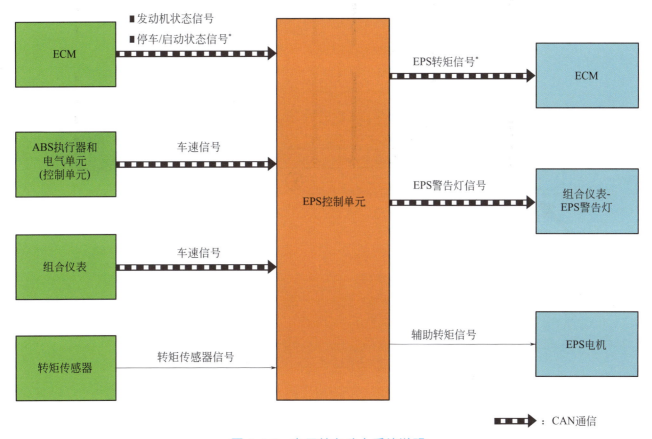

图 1-6-1　电子转向助力系统说明

二、大众/奥迪车型电子转向助力系统典型电路详解——大众迈腾控制电路（图 1-6-2）

这里以大众迈腾车型为例进行介绍，同样适用于大众/奥迪其他车型，限于篇幅不再赘述。

转向系统可以识别出电压过低并作出反应。如果蓄电池电压降至 9V，那么助力转向器的功效就会下降，电动机械式助力转向指示灯呈黄色亮起。

如果蓄电池电压低于 9V，那么助力转向装置关闭，电动机械式助力转向指示灯呈红色亮起。

如果蓄电池电压短时发生干扰而低于 9V，电动机械式助力转向指示灯呈黄色亮起。

J500 控制单元 T6dz/1 和 T6dz/3 号端子为接地线，连接转矩传感器 G269；

J500 控制单元 T6dz/2 和 T6dz/4 号端子为正极电源线，连接转矩传感器 G269；

J500 控制单元 T6dz/5 和 T6dz/6 号端子为信号线，连接转矩传感器 G269。

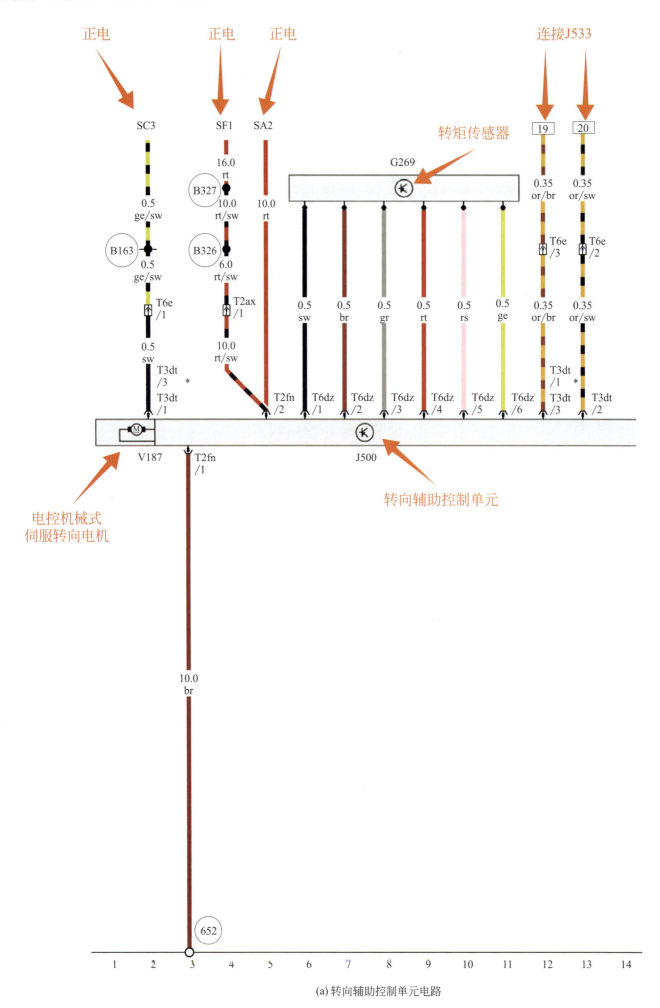

(a) 转向辅助控制单元电路

第一章 电子转向助力系统典型控制电路详解

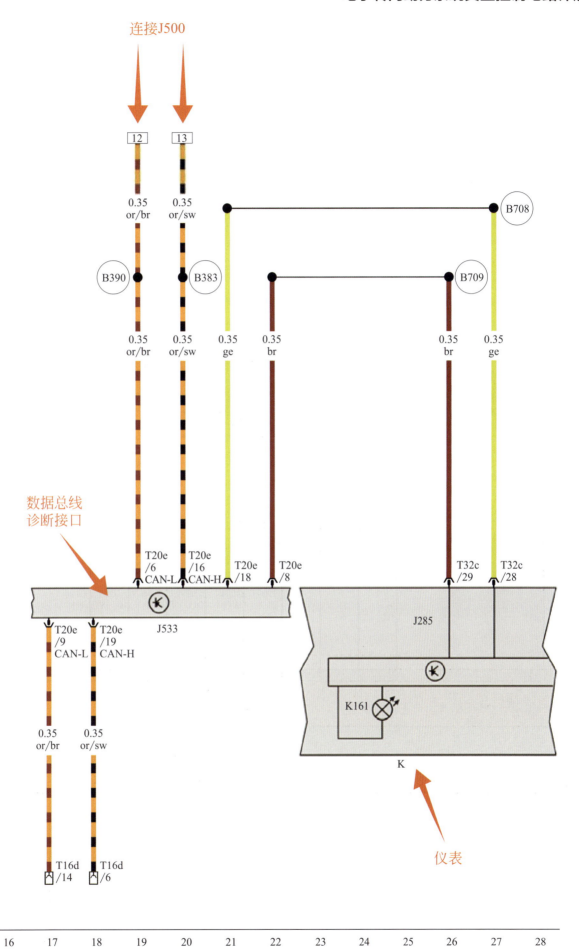

(b) 数据总线诊断接口

图 1-6-2　大众迈腾电子转向助力系统电路

三、别克/雪佛兰/凯迪拉克车型电子转向助力系统典型电路详解——别克威朗控制电路（图1-6-3）

这里以别克威朗车型为例进行介绍，同样适用于别克/雪佛兰/凯迪拉克其他车型，限于篇幅不再赘述。

动力转向控制模块使用转矩传感器、电机转动传感器、车速和系统温度输入计算值的组合来确定所需辅助力的大小。动力转向控制模块连续监测数字转矩传感器的转矩并定位电流信号。随着方向盘转动和转向轴扭转，通过转矩信号电路监测转向输入轴和输出轴，然后动力转向控制模块对其进行处理，以计算转动转矩。由动力转向控制模块来处理电机位置传感器的电压信号和数字转矩传感器的定位电流信号，以检测和计算方向盘角度。

动力转向控制模块 X1/1 号端子为接地线；
动力转向控制模块 X1/2 号端子为电源线；
动力转向控制模块 X2/5 号端子为电源线；
动力转向控制模块 X2/1、2、3、4、6、7、8、9 号端子为信号线，与组合仪表通信；
动力转向轴转矩传感器与 A90 逻辑电路连接，并进行数据传输。

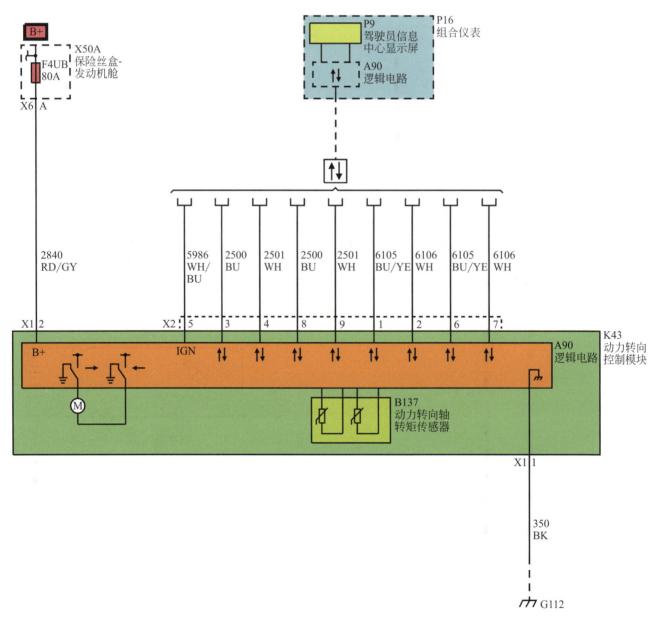

图 1-6-3　别克威朗电子转向助力系统电路

四、吉利车型电子转向助力系统典型电路详解——远景 X1 控制电路（图 1-6-4）

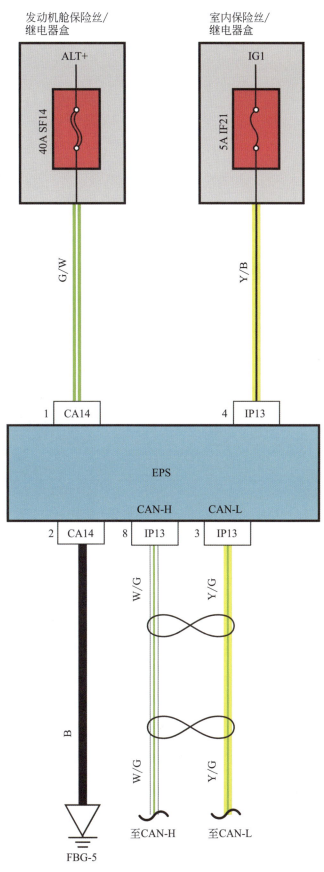

图 1-6-4　吉利远景 X1 电子转向助力系统电路

电子转向助力系统工作顺序如下所述。

1. 车辆点火后，发动机运转

点火开关转至 ON。

EPS 控制模块从 IG1 获得 5V 工作电压，EPS 控制模块开始工作。

2. 发动机启动后达到一定转速

当发动机转速达到合适值时，电子转向助力系统开始准备，准备完毕后，继电器接通。

蓄电池向电机提供工作电源。

工作电源电流从 0A 逐渐提升至 45A。

3. 发动机关闭后

点火开关转至 OFF。

EPS 控制模块停止工作。

在电机和 EPS 控制模块不是很热的情况下，会立即断开继电器，之后 5V 电压也切断，电子转向助力系统停止工作；在电机和 EPS 控制模块很热的情况下，虽然继电器会断开，但需要等到电机和 EPS 控制模块不热之后电子转向助力系统才会停止工作。

五、长安车型电子转向助力系统典型电路详解——悦翔 V7 控制电路（图 1-6-5）

悦翔 V7 EPS 控制单元和转向角传感器端子作用如表 1-6-1 所示。

表 1-6-1　悦翔 V7 EPS 控制单元和转向角传感器端子作用说明

所在部件	序号	作用
EPS 控制单元	P41/1	接蓄电池正极常电
	P42/1	接地
	P43/4	接 IG1 电源
	P43/5	连接 CAN-L 线
	P43/6	连接 CAN-H 线
转向角传感器	P35/1	接地
	P35/2	接 IG1 电源
	P35/3	连接 CAN-H 线
	P35/4	连接 CAN-L 线

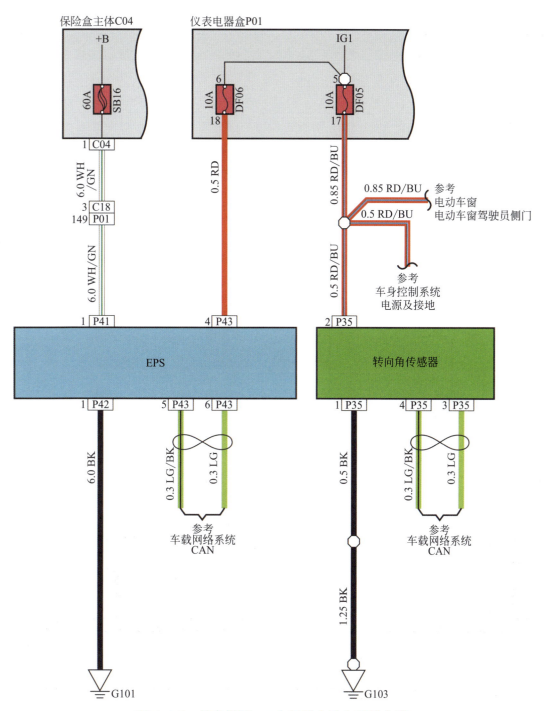

图 1-6-5　长安悦翔 V7 电子转向助力系统电路

六、丰田车型电子转向助力系统典型电路详解——卡罗拉控制电路（图 1-6-6）

卡罗拉动力转向 ECU 总成端子作用说明如表 1-6-2 所示。

表 1-6-2　卡罗拉动力转向 ECU 总成端子作用说明

序号	作用
A1	接蓄电池常电
A2	接地
B1	接 IG 电源

续表

序号	作用
B6	通信线，与诊断接口12号端子连接
B7	CNA-H线，分别连接制动执行器总成、ECM控制单元、组合仪表的CNA-H线
B8	CNA-L线，分别连接制动执行器总成、ECM控制单元、组合仪表的CNA-L线
C1	为信号线，连接动力转向转矩传感器
C2	为接地线，连接动力转向转矩传感器
C8	为电源线，连接动力转向转矩传感器
C9	为信号线，连接动力转向转矩传感器
D1	为动力转向电机电源线，连接动力转向电机
D2	为动力转向电机接地线，连接动力转向电机

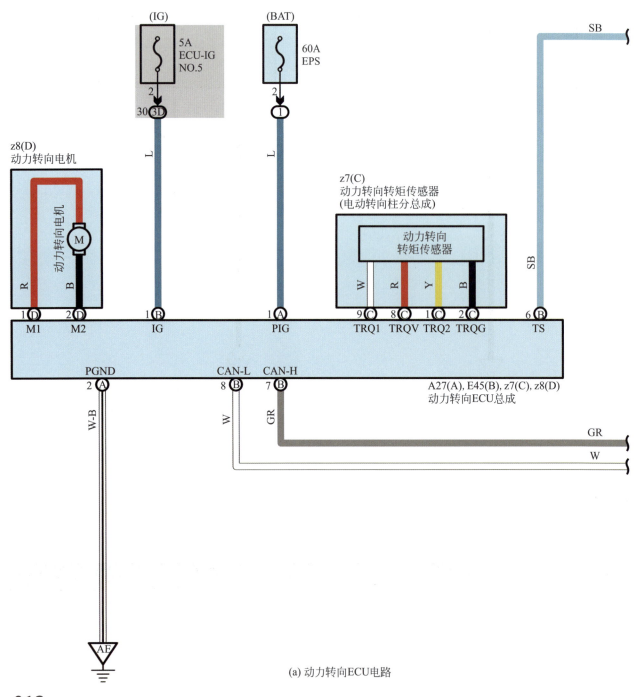

(a) 动力转向ECU电路

第一章
电子转向助力系统典型控制电路详解

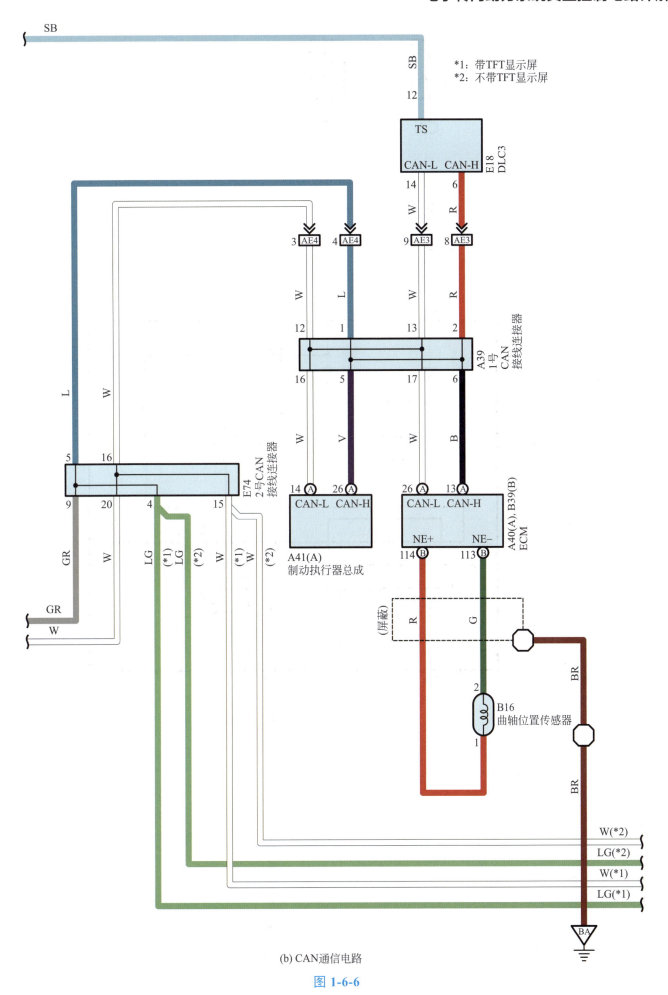

(b) CAN通信电路

图 1-6-6

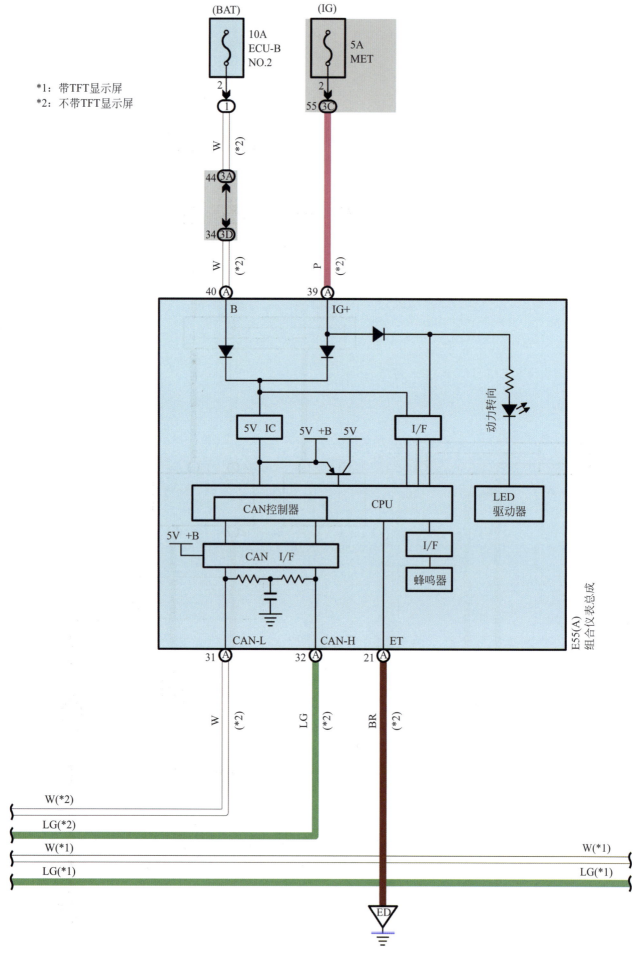

(c) 组合仪表电路1

第一章

电子转向助力系统典型控制电路详解

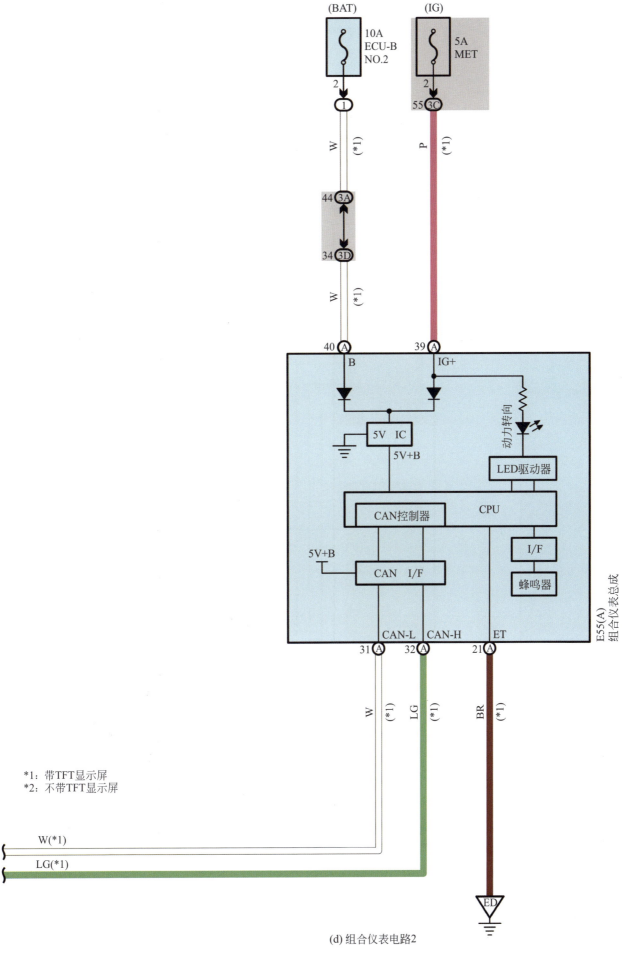

*1：带TFT显示屏
*2：不带TFT显示屏

(d) 组合仪表电路2

图 1-6-6　丰田卡罗拉电子转向助力系统电路

七、本田车型电子转向助力系统典型电路详解——XR-V 控制电路（图 1-6-7、图 1-6-8）

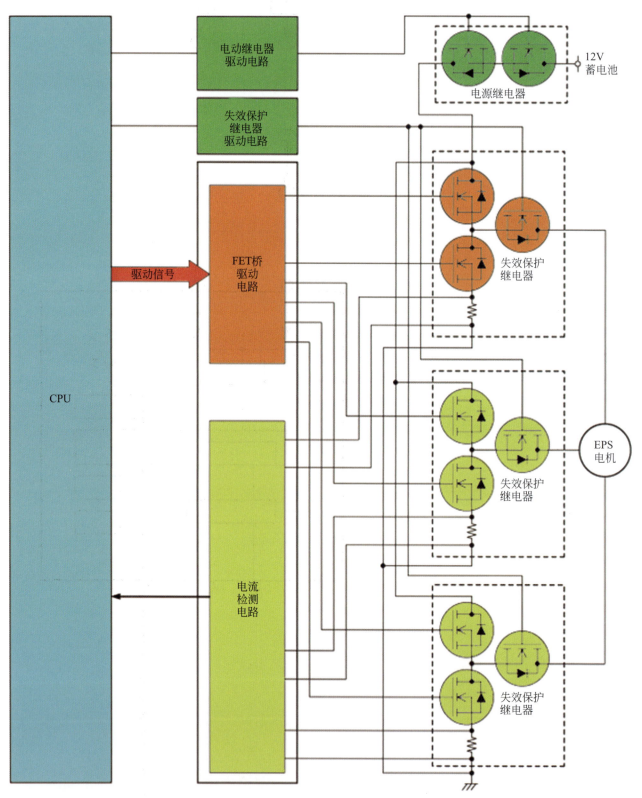

图 1-6-7　本田 XR-V EPS 电机控制回路

1. 转向助力系统说明

基本电流指的是驱动电机的基本电流值，可根据转向转矩和车速进行计算。

EPS 电机转矩在车辆开始移动时降低，并随着因机体旋转惯性导致速度下降时而升高。惯性补偿在加速时增加基本电流,在减速时减小基本电流,以降低惯性的影响。惯性补偿电流是使用转向力矩、车速和电机转速计算的。

方向盘可能会在制动或转向期间收到来自路面的抖动振动。缓冲补偿通过电机电流控制应用缓冲效果来降低方向盘上的抖动振动。缓冲补偿电流是使用转向力矩、车速和电机转速计算的。

目标电流是执行电机反馈控制所必需的值,通过将惯性和缓冲补偿应用到基础电流和增加转向力矩方向来确定目标电流。

电流反馈控制监测通过传感器的电机电流,并减小电机电流相对于目标电流的偏差,以此来精确运行电机。

减荷器控制通过降低方向盘锁止(全右或全左)时的电机电流来保护系统。通过使用目标电流和电机转速来确定此值。

2. EPS 电机控制回路

EPS 电机控制电路由系统控制 CPU、FET(场效应晶体管)桥驱动电路、电源继电器、失效保护继电器、电流检测电路和 EPS 电机组成。根据输入传感器信号,CPU 计算负荷循环并向 FET 驱动电路输出相应的三相电流,该操作受负荷控制。

3. 电机输出限制控制

车辆静止期间重复转动方向盘,电机输出限制控制会减小电机电流。此控制逐步降低电动助力。电动助力逐步从零转向力矩恢复,这将花费 30min 才能恢复正常电动助力。将根据电机和控制系统的内部温度激活电机输出限制控制。

EPS 控制单元电源:蓄电池正极→A3 号(80A)保险丝→B11 号(30A)保险丝→DC-DC 变压器→E2 号(7.5A)保险丝→DC-DC 转换器 IG2 继电器 1 号端子→DC-DC 转换器 IG2 继电器 2 号端子→EPS 控制单元 B1 号端子。

4. 端子作用说明(表 1-6-3)

表 1-6-3 本田 XR-V EPS 控制单元和转向角传感器端子作用说明

所在部件	序号	作用
EPS 控制单元	C1	接地
	A1	与转矩传感器连接,为转矩传感器信号端子
	A2	与转矩传感器连接,为转矩传感器接地端子
	A3	与转矩传感器连接,为转矩传感器信号端子
	A4	与转矩传感器连接,为转矩传感器电源端子
转向角传感器	1	接电源
	2	为 CAN-H 信号线,与 EPS 控制单元 B4 端子连接
	3	为 CAN-L 信号线,与 EPS 控制单元 B3 端子连接
	4	接地

转向助力 · 无钥匙进入 · 整车配电 · 电动后视镜

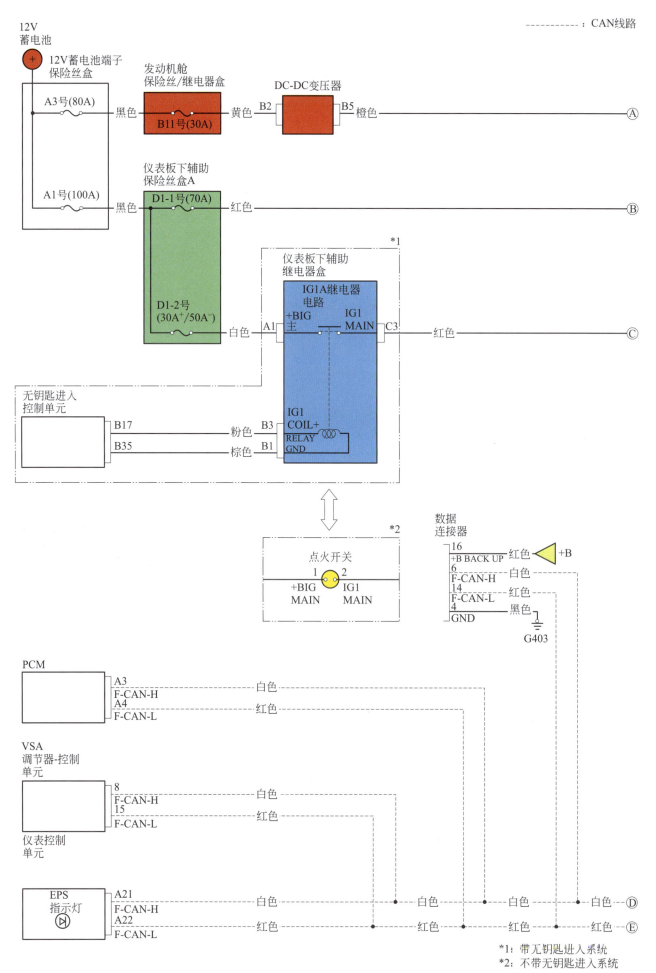

(a) EPS电源电路

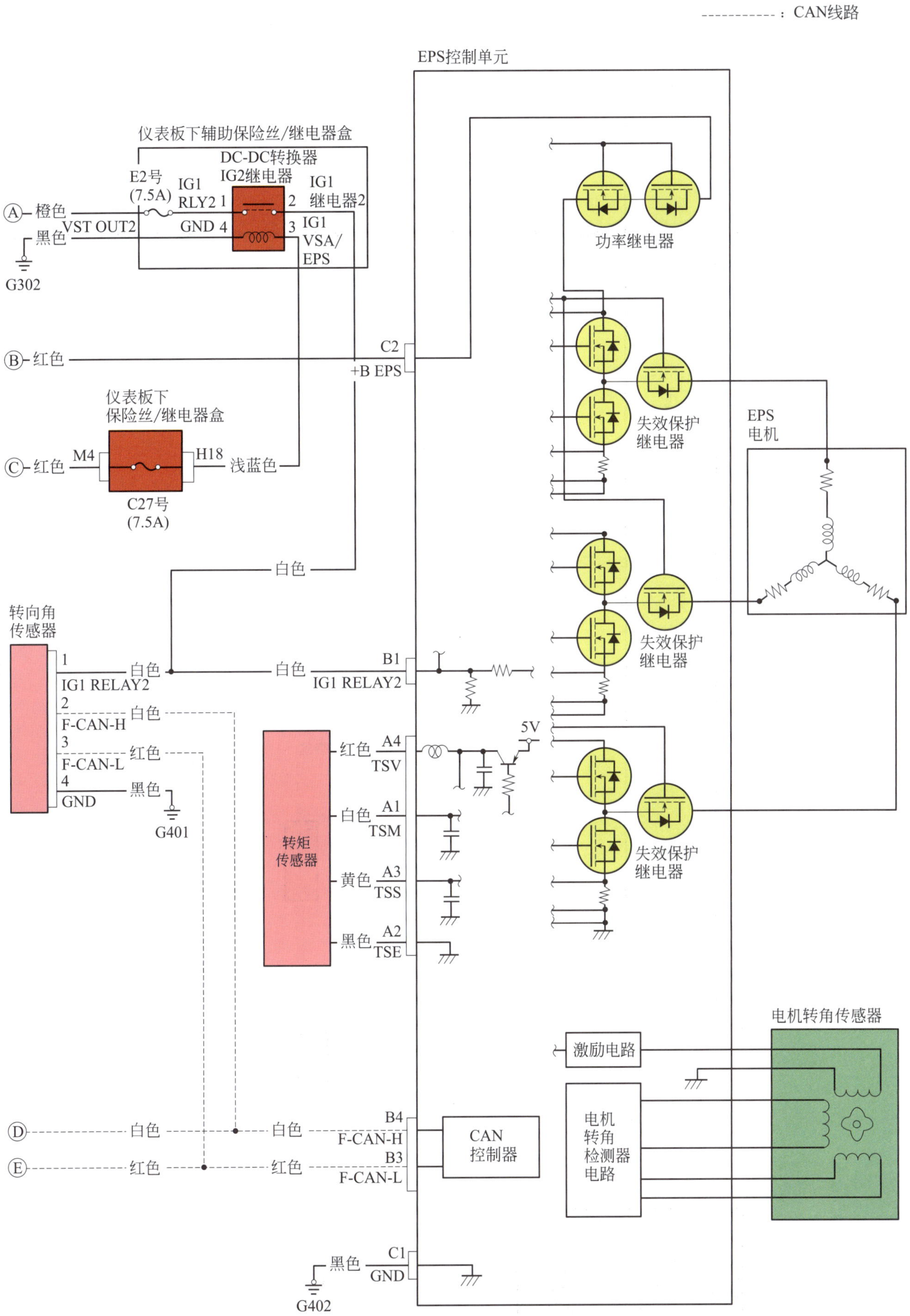

(b) EPS控制单元电路

图 1-6-8 本田 XR-V 电子转向助力系统电路

八、马自达车型电子转向助力系统典型电路详解——CX-4 控制电路（图 1-6-9）

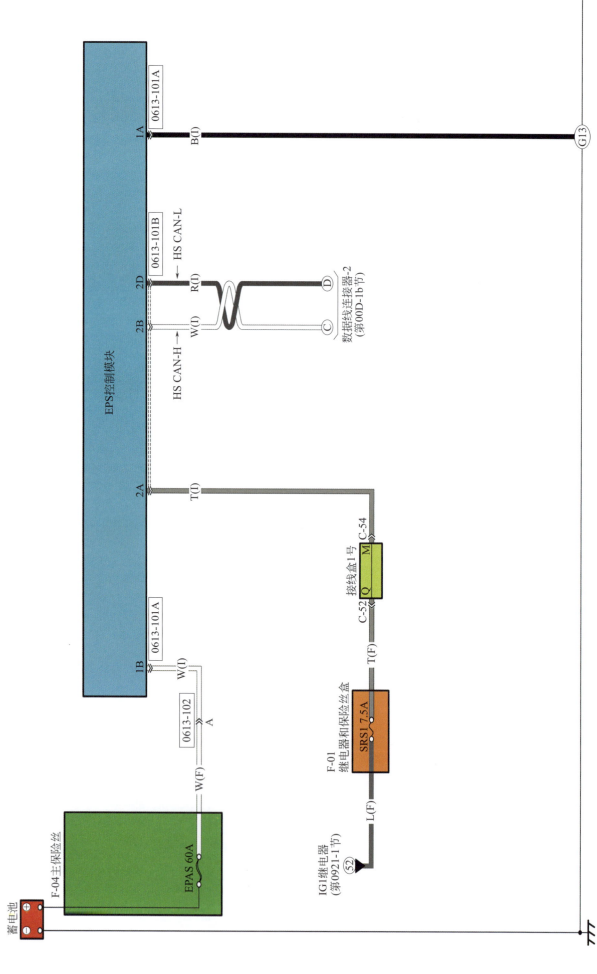

图 1-6-9　马自达 CX-4 电子转向助力系统电路

EPS 模块中端子的作用说明见表 1-6-4。

表 1-6-4 马自达 CX-4 EPS 模块端子作用说明

序号	作用
1A	接地
2A	接 IG1 电源
1B	接蓄电池常电源
2B	接 CAN-H 线
2D	接 CAN-L 线

九、日产车型电子转向助力系统典型电路详解——轩逸控制电路（图 1-6-10）

EPS 控制单元对数据执行算术运算，如来自转矩传感器的方向盘转动力（传感器信号）、车速信号等，然后根据驾驶状况产生 EPS 电机的最优辅助转矩信号。

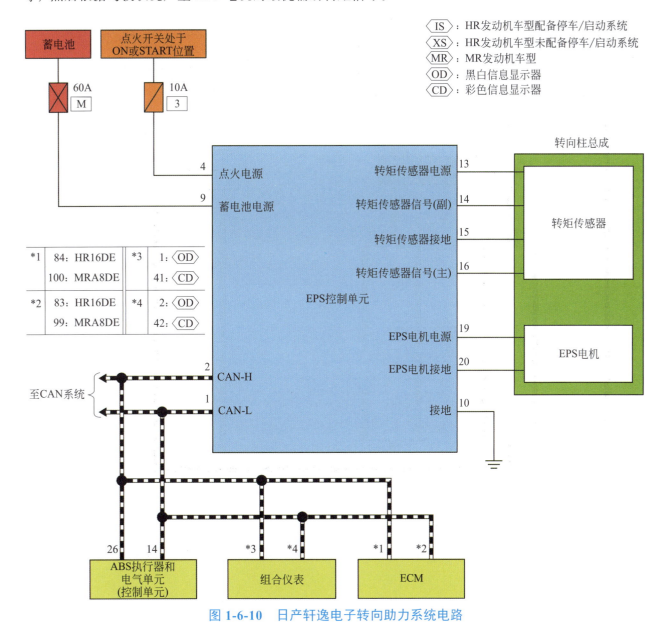

图 1-6-10 日产轩逸电子转向助力系统电路

十、现代/起亚车型电子转向助力系统典型电路详解——现代名图 MISTRA 控制电路（图 1-6-11）

电机驱动动力转向系统利用电机来辅助转向，它是发动机运转的单独转向系统。MDPS 模块根据接收每个传感器（转矩传感器、方向盘转角传感器等）信息和 CAN（控制器局域网）控制电机工作，比传统的发电机驱动液压系统更精确及时地辅助转向控制。MDPS 的部件（转矩传感器、方向盘转角传感器、失效保护继电器等）位于转向柱 &MDPS 模块总成内，不能分解转向柱 &MDPS 模块总成以进行检查或更换。

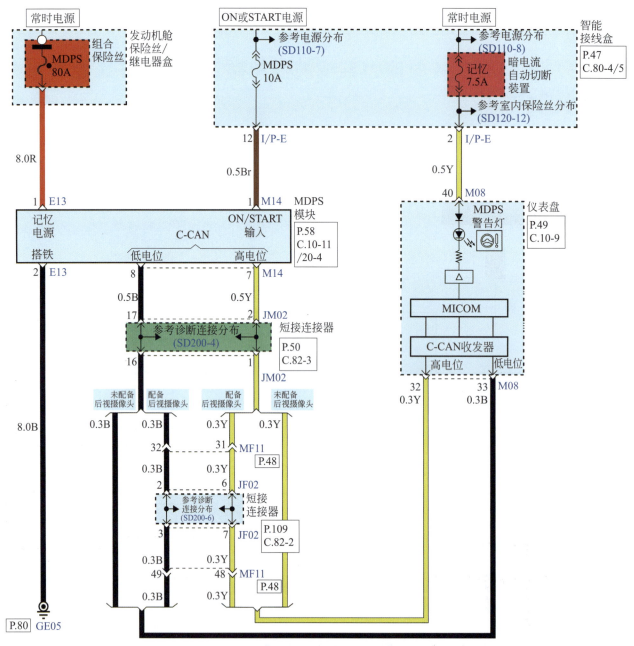

图 1-6-11　现代名图 MISTRA 电子转向助力系统电路

十一、福特车型电子转向助力系统典型电路详解——锐界控制电路（图 1-6-12）

电动转向柱控制模块和助力转向控制模块端子作用说明见表 1-6-5。

电子转向助力系统典型控制电路详解

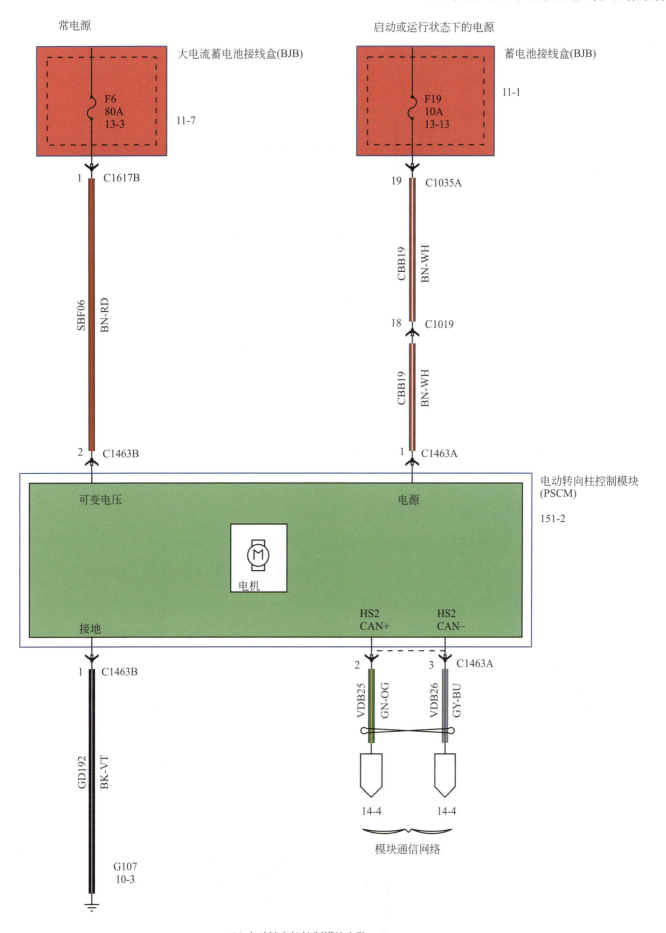

(a) 电动转向柱控制模块电路

图 1-6-12

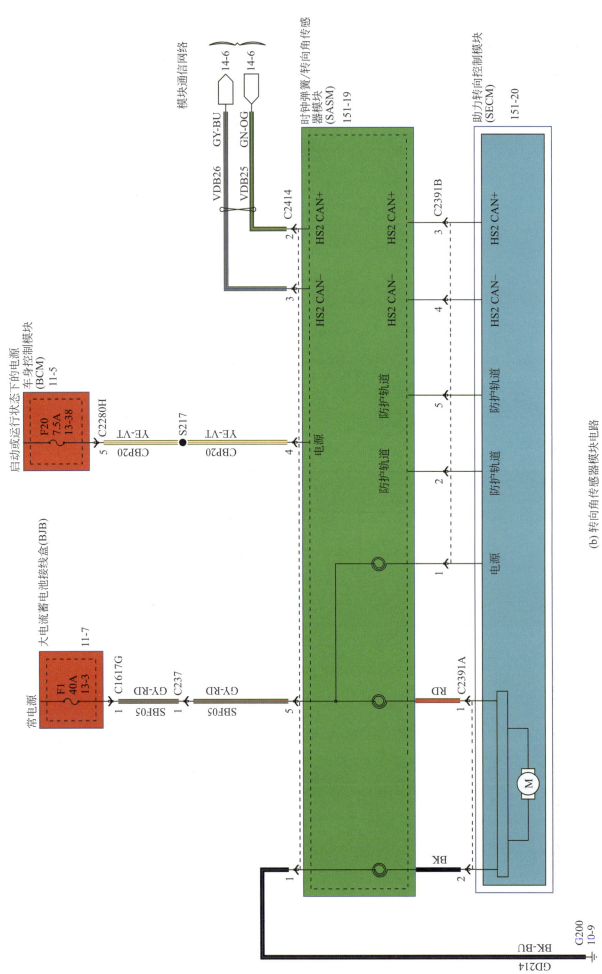

图 1-6-12 福特锐界电子转向助力系统电路（b）转向角传感器模块电路

表 1-6-5　福特锐界电动转向柱控制模块和助力转向控制模块端子作用说明

所在部件	序号	作用
电动转向柱控制模块	C1463A/1	接启动后的电源
	C1463A/2	CAN+
	C1463A/3	CAN-
	C1463B/1	接地
	C1463B/2	接蓄电池正极常电源
助力转向控制模块	C2391A/1	为驱动电机电源线
	C2391A/2	接地
	C2391B/1	接电源
	C2391B/2	防护轨道连接线
	C2391B/3	CAN+
	C2391B/4	CAN-
	C2391B/5	防护轨道连接线

十二、传祺车型电子转向助力系统典型电路详解——GS4 控制电路（图 1-6-13）

电动助力转向控制单元 IP08-1 号端子为接地线；

电动助力转向控制单元 IP09-2 号端子为 CAN-H 线；

电动助力转向控制单元 IP09-6 号端子为 CAN-L 线；

电动助力转向控制单元 IP09-5 号端子为点火开关电源线，点火开关 IP27-44 号端子→IF31（10A）保险丝→电动助力转向控制单元 IP09-5 号端子→接地；

电动助力转向控制单元 IP14-1 号端子为蓄电池常电或发电机运行电源，蓄电池正极→EF2（80A）保险丝→电动助力转向控制单元 IP14-1 号端子→接地，为蓄电池常电；发电机→EF1（125A）保险丝→EF2（80A）保险丝→电动助力转向控制单元 IP14-1 号端子→接地，为发电机运行电源供电。

十三、宝马车型电子转向助力系统典型电路详解——3 系 G28 控制电路（图 1-6-14）

EPS 控制单元是电动机械式助力转向系统中的一个部件，通过两个插头与车载网络连接。转向阻力矩传感器集成在 EPS 设备内。

在 EPS 控制单元中存储了多条伺服助力装置、主动式方向盘复位以及减振特性线。根据输入端参数计算出的数值与相应的特性线一起得出必要的转向助力。

对于 EPS 最重要的输入参数是行驶速度。

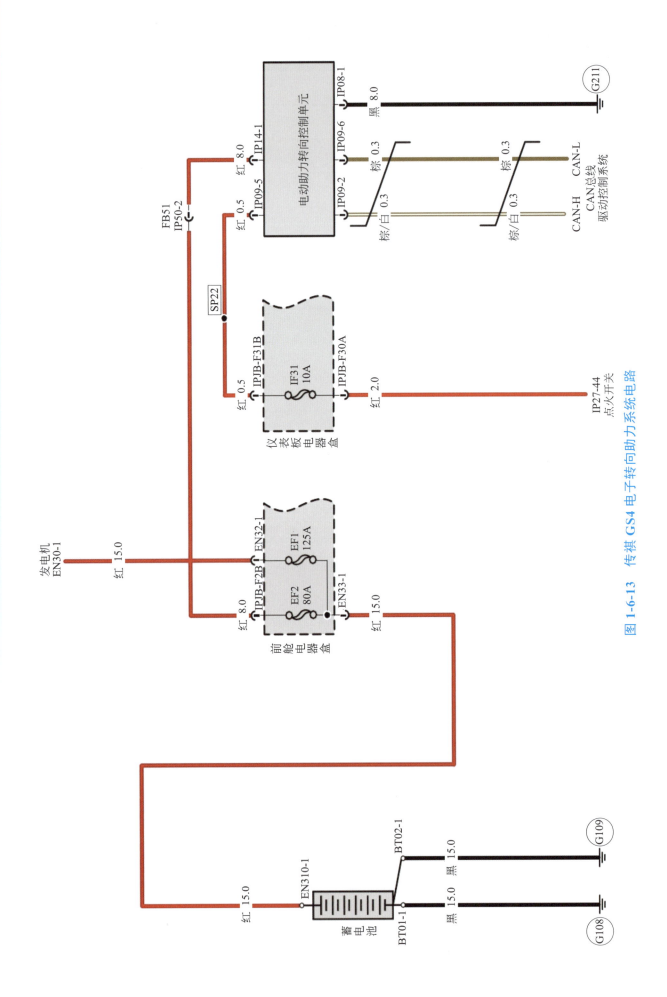

图 1-6-13 传祺 GS4 电子转向助力系统电路

第一章

电子转向助力系统典型控制电路详解

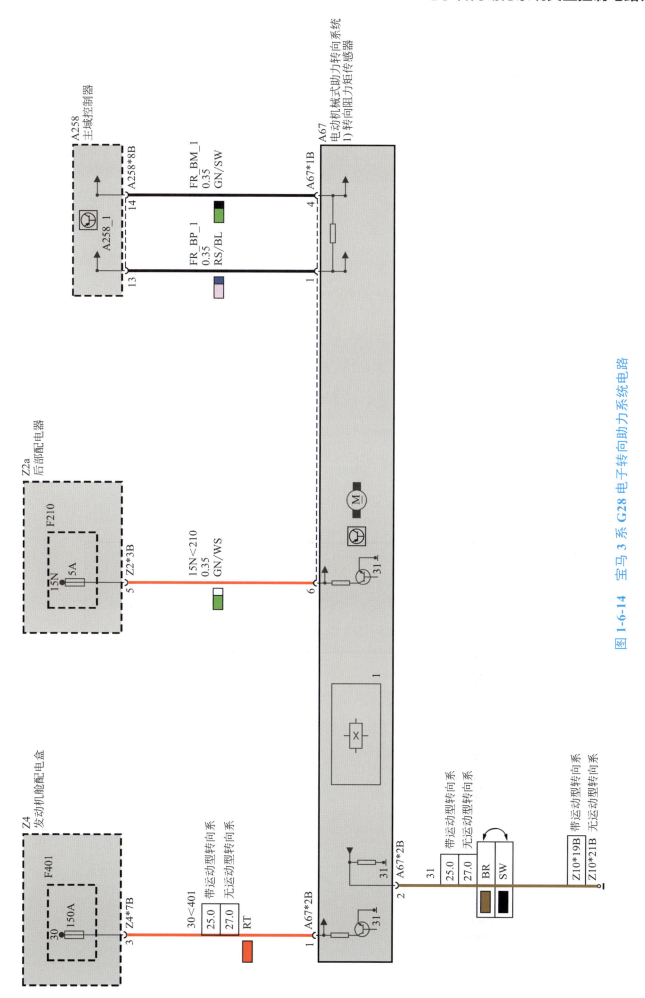

图 1-6-14　宝马 3 系 G28 电子转向助力系统电路

十四、长城车型电子转向助力系统典型电路详解——WEY（魏派）VV7 控制电路（图 1-6-15）

EPS 工作基本条件为接收 IGN 硬线信号及 ECM 模块的发动机工作状态。

EPS 电源端子为 1 号端子，由蓄电池正极供电；

EPS 控制器 1 号端子为 CAN-H 线；

EPS 控制器 2 号端子为 CAN-L 线；

EPS 控制器 3 号端子为电源线，由蓄电池正极供电。

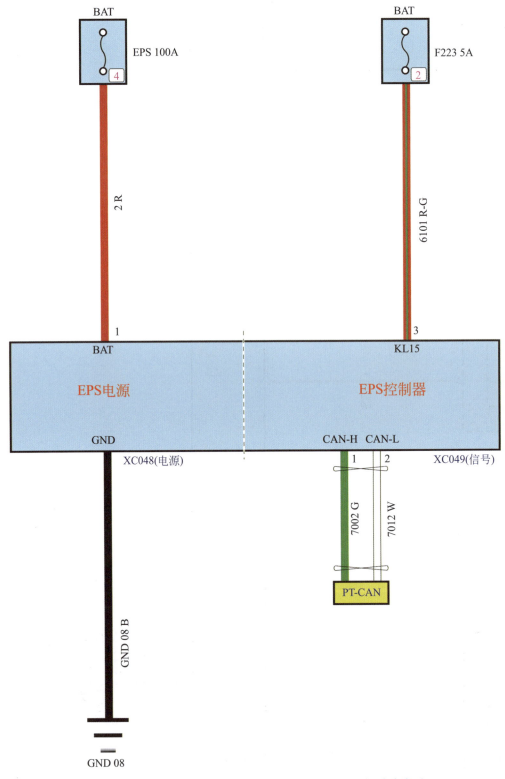

图 1-6-15　长城 WEY（魏派）VV7 电子转向助力系统电路

第七节
电子转向助力系统典型故障检修技巧

一、EPS 警告灯保持常亮诊断流程

1. 用诊断仪访问 EPS 控制模块

使用诊断仪读取故障码并查看是否显示有相应的故障码。

如果存在故障码，则根据输出的故障码进行维修；如果不存在故障码，则检修 CAN 总线电路。

2. 检修 CAN 总线电路

检修组合仪表与 EPS 控制模块之间的 CAN 总线电路。

判断网络是否正常。

如果网络正常，则检查 EPS 控制模块的电源和接地；如果网络异常，则检修各控制模块的 CAN 网络电路，更换故障模块。

3. 检查 EPS 控制模块的电源和接地

a. 转动点火开关至 LOCK 位置，断开蓄电池负极线束。

b. 断开 EPS 控制模块线束接头 P41。

c. 断开 EPS 控制模块线束接头 P43。

d. 连接蓄电池负极线束，测量 EPS 控制模块线束接头 P41 的 1 号端子和接地间电压（图 1-7-1）。

e. 转动点火开关至 ON 位置，测量 EPS 控制模块线束接头 P43 的 4 号端子与接地之间的电压（图 1-7-1），标准电压值为 11～14V。

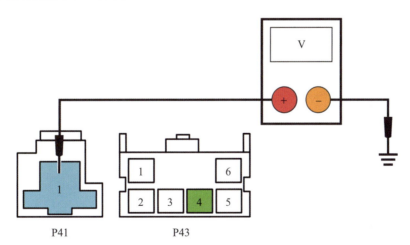

图 1-7-1　检查 EPS 控制模块线束接头 P41 的 1 号端子、P43 的 4 号端子和接地间电压

f. 转动点火开关至 LOCK 位置，测量 EPS 控制模块线束接头 P42 的 1 号端子与可靠接地之间的电阻（图 1-7-2），标准电阻值为小于 5Ω。

如果测量电阻值、电压值正常，则更换电动助力转向柱总成；如果异常，则检修故障线路。

4. 更换电动助力转向柱总成

转动点火开关至 LOCK 位置，断开蓄电池负极线束。

更换电动助力转向柱总成。

判断系统是否正常。

如果正常，则确认系统正常；如果异常，则更换组合仪表。

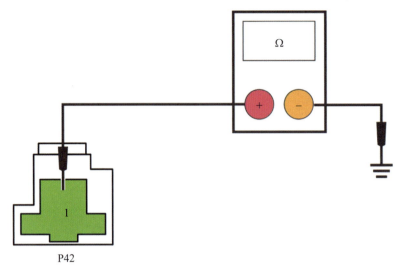

图 1-7-2　检查 EPS 控制模块线束接头 P42 的 1 号端子和接地间电阻

二、转向助力失效诊断流程

1. 一般检查

检查相关线束接头有无破损、接触不良、老化、松脱等迹象。

如果检查结果正常，则检查 EPS 系统保险丝；如果检查结果异常，则维修故障点。

2. 检查 EPS 系统保险丝

检查 EPS 系统保险丝 SB16（40A）、DF06（10A）。

如果保险丝正常，则用诊断仪访问 EPS 控制模块；如果异常，则检修保险丝相关线路，更换额定值保险丝。

3. 用诊断仪访问 EPS 控制模块

使用故障诊断仪读取故障码。

查看是否显示有故障码。

如果正常，则根据输出的故障码进行维修；如果异常，则检修 CAN 总线电路。

4. 检修 CAN 总线电路

检修组合仪表与 EPS 控制模块之间的 CAN 总线电路。

判断网络是否正常。

如果正常，则检查 EPS 控制模块的电源和接地；如果异常，则检修各控制模块的 CAN 网络电路，更换故障模块。

5. 检查 EPS 控制模块的电源和接地

测量方法与步骤和本节 EPS 警告灯保持常亮诊断流程中"检查 EPS 控制模块的电源和接地"相同。

如果测量电压值和电阻值正常，则更换电动助力转向柱总成；如果异常，则检修故障线路，确认系统正常。

三、供电电压过低故障诊断

1. 故障码说明（表 1-7-1）

表 1-7-1　故障码及含义

故障码	说明	含义
C160A	供电电压过低	整车供电线路故障或车辆电池电压不正常
	供电电压过高	

2. 可能的原因（表1-7-2）

表1-7-2　可能的原因

故障码	检测策略	设置条件（控制策略）	故障部位
C160A	硬件线路检查	EPS停止助力，指示灯亮	蓄电池电压太低或太高 EPS供电线束插接件损坏 EPS转向柱总成故障

3. 诊断流程

（1）一般检查

检查各相关线束接头有无破损、接触不良、老化、松脱等迹象。

检查电动助力转向柱有无过度磨损。

如果线束和转向柱正常，则清除故障码；如果异常，则维修故障部位，必要时更换。

（2）清除故障码

用诊断仪删除故障码。

晃动、拉按诊断接头、EPS控制模块转矩传感器线束接头，并用诊断仪重新读故障码。

检查C160A故障码是否仍然存在。

如果存在，则检查蓄电池电压；如果不存在，则进行间歇性检查。

（3）检查蓄电池电压

打开点火开关，并运行发动机。

用万用表测量蓄电池电压是否正常。

标准电压值为11～16V。

如果电压值正常，则检查EPS控制模块的电源和接地；如果异常，则检查充电系统。

（4）检查EPS控制模块的电源和接地

测量方法与步骤和本节EPS警告灯保持常亮诊断流程中"检查EPS控制模块的电源和接地"相同。

如果测量值正常，则更换电动助力转向柱总成；如果异常，则维修电路。

（5）更换电动助力转向柱总成

转动点火开关至LOCK位置，断开蓄电池负极线束。

更换电动助力转向柱总成。

确认系统正常。

四、转矩传感器信号安全校验错误故障诊断

1. 故障码说明（表1-7-3）

表1-7-3　故障码及含义

故障码	说明	含义
C1602	转矩传感器信号安全校验错误	EPS控制模块检测到转矩传感器主路、辅路信号或电源电压不正确或超出EPS控制模块内部标准值范围
C1602	转矩传感器通道1信号失效	EPS控制模块检测到转矩传感器主路、辅路信号或电源电压不正确或超出EPS控制模块内部标准值范围
C1603	转矩传感器信号双路校验错误	EPS控制模块检测到转矩传感器主路、辅路信号或电源电压不正确或超出EPS控制模块内部标准值范围
C1603	转矩传感器通道2信号失效	EPS控制模块检测到转矩传感器主路、辅路信号或电源电压不正确或超出EPS控制模块内部标准值范围

2. 可能的原因（表1-7-4）

表1-7-4　可能的原因

故障码	检测策略	设置条件（控制策略）	故障部位
C1602	硬件线路检查	EPS停止助力，指示灯亮	内部传感器线路故障 传感器故障 EPS控制模块故障
C1603			

3. 诊断流程

（1）一般检查

检查各相关线束接头有无破损、接触不良、老化、松脱等迹象。

如果线束正常，则清除故障码；如果异常，则维修故障部位。

（2）清除故障码

用诊断仪删除故障码。

先晃动、拉按诊断接头、EPS控制模块转矩传感器线束接头，再用诊断仪重新读取故障码。

查看C1602、C1603故障码是否仍然存在。

如果存在，则检查EPS控制模块的电源和接地；如果不存在，则进行间歇性检查。

（3）检查EPS控制模块的电源和接地

电压和电阻测量方法与步骤和本节EPS警告灯保持常亮诊断流程中"检查EPS控制模块的电源和接地"相同。

如果测量值正常，则更换电动助力转向柱总成；如果异常，则维修电路。

（4）更换电动助力转向柱总成

转动点火开关至LOCK位置，断开蓄电池负极线束。

更换电动助力转向柱总成。

确认系统正常。

五、ECU控制软件失效故障诊断

1. 故障码说明（表1-7-5）

表1-7-5　故障码及含义

故障码	说明	含义
C1601	电机转角信号安全校验错误	EPS模块系统配置信息不正确，初始化配置未完成及软件或硬件故障
	ASP信号双路校验错误	
	ASP信号失效	
	ASP信号计算错误	
	ASP未标定或ASP计算错误	

第一章 电子转向助力系统典型控制电路详解

续表

故障码	说明	含义
C1608	ECU 控制软件失效	EPS 模块系统配置信息不正确，初始化配置未完成及软件或硬件故障
	ECU 故障码信息存储区失效	
	ECU 车辆助力参数错误	
	ECU 失效	
	ECU 运行安全校验错误	
	EPS 失效锁定	
	ECU 软件与硬件	
C1606	EPS 整车初始化配置未完成	

2. 可能的原因（表1-7-6）

表1-7-6 可能的原因

故障码	设置条件（控制策略）	故障部位
C1601	EPS 软件或硬件故障，指示灯亮	内部线路故障 EPS 电机故障 EPS 控制模块内部故障
C1608		
C1606		

3. 诊断流程

（1）一般检查

检查各相关线束接头有无破损、接触不良、老化、松脱等迹象。

如果线束接头正常，则清除故障码；如果异常，则维修故障部位。

（2）清除故障码

用诊断仪删除故障码。

先晃动、拉按诊断接头、EPS 控制模块线束接头，再用诊断仪重新读取故障码。

查看 C1601、C1606、C1608 故障码是否仍然存在。

如果存在，则进行 ASP 标定自学习；如果不存在，则进行间歇性检查。

（3）进行 ASP 标定自学习

驾驶车辆，调整方向盘使车辆处于直行状态，保持车辆的行驶车速高于 50km/h。

确保方向盘不发生明显转动（转向角速度小于 9°/s）且不受到明显力矩（力矩小于 1.5N·m）的情况下，维持车辆直线行驶。

直线行驶距离达到约 400m 后，EPS 将完成 ASP 标定数据的自学习。

判断标定自学习后是否正常。

如果正常，则确认系统正常；如果异常，则检查 EPS 控制模块的电源和接地。

（4）检查 EPS 控制模块的电源和接地

测量方法与步骤和本节 EPS 警告灯保持常亮诊断流程中"检查 EPS 控制模块的电源和接地"相同。

如果测量值正常，则更换电动助力转向柱总成；如果异常，则维修电路。

(5) 更换电动助力转向柱总成

转动点火开关至 LOCK 位置，断开蓄电池负极线束。

更换电动助力转向柱总成。

确认系统正常。

六、电机传感器失效故障诊断

1. 故障码说明（表 1-7-7）

表 1-7-7　故障码及含义

故障码	说明	含义
C1604	电机传感器失效	EPS 控制模块测到助力电机工作时的实际数据包括电机电流、电机电压不正确或超出 EPS 控制单元内部标准值范围
C1605	电机驱动电路失效	
	电机控制信号错误	
C160B	继电器失效	

2. 可能的原因（表 1-7-8）

表 1-7-8　可能的原因

故障码	设置条件（控制策略）	故障部位
C1604	EPS 停止助力，指示灯亮	线路故障
C1605		EPS 电机故障
C160B		EPS 控制模块内部故障

3. 诊断流程

（1）一般检查

检查各相关线束接头有无破损、接触不良、老化、松脱等迹象。

如果线束接头正常，则清除故障码；如果异常，则维修故障部位。

（2）清除故障码

用诊断仪删除故障码。

先晃动、拉按诊断接头、EPS 控制模块及 EPS 电机线束接头，再用诊断仪重新读取故障码。

查看 C1604、C1605、C160B 故障码是否仍然存在。

如果存在，则检查 EPS 控制模块的电源和接地；如果不存在，则进行间歇性检查。

（3）检查 EPS 控制模块的电源和接地

电压和电阻测量方法与步骤和本节 EPS 警告灯保持常亮诊断流程中"检查 EPS 控制模块的电源和接地"相同。

如果测量值正常，则更换电动助力转向柱总成；如果异常，则维修电路。

（4）更换电动助力转向柱总成

转动点火开关至 LOCK 位置，断开蓄电池负极线束。

更换电动助力转向柱总成。

确认系统正常。

第二章 无钥匙进入系统典型控制电路详解

第一节 无钥匙进入系统介绍

汽车无钥匙进入（Passive Keyless Enter，PKE）系统，采用了世界最先进的 RFID 无线射频技术和最先进的车辆身份编码识别系统，率先应用小型化、小功率射频天线的开发方案，并成功地融合了遥控系统和无钥匙系统，沿用了传统的整车电路保护，真正地实现双重射频系统，双重防盗保护。

第二节 无钥匙进入系统的组成

无钥匙进入系统是建立在中控锁系统与主动防盗系统基础之上实现其功能的系统，因此，在系统的组成上无钥匙进入系统与中控锁等系统有共用部分。在此，我们将针对无钥匙进入系统独有的系统组成部件进行介绍，包括车门外把手、接收器天线、智能钥匙、切换器（Keyboard Video Mouse，KVM）与额外锁电机等，具体见图 2-2-1。

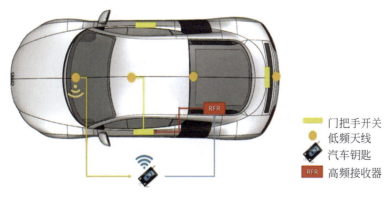

图 2-2-1　无钥匙进入系统的组成

第三节
无钥匙进入系统的功能

一、解锁车门（以大众迈腾车型为例）

无钥匙进入车辆的前提条件是，车钥匙必须在车辆的1.5m范围内。用手触摸车门把手时，车门把手内的传感器（G415）被激活，唤醒进入及启动许可控制单元，进入及启动许可控制单元通过天线（如R134、R135、R165、R166、R136）搜索1.5m范围内是否有合法的钥匙。钥匙收到天线的低频信号后，判断正确短闪一下发送位置信息（低频信号），进入及启动许可控制单元收到钥匙信号，进行定位判断钥匙距车门是否小于1.5m。如果是，则进入及启动许可控制单元唤醒J519车载电网控制单元，J519车载电网控制单元唤醒CAN总线系统。

J519车载电网控制单元内的中央门锁内部天线R47发送询问信息（高频信号），钥匙收到询问信号长闪一次发送解锁信号（高频信号，相当于按下了解锁按钮），J519判断钥匙信息是否正确。如果正确就解除车身防盗系统，进行如下操作：J519发出车门解锁指令，通过舒适CAN发布指令，驾驶员侧车门控制单元J386根据此信号，控制驾驶员侧车门中央门锁电机V56解锁左前门锁、驾驶员侧外后视镜警告灯L131闪烁、驱动驾驶员侧后视镜内折电机V121展开左侧后视镜；J386通过LIN线给左后侧车门控制单元J388发出解锁指令，J388控制左后车门中央门锁电机V214解锁左后车门锁；副驾驶侧车门控制单元J387根据J519的解锁指令，控制V57解锁右前门锁、L132副驾驶侧外后视镜警告灯闪烁、驱动副驾驶侧后视镜内折电机V122展开右侧后视镜；通过LIN线给右后侧车门控制单元J389发出解锁指令，J389控制V215解锁右后门锁。

二、进入车内（以大众迈腾车型为例）

打开驾驶员侧车门，驾驶员侧车门接触开关F2闭合，产生信号（低电位）给J386（其他三个车门同理），J519收到开门信号点亮相应车门并打开指示灯；关闭车门，驾驶员侧车门接触开关F2断开，产生信号（高电位）给J386，J386根据这个信号判断有人进入车内，通过舒适CAN发送信号。J965由舒适CAN收到J386发出的信号，通过车内天线R138、R139、R137搜索是否有合法的钥匙进入车内，钥匙指示灯闪烁应答。如果匹配成功，J965控制E378指示灯点亮，J965给J519发送S信号，并给娱乐设备供电，相当于传统大众车的点火开关一挡。

无钥匙进入系统功能示意图如图2-3-1所示。

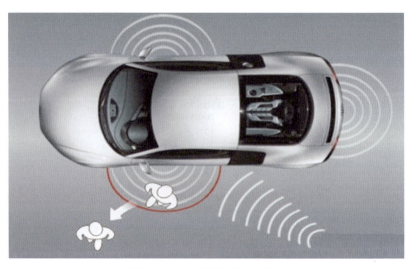

图2-3-1　无钥匙进入系统

第四节
无钥匙进入系统典型控制电路

一、相关部件及作用

1. 无钥匙进入发射器

通过操作任一车门外把手按钮，无钥匙进入天线向就近的发射器发出校验口令。发射器发送无线电频率响应到遥控车门锁接收器，由其与车身控制模块通信。然后，车身控制模块处理该通信信号，并允许或拒绝进入车辆。

2. 车门天线

无钥匙进入车门天线用于将低频通信传输至无钥匙进入发射器。

无钥匙进入车门天线位于左前和右前车门外把手托架中，作为车门把手总成的一部分进行维修，由无钥匙进入控制模块控制。当按下车门外把手按钮时，相应的天线向无钥匙进入发射器发送校验口令，开始被动式进入车辆的通信。

3. 后蒙皮天线

后蒙皮天线用于将低频通信信号传输至无钥匙进入发射器以进入行李箱。

后蒙皮天线位于后蒙皮的后方，由无钥匙进入控制模块控制。当按下行李箱触摸垫时，天线向无钥匙进入发射器发送校验口令，开始被动式进入行李箱的通信。

4. 行李箱天线

该天线位于座椅靠背附近行李箱金属底板中央。

行李箱天线用于车辆启动功能。在按下点火开关模式开关时，天线将通电或发送信号，这样将会发送由无钥匙进入发射器接收的低频校验口令信号。发射器随后将响应该校验口令，如果正确，则车辆将启动。

5. 无钥匙进入控制模块

无钥匙进入控制模块是一个多功能模块，执行以下无钥匙进入系统功能：

为被动式无钥匙进入功能启动车辆天线；
为无钥匙启动功能启动车辆天线；
倒车控制执行发动机控制模块附件唤醒和运行/启动继电器功能；
控制电子转向柱锁止装置（如装备）；
车门外把手开关输入和车门打开开关（非车门微开开关）接收器。

6. 车身控制模块（BCM）

车身控制模块是一个多功能模块，可执行以下功能：
接收并验证遥控车门锁接收器的激活发射器和无钥匙启动信号；
确定发射器信号请求的功能；
执行发射器信号请求的功能。

二、大众/奥迪车型无钥匙进入系统典型电路详解——大众迈腾控制电路

这里以大众迈腾车型为例进行介绍，同样适用于大众/奥迪其他车型，限于篇幅不再赘述。

驾驶员侧和副驾驶侧车门外把手接触传感器电路见图2-4-1，电路中部分端子作用说明见表2-4-1。

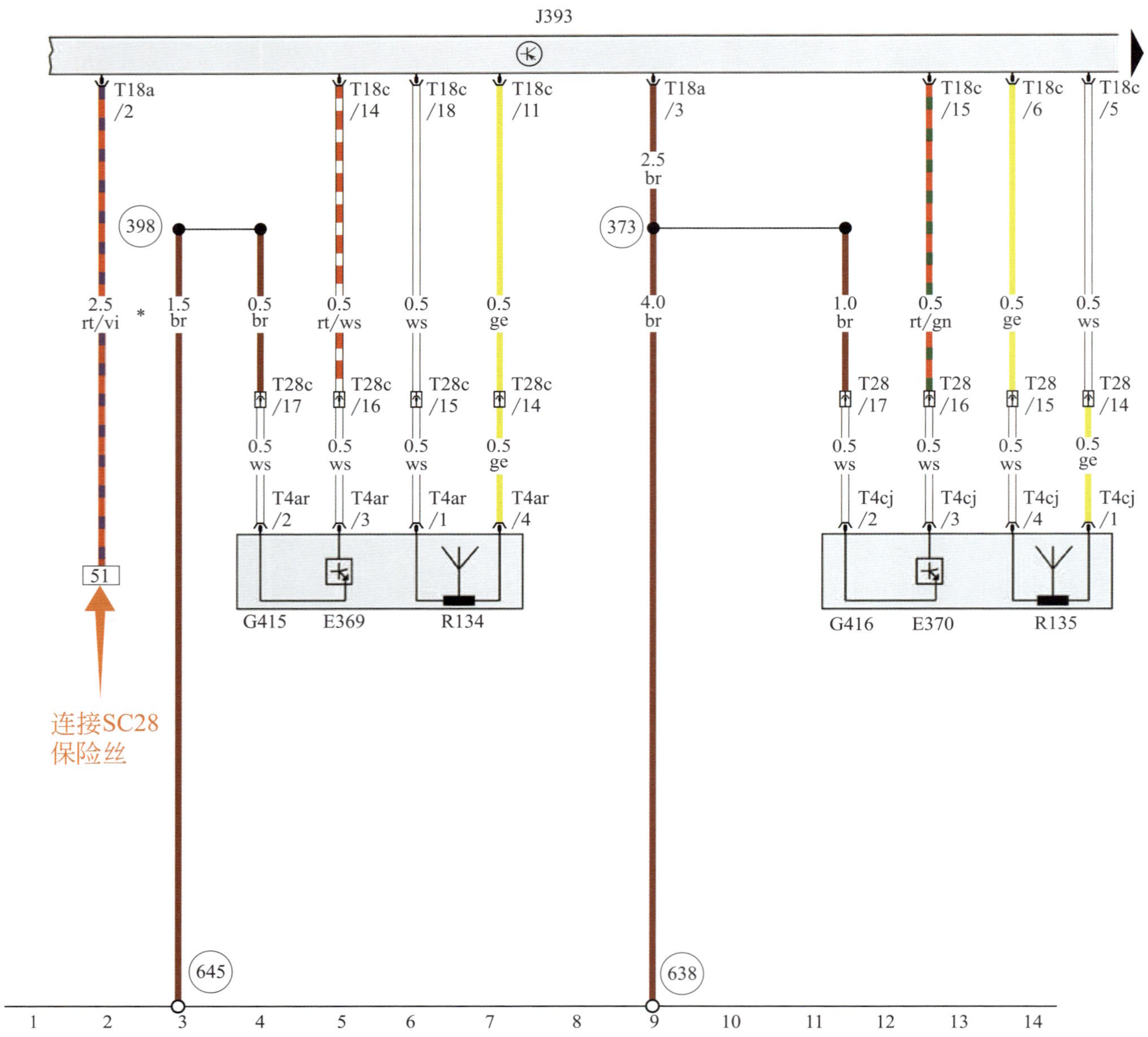

E369—驾驶员侧车门外把手中央门锁按钮
E370—副驾驶员侧车门外把手中央门锁按钮
G415—驾驶员侧车门外把手接触传感器
G416—副驾驶员侧车门外把手接触传感器
J393—舒适/便捷系统的中央控制单元
R134—驾驶员侧的进入及启动系统天线
R135—副驾驶员侧的进入及启动系统天线
SC26—保险丝架C上的保险丝26

图 2-4-1 大众迈腾驾驶员侧和副驾驶员侧车门外把手接触传感器电路

表 2-4-1　驾驶员侧和副驾驶侧车门外把手接触传感器电路端子作用说明

所在部件	序号	作用
J393 控制单元	T18a/2	电源输入
	T18a/3	接地
R134 驾驶员侧的进入及启动系统天线	T4ar/1	与 J393 控制单元 T18c/18 号端子连接
	T4ar/4	与 J393 控制单元 T18c/11 号端子连接
E369 外把手开关	T4ar/2	接地
	T4ar/3	与 J393 控制单元 T18c/14 号端子连接
E370 外把手开关	T4cj/2	接地
	T4cj/3	与 J393 控制单元 T18c/15 号端子连接
R135 副驾驶侧的进入及启动系统天线	T4cj/1	与 J393 控制单元 T18c/5 号端子连接
	T4cj/4	与 J393 控制单元 T18c/6 号端子连接

后部保险杠、行李箱及车内空间中的进入及启动系统天线电路 1 见图 2-4-2。

R136 后部保险杠内中的进入及启动系统天线 1 号端子与 J393 控制单元 T18c/7 号端子连接；
R136 后部保险杠内中的进入及启动系统天线 2 号端子与 J393 控制单元 T18c/1 号端子连接。
R137 行李箱内的进入及启动系统天线 1 号端子与 J393 控制单元 T18c/4 号端子连接；
R137 行李箱内的进入及启动系统天线 2 号端子与 J393 控制单元 T18c/10 号端子连接。
R138 车内空间的进入及启动系统天线 1 中的 1 号端子与 J393 控制单元 T18c/2 号端子连接；
R138 车内空间的进入及启动系统天线 1 中的 2 号端子与 J393 控制单元 T18c/8 号端子连接。
车内空间的进入及启动系统天线电路 2 见图 2-4-3。
R139 车内空间的进入及启动系统天线 2 中的 1 号端子与 R154 连接；
R139 车内空间的进入及启动系统天线 2 中的 2 号端子与 J393 控制单元 T18c/9 号端子连接。
R154 车内空间进入及启动许可天线 3 中的 1 号端子与 J393 控制单元 T18c/3 号端子连接。

三、别克/雪佛兰/凯迪拉克车型无钥匙进入系统典型电路详解——别克君越控制电路（图 2-4-4）

这里以别克车型为例进行介绍，同样适用于别克/雪佛兰/凯迪拉克其他车型，限于篇幅不再赘述。

按下车外门把手按钮后，车身控制模块发送串行数据信息至无钥匙进入控制模块，指导无钥匙进入控制模块发送来自无钥匙进入天线的低频查问信号至无钥匙进入发射器。因为频率低，所以通信范围受到限制，天线将在 1m 范围内发出校验口令，发射器必须在此范围内以便收到校验口令。发射器接收该校验口令并发射无线电频率响应信息，该响应信息将由遥控车门锁接收器接收。如果响应正确，则允许进入车辆。

无钥匙进入模块 X2/1、5 号端子为电源线，蓄电池正极→F71UA（5A）保险丝→无钥匙进入模块 X2/1、5 号端子；
无钥匙进入模块 X2/2、6 号端子为接地线。
无钥匙进入系统电路端子作用说明见表 2-4-2。

J393—舒适/便捷系统的中央控制单元
R136—后部保险杠内中的进入及启动系统天线
R137—行李箱内的进入及启动系统天线
R138—车内空间的进入及启动系统天线1

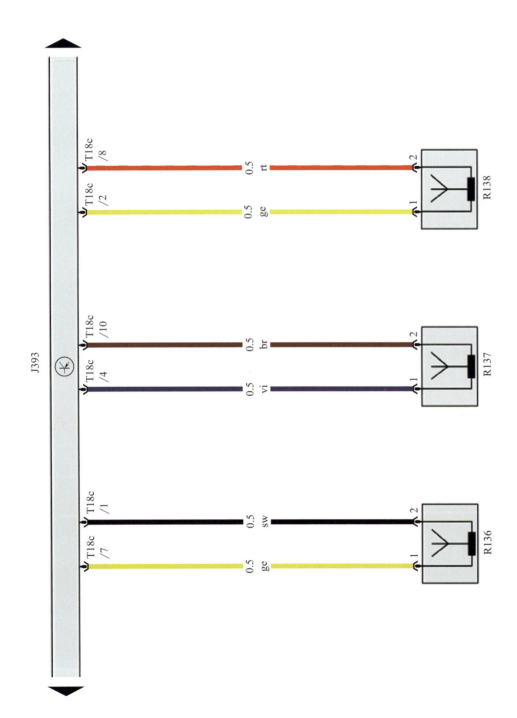

图 2-4-2 大众迈腾进入及启动系统天线电路 1

无钥匙进入系统典型控制电路详解

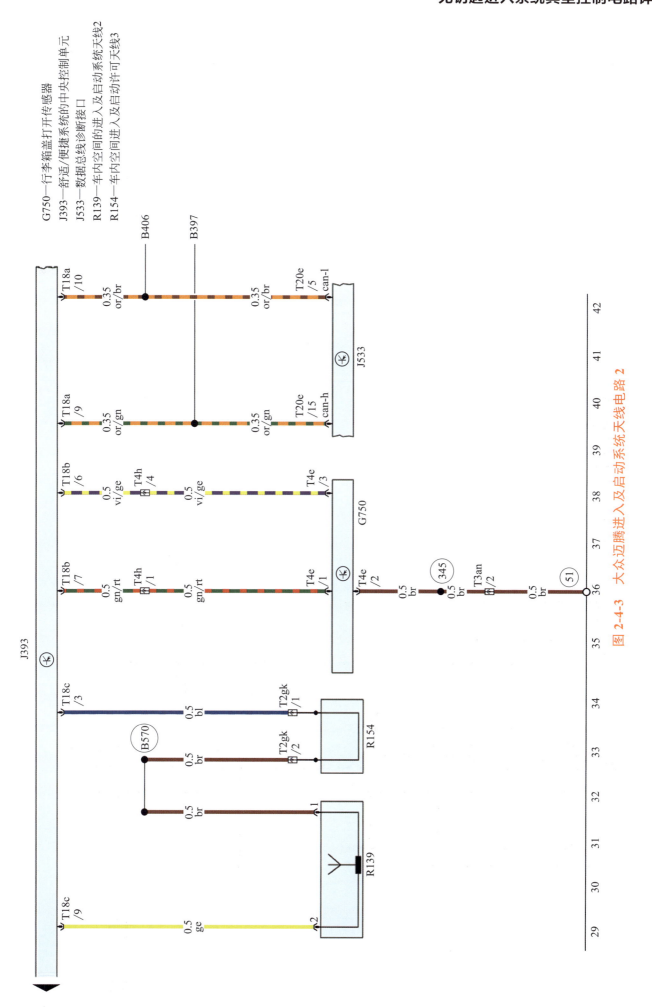

图 2-4-3 大众迈腾进入及启动系统天线电路 2

表 2-4-2　别克君越无钥匙进入系统电路端子作用说明

所在部件	序号	作用
驾驶员侧车门把手总成	1	为电源线，与无钥匙进入控制模块 X4/6 号端子连接
	2	为接地线，与无钥匙进入控制模块 X4/7 号端子连接
乘客侧车门把手总成	1	为电源线，与无钥匙进入控制模块 X4/20 号端子连接
	2	为接地线，与无钥匙进入控制模块 X4/9 号端子连接
后部仪表板无钥匙进入天线	A3	为电源线，与无钥匙进入控制模块 X4/16 号端子连接
	B3	为接地线，与无钥匙进入控制模块 X4/18 号端子连接
中央控制台前遥控门锁天线	1	为电源线，与无钥匙进入控制模块 X1/16 号端子连接
	2	为接地线，与无钥匙进入控制模块 X1/17 号端子连接
中央控制台后遥控门锁天线	1	为电源线，与无钥匙进入控制模块 X1/20 号端子连接
	2	为接地线，与无钥匙进入控制模块 X1/15 号端子连接
行李箱无钥匙进入天线	1	为电源线，与无钥匙进入模块 X1/18 号端子连接
	2	为接地线，与无钥匙进入模块 X1/19 号端子连接
车库门开启器	1	为电源线，蓄电池正极→F55UA（7.5A）保险丝→车库门开启器 1 号端子
	3	接地

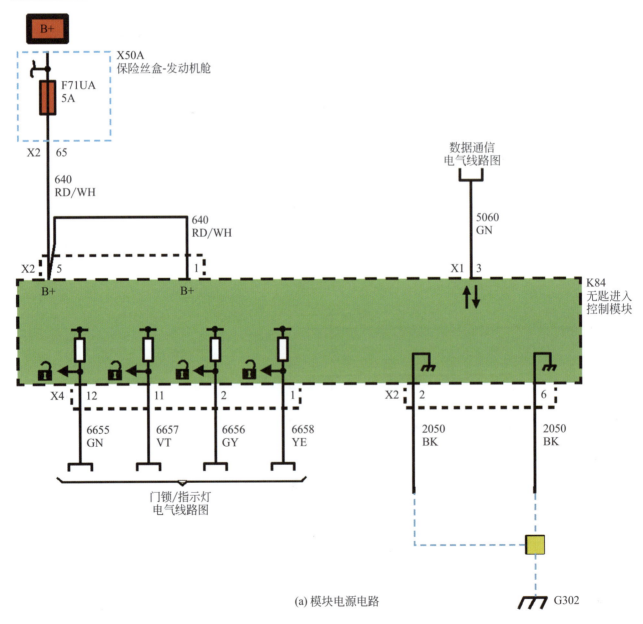

(a) 模块电源电路

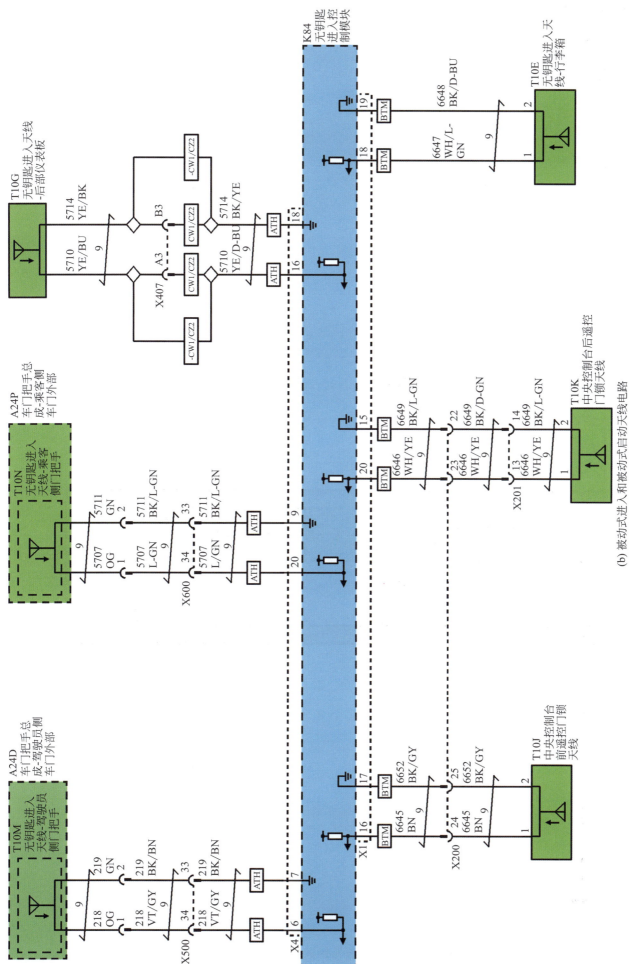

(b) 被动式进入和被动式启动天线电路

图 2-4-4

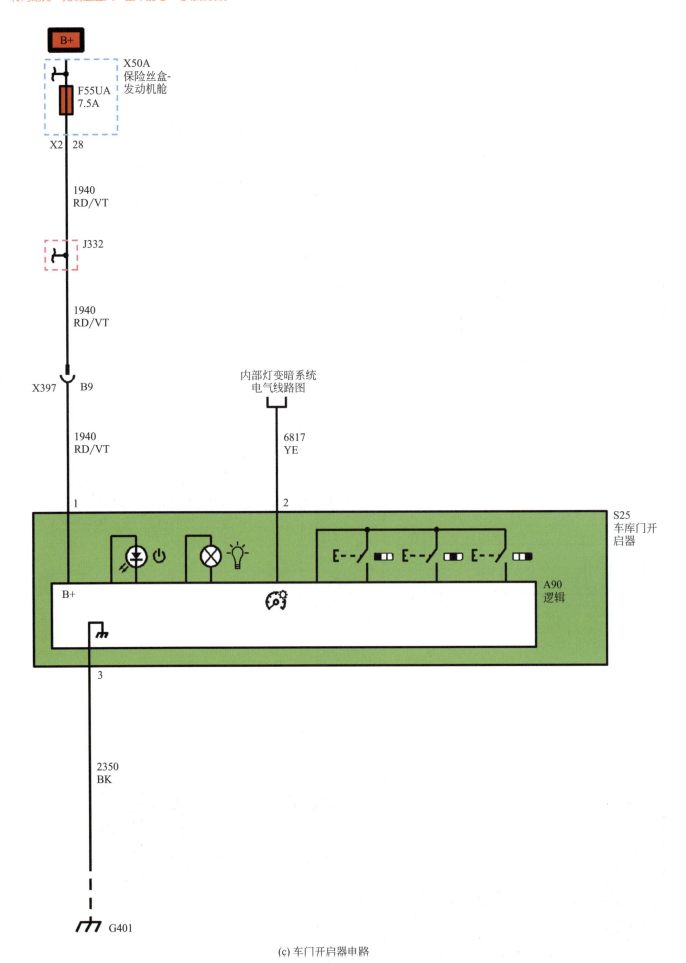

(c) 车门开启器电路

图 2-4-4　别克君越无钥匙进入系统控制电路

四、吉利车型无钥匙进入系统典型电路详解——帝豪 GS 控制电路（图 2-4-5）

1. 上锁操作

当 BCM 接收到开关上锁输入信号时，从 BCM 的上锁输出端输出电源，控制五个车门的门锁电机执行上锁操作。

2. 解锁操作

当 BCM 接收到开关解锁输入信号时，从 BCM 的解锁输出端输出电源，控制四个车门外加后背门的门锁电机执行解锁操作。可通过操作后背门开关以及无钥匙进入模块与 BCM 信号控制后背门，进行单独开启。

PEPS 模块端子作用说明见表 2-4-3。

表 2-4-3 帝豪 GS PEPS 模块端子作用说明

序号	作用
IP64/13	为电源线，蓄电池正极→IF30（15A）保险丝→PEPS 模块 IP64/13 号端子
IP64/26	为 PEPS 控制单元电源线，蓄电池正极→IF29（10A）保险丝→PEPS 模块 IP64/26 号端子
IP64/11	接地
IP64/24	接地
IP64/9	由 IG1 继电器线圈控制，与 IG1 继电器 86 号端子连接
IP64/10	为 IG1 继电器主电路，与 IG1 继电器 87 号端子连接
IP64/21	由 ACC 继电器线圈控制，与 ACC 继电器 86 号端子连接
IP64/8	为 ACC 继电器主电路，与 ACC 继电器 87 号端子连接
IP64/22	由 IG2 继电器线圈控制，与 IG2 继电器 86 号端子连接
IP64/7	为 IG2 继电器主电路，与 IG2 继电器 87 号端子连接
IP65/1	与 ESP 模块连接
IP66/4	为 PEPS 后天线电源线，与 PEPS 后天线 1 号端子连接
IP66/15	为 PEPS 后天线接地线，与 PEPS 后天线 2 号端子连接
IP66/7	为 PEPS 前天线电源线，与 PEPS 前天线 1 号端子连接
IP66/18	为 PEPS 前天线接地线，与 PEPS 前天线 2 号端子连接
IP66/8	为 PEPS 中部天线电源线，与 PEPS 中部天线 1 号端子连接
IP66/19	为 PEPS 中部天线接地线，与 PEPS 中部天线 2 号端子连接
IP66/1	为驾驶员侧门天线电源线，与驾驶员侧门天线 DR06/4 号端子连接
IP66/2	为前乘员侧门天线电源线，与前乘员侧门天线 DR15/4 号端子连接
IP66/12	为驾驶员侧门天线接地线，与驾驶员侧门天线 DR06/5 号端子连接
IP66/13	为前乘员侧门天线接地线，与前乘员侧门天线 DR15/5 号端子连接

驾驶员侧门天线 1 号端子为电源线。

前乘员侧门天线 1 号端子为电源线。

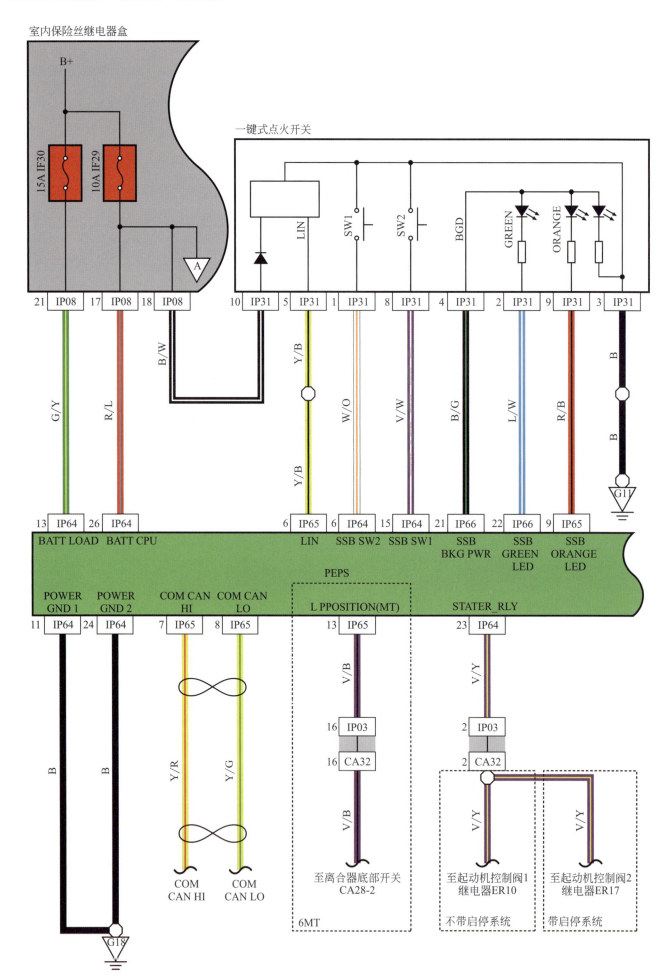

(a) PEPS电源电路

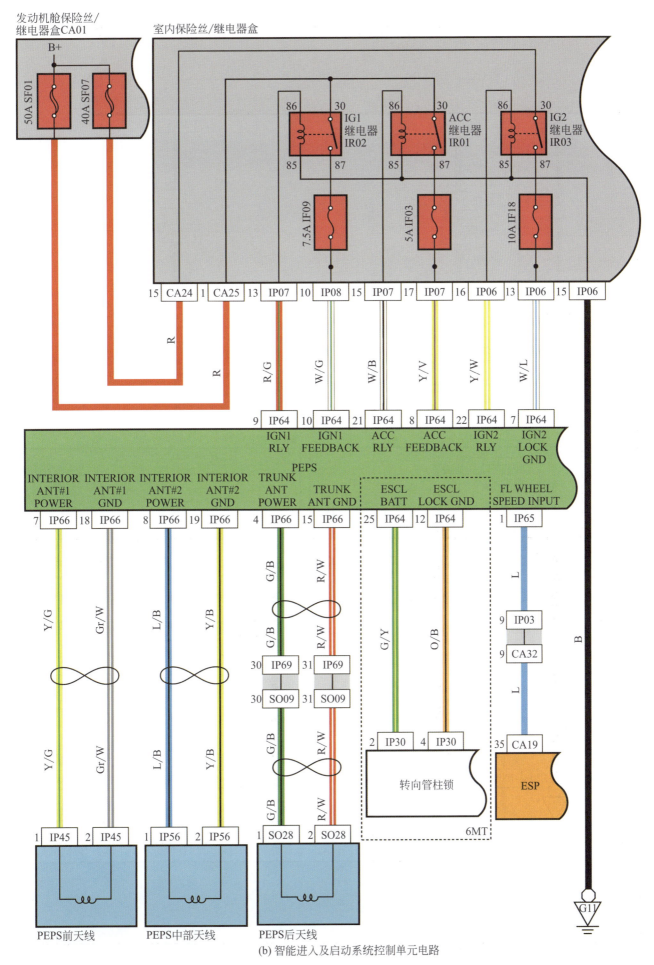

(b) 智能进入及启动系统控制单元电路

图 2-4-5

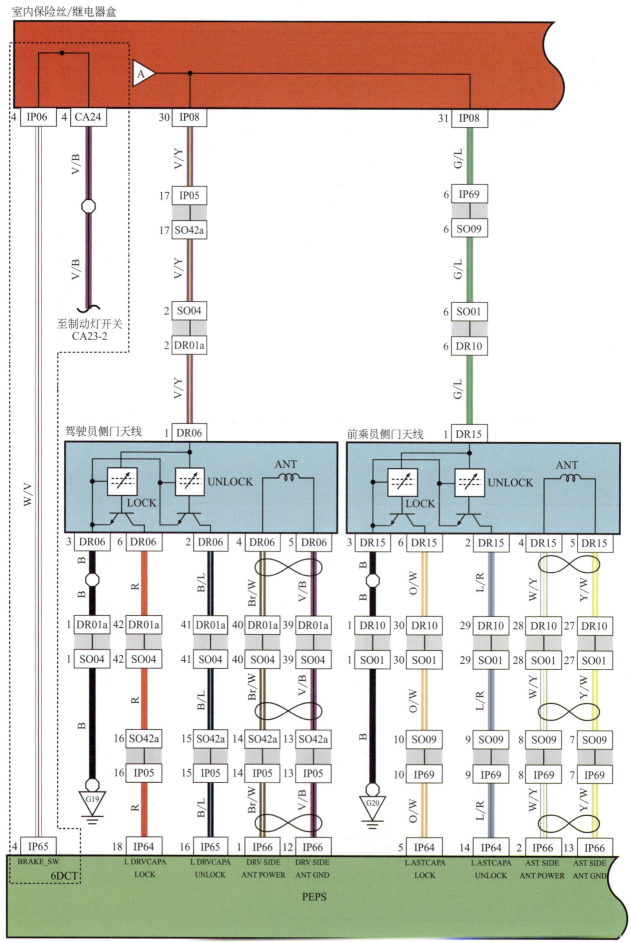

(c) 驾驶员侧和前乘员侧天线电路

图 2-4-5 吉利帝豪 GS 无钥匙进入系统控制电路

五、比亚迪车型无钥匙进入系统典型电路详解——元控制电路（图2-4-6）

Keyless-ECU/KG25（A）/1号端子接常电，蓄电池正极→10A保险丝→Keyless-ECU/KG25（A）1号端子→接地；

Keyless-ECU/KG25（A）/9、10号端子接地；

无钥匙进入系统电路中部分端子作用说明见表2-4-4。

表2-4-4 比亚迪元无钥匙进入系统控制电路中端子作用说明

所在部件	序号	作用
高频接收模块	1	与Keyless-ECU/KG25（B）7号端子连接
	2	与Keyless-ECU/KG25（B）11号端子连接
	3	与Keyless-ECU/KG25（B）5号端子连接
	5	与Keyless-ECU/KG25（A）12号端子连接
行李箱天线	1	与Keyless-ECU/KG25（A）19号端子连接
	2	与Keyless-ECU/KG25（A）20号端子连接
前部天线	1	与Keyless-ECU/KG25（A）13号端子连接
	2	与Keyless-ECU/KG25（A）18号端子连接
中部天线	1	与Keyless-ECU/KG25（A）14号端子连接
	2	与Keyless-ECU/KG25（A）4号端子连接
后部天线	1	与Keyless-ECU/KG25（A）15号端子连接
	2	与Keyless-ECU/KG25（A）5号端子连接
左前门天线	1	与Keyless-ECU/KG25（A）11号端子连接
	2	与Keyless-ECU/KG25（A）16号端子连接
右前门天线	1	与Keyless-ECU/KG25（A）6号端子连接
	2	与Keyless-ECU/KG25（A）17号端子连接

六、长安车型无钥匙进入系统典型电路详解——悦翔V7控制电路（图2-4-7）

1. 左前门无钥匙解锁

整车电源状态在OFF挡，车门均关闭后，用户持有合法的智能钥匙处于区域A内，按压左前门把手上按钮，如果左前门为闭锁状态，则无钥匙系统控制模块发送总线信号给BCM驱动门锁完成解锁动作，解锁成功后危险警告灯闪烁一次。

2. 左前门无钥匙闭锁

整车电源状态在OFF挡，车门均关闭后，用户持有合法的智能钥匙处于区域A内，操作左前门把手上按钮，如果左前门为解锁状态，则无钥匙系统控制模块发送总线信号给BCM驱动门锁完成闭锁动作，闭锁成功后危险警告灯闪烁两次。

3. 行李箱无钥匙解锁

行李箱关闭后，用户持有合法的智能钥匙处于区域C内，操作行李箱上的开关按键，则无钥匙系统控制模块发送总线信号给BCM驱动行李箱完成解锁动作。

无钥匙系统控制模块P49/3、12号端子为电源线，蓄电池正极→DF29（10A）保险丝→无钥匙系统控制模块P49/3、12号端子。

无钥匙系统控制模块P49/2、11号端子为接地线。

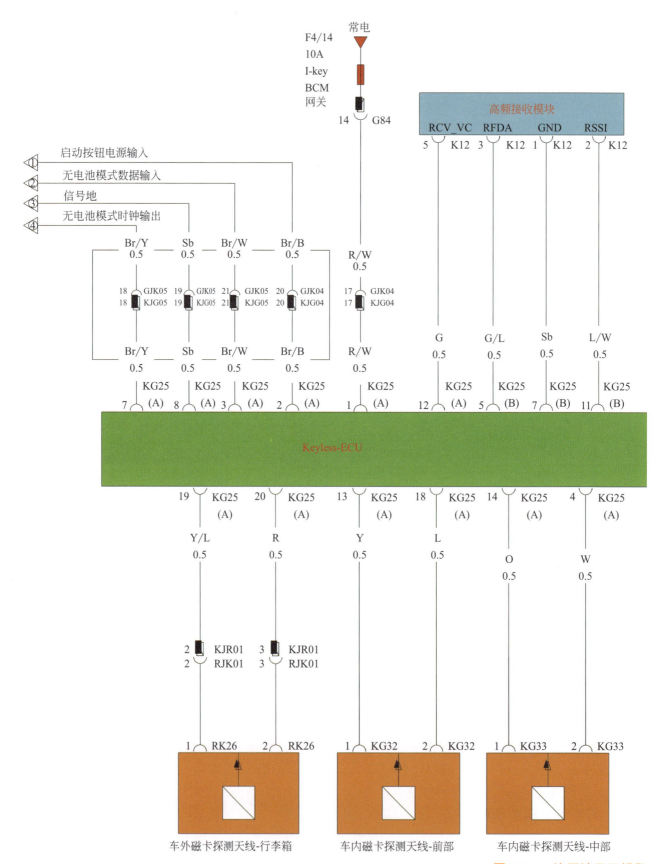

图 2-4-6 比亚迪元无钥匙

第二章 无钥匙进入系统典型控制电路详解

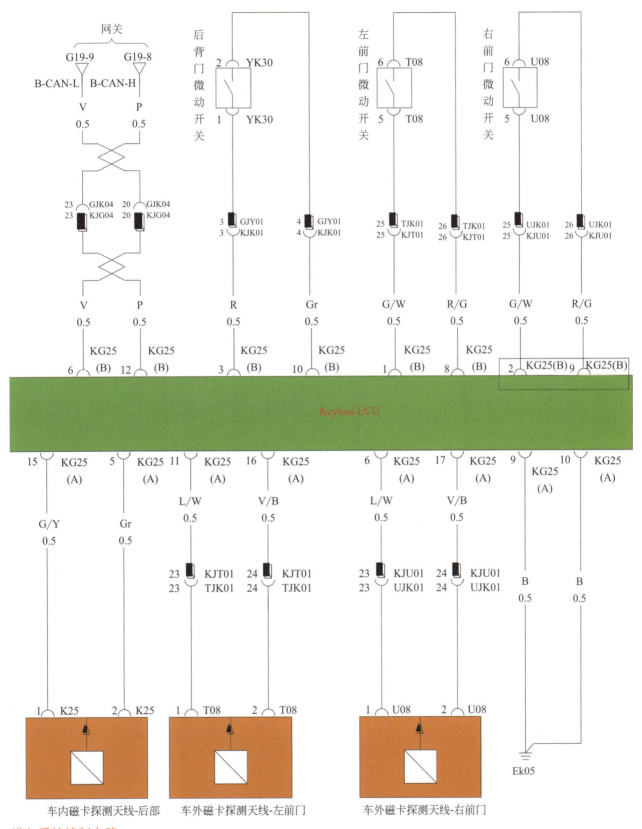

进入系统控制电路

051

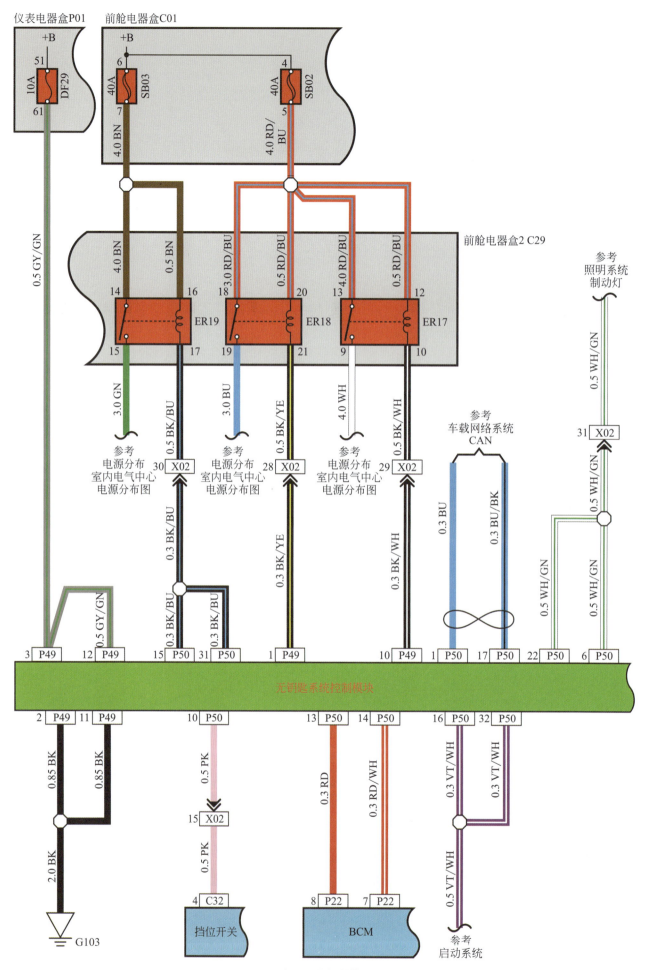

(a) 无钥匙系统控制模块电源电路

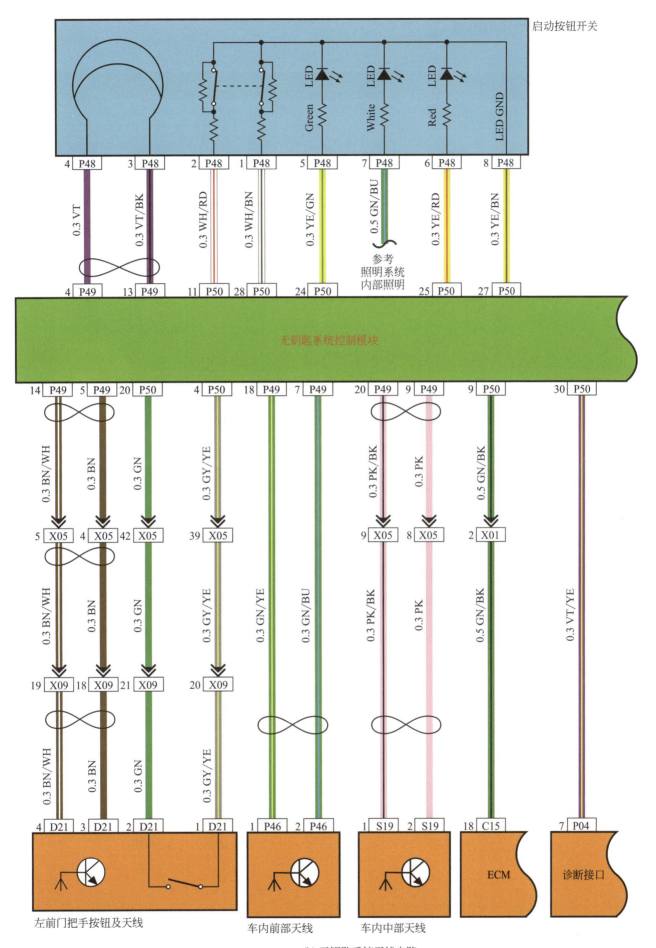

图 2-4-7 长安悦翔 V7 无钥匙进入系统控制电路

4. 电路中端子作用说明（表 2-4-5）

表 2-4-5　悦翔 V7 无钥匙进入系统天线电路中端子作用说明

所在部件	序号	作用
左前门把手按钮及天线	3	与无钥匙系统控制模块 P49/5 号端子连接
	4	与无钥匙系统控制模块 P49/14 号端子连接
车内前部天线	1	与无钥匙系统控制模块 P49/18 号端子连接
	2	与无钥匙系统控制模块 P49/7 号端子连接
车内中部天线	1	与无钥匙系统控制模块 P49/20 号端子连接
	2	与无钥匙系统控制模块 P49/9 号端子连接

七、丰田车型无钥匙进入系统典型电路详解——卡罗拉控制电路（图 2-4-8）

认证 ECU 电源 10A 端子为电源，蓄电池正极→ 10A/ECU-B/NO.1 保险丝→认证 ECU 电源 10A 端子。

认证 ECU 电源 5C 端子为 IG 电源，蓄电池正极→ 7.5A/IGN 保险丝→认证 ECU 电源 5C 端子。

无钥匙进入系统控制电路中端子作用说明见表 2-4-6。

表 2-4-6　卡罗拉无钥匙进入系统控制电路中端子作用说明

所在部件	序号	作用
左前车门外把手总成	1	与认证 ECU/20C 端子连接
	2	接地
	3	与认证 ECU/13C 端子连接
	4	与认证 ECU/22C 端子连接
	5	与认证 ECU/19C 端子连接
	6	与认证 ECU/12C 端子连接
右前车门外把手总成	1	与认证 ECU/8C 端子连接
	2	接地
	3	与认证 ECU/10C 端子连接
	4	与认证 ECU/23C 端子连接
	5	与认证 ECU/21C 端子连接
	6	与认证 ECU/11C 端子连接
车内 1 号电子钥匙天线总成	1	与认证 ECU/3C 端子连接
	3	与认证 ECU/2C 端子连接
车内 2 号电子钥匙天线总成	1	与认证 ECU/11B 端子连接
	3	与认证 ECU/10B 端子连接
车内 3 号电子钥匙天线总成	1	与认证 ECU/9B 端子连接
	3	与认证 ECU/8B 端子连接
后电子钥匙天线	1	与认证 ECU/2B 端子连接
	2	与认证 ECU/1B 端子连接

第二章
无钥匙进入系统典型控制电路详解

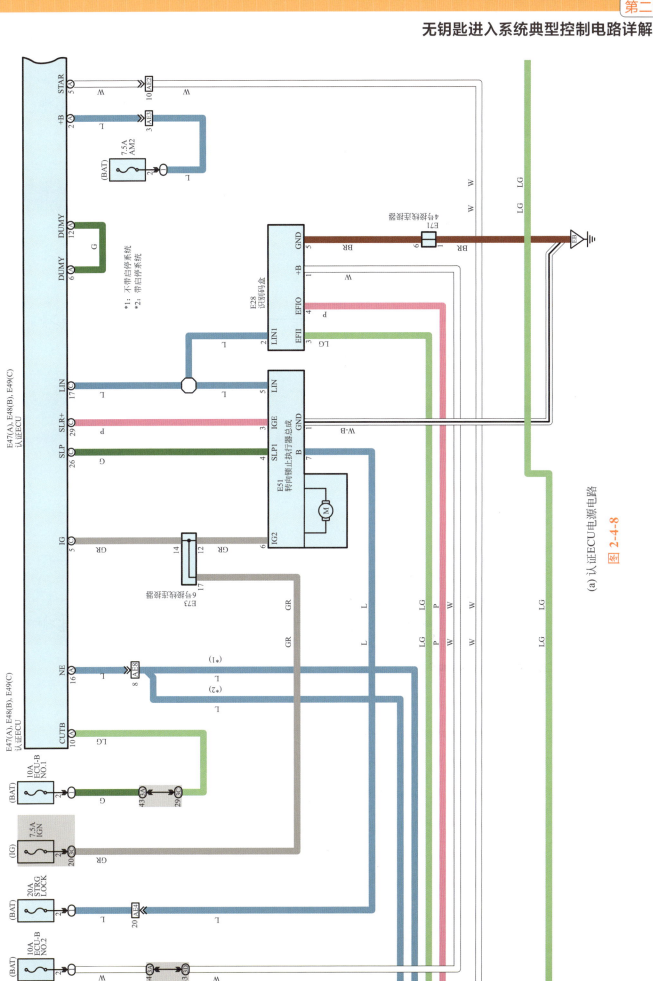

(a) 认证ECU电源电路

图 2-4-8

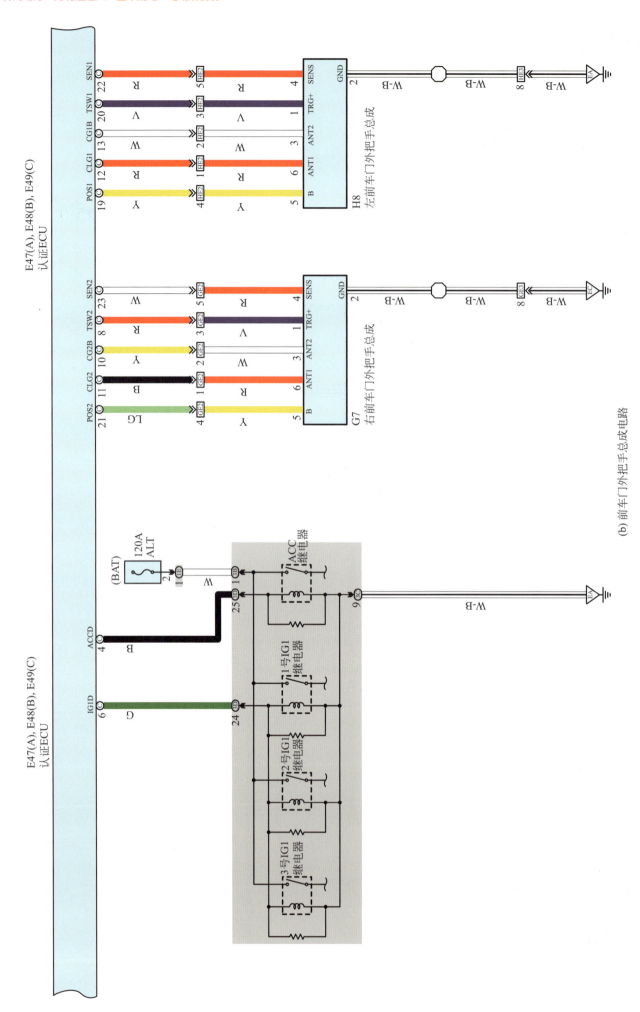

(b) 前车门外把手总成电路

第二章
无钥匙进入系统典型控制电路详解

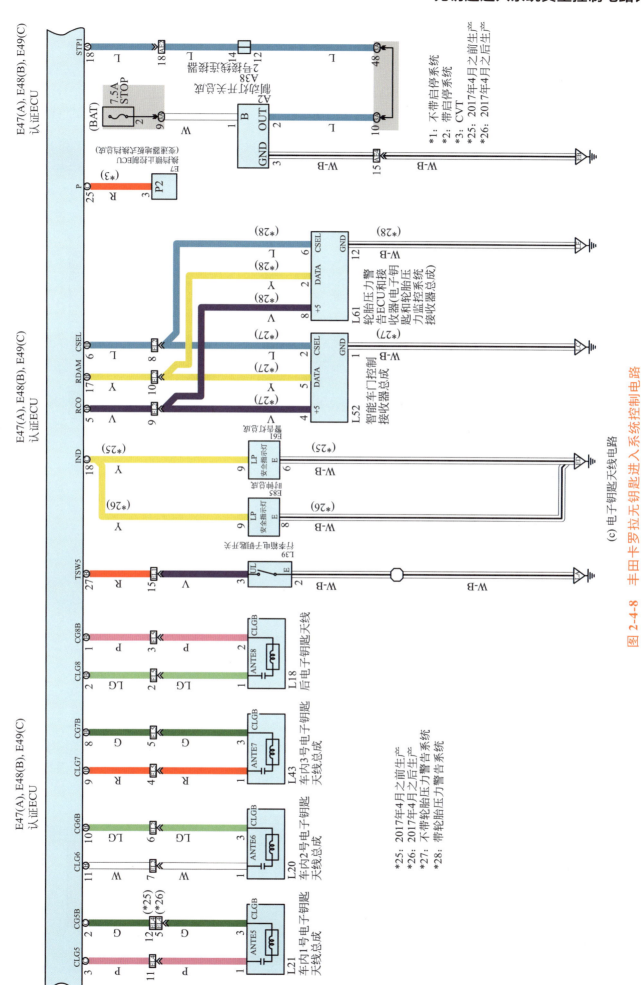

图 2-4-8 丰田卡罗拉无钥匙进入系统控制电路
(c) 电子钥匙天线电路

八、本田车型无钥匙进入系统典型电路详解——XR-V 控制电路

1. 智能进入功能（图 2-4-9）

无钥匙进入控制单元检测车门外把手接触传感器或外把手锁止开关的输入信号，并认证与遥控器的 2 路通信。然后，无钥匙进入控制单元通过 B-CAN 将锁止/解锁信号、遥控器信号、尾门释放信号和应答信号发送至 MICU。

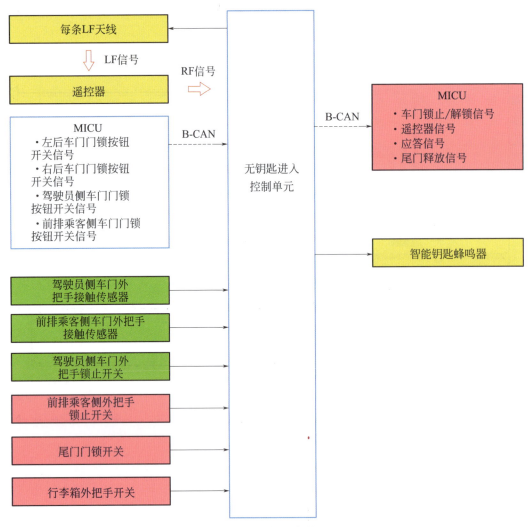

图 2-4-9　智能进入功能原理图

2. 无钥匙进入功能（图 2-4-10）

无钥匙进入控制单元从遥控器接收到智能钥匙发射器信号，遥控器将发送 RF 信号至无钥匙进入控制单元。无钥匙进入控制单元认证 RF 信号，通过 B-CAN 线路发送车门锁止/解锁信号、遥控器信号和应答信号到 MICU。

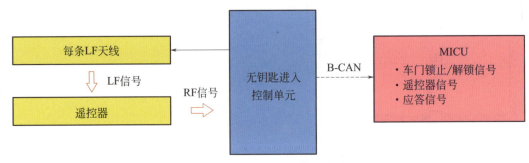

图 2-4-10　无钥匙进入功能

3. 无钥匙进入控制单元电源电路（图2-4-11）

无钥匙进入控制单元A1端子为电源线，蓄电池正极→A1号（100A）保险丝→D1-3号（50A）保险丝→C3号（10A）保险丝→无钥匙进入控制单元A1端子。

无钥匙进入控制单元B18端子为电源线，蓄电池正极→A2号（70A）保险丝→B21号（10A）保险丝→无钥匙进入控制单元B18端子。

无钥匙进入控制单元A17、B36端子为接地线。

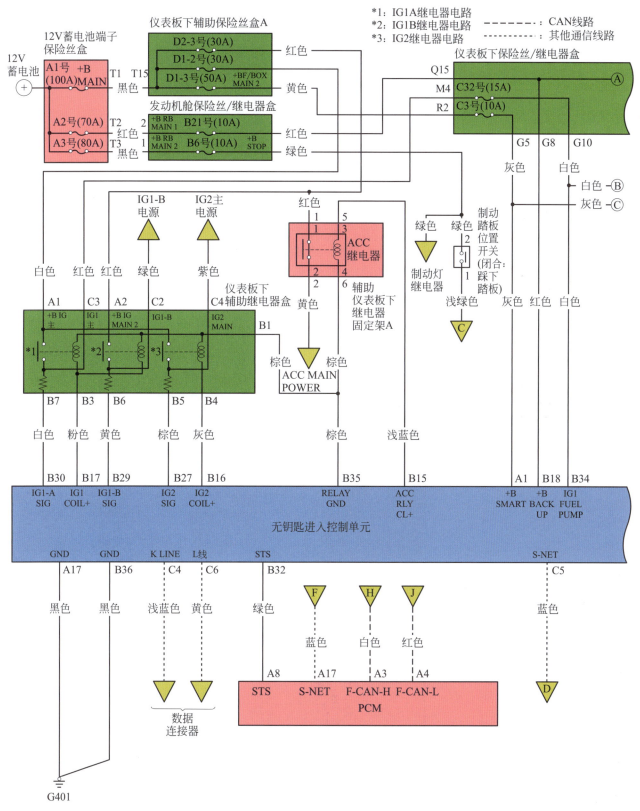

图2-4-11　无钥匙进入控制单元电源电路

4. 天线及车门传感器电路（图 2-4-12）

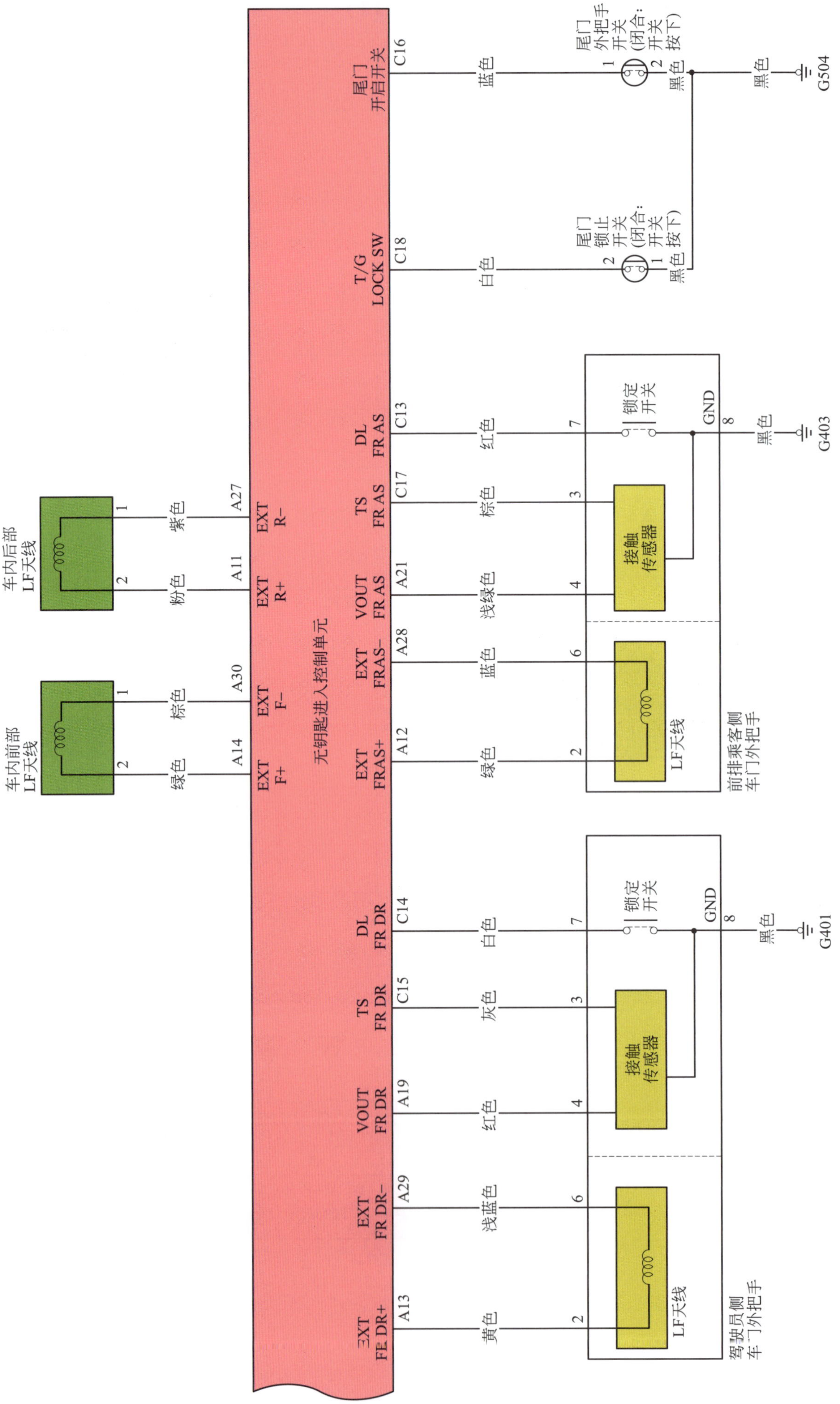

图 2-4-12　本田 XR-V 天线及车门传感器电路

电路中端子作用说明见表2-4-7。

表2-4-7　XR-V天线及车门传感器电路中端子作用说明

所在部件	序号	作用
车内前部LF天线	1	接地，与无钥匙进入控制单元A30端子连接
	2	接电源，与无钥匙进入控制单元A14端子连接
车内后部LF天线	1	接地，与无钥匙进入控制单元A27端子连接
	2	接电源，与无钥匙进入控制单元A11端子连接
驾驶员侧车门外把手	2	接LF天线电源，与无钥匙进入控制单元A13端子连接
	6	LF天线接地，与无钥匙进入控制单元A29端子连接
前排乘客侧车门外把手	2	接LF天线电源，与无钥匙进入控制单元A12端子连接
	6	LF天线接地，与无钥匙进入控制单元A28端子连接

九、马自达车型无钥匙进入系统典型电路详解——CX-4控制电路

1. 利用车门外把手上的请求开关锁定/解锁（图2-4-13）

a. 当按下驾驶员侧或前排乘客侧请求开关时，将通过LF控制单元向启停单元输入请求开关打开信号。

b. 根据请求开关打开信号，启停单元将向LF控制单元发送请求输出信号，确认遥控钥匙是否在接收范围内。

c. LF控制单元将从按下请求开关的车门遥控钥匙天线以及所有车内的遥控钥匙天线中发送一个请求信号。

d. 遥控钥匙接收外部遥控天线的请求信号并传送ID数据至遥控钥匙接收器。

e. 遥控钥匙接收器将所收到的ID数据传输给启停单元。

f. 启停单元确认ID数据，如果判定在车外有已编程遥控钥匙，将同时向后车身控制模块（RBCM）发送锁定/解锁信号，并向LF控制单元发送蜂鸣器发声请求信号。

g. 当后车身控制模块（RBCM）接收到锁定/解锁信号时，将启动前后门锁执行器电机，将前后车门锁定/解锁。

h. 在执行锁定/解锁操作的同时，向仪表组以CAN信号的方式发送转向灯闪烁请求信号。

i. 当LF控制单元接收到蜂鸣器发声请求信号时，控制遥控钥匙蜂鸣器发出如下次数的声音。

• 锁定时，遥控钥匙蜂鸣器响一次；

• 解锁时，遥控钥匙蜂鸣器响两次。

j. 仪表组将以CAN信号的形式向前车身控制模块（FBCM）发送转向灯闪烁请求信号。

k. 当前车身控制模块（FBCM）接收到转向灯闪烁请求信号时，将控制各转向灯闪烁如下次数，以告知锁定/解锁操作已完成。

• 锁定时，各转向灯闪烁一次；

• 解锁时，各转向灯闪烁两次。

2. 用后舱门请求开关执行锁门操作（图2-4-14）

a. 当按下请求开关时，LF控制单元向启停单元输入请求开关打开信号。

b. 根据请求开关打开信号，启停单元向LF控制单元发送请求输出信号，确认遥控钥匙是否在接

收范围内。

c.LF 控制单元从车外遥控钥匙天线（后）以及所有车内遥控钥匙天线发送一个请求信号。

d.遥控钥匙接收外部遥控天线的请求信号并传送 ID 数据至遥控钥匙接收器。

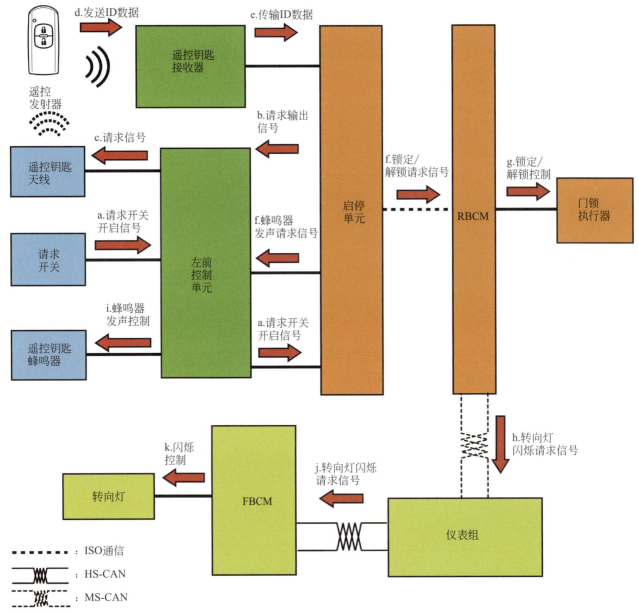

图 2-4-13　工作原理

e.遥控钥匙接收器将所收到的 ID 数据传输给启停单元。

f.启停单元确认 ID 数据，如果判定在车外有已编程遥控钥匙，将同时向后车身控制模块（RBCM）发送锁定信号，并向 LF 控制单元发送蜂鸣器发声请求信号。

g.当后车身控制模块（RBCM）接收到锁定信号时，启动前/后门锁执行器电机，将前/后车门锁定。

h.在执行锁定/解锁操作的同时，向仪表组以 CAN 信号的方式发送转向灯闪烁请求信号。

i.当 LF 控制单元接收到蜂鸣器发声请求信号时，控制遥控钥匙蜂鸣器发声一次。

j.仪表组以 CAN 信号的形式向前车身控制模块（FBCM）发送转向灯闪烁请求信号。

k.当前车身控制模块（FBCM）接收到转向灯闪烁请求信号时，控制各转向灯闪烁一次，以告知锁定操作已完成。

LF 控制单元 B 端子为电源线。

第二章

无钥匙进入系统典型控制电路详解

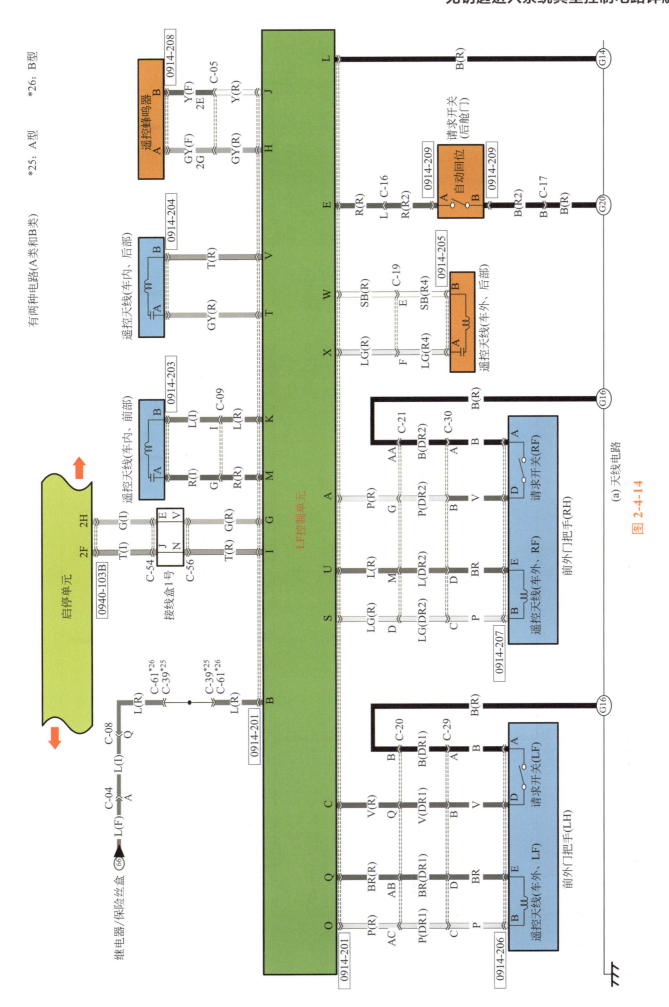

(a) 天线电路

图 2-4-14

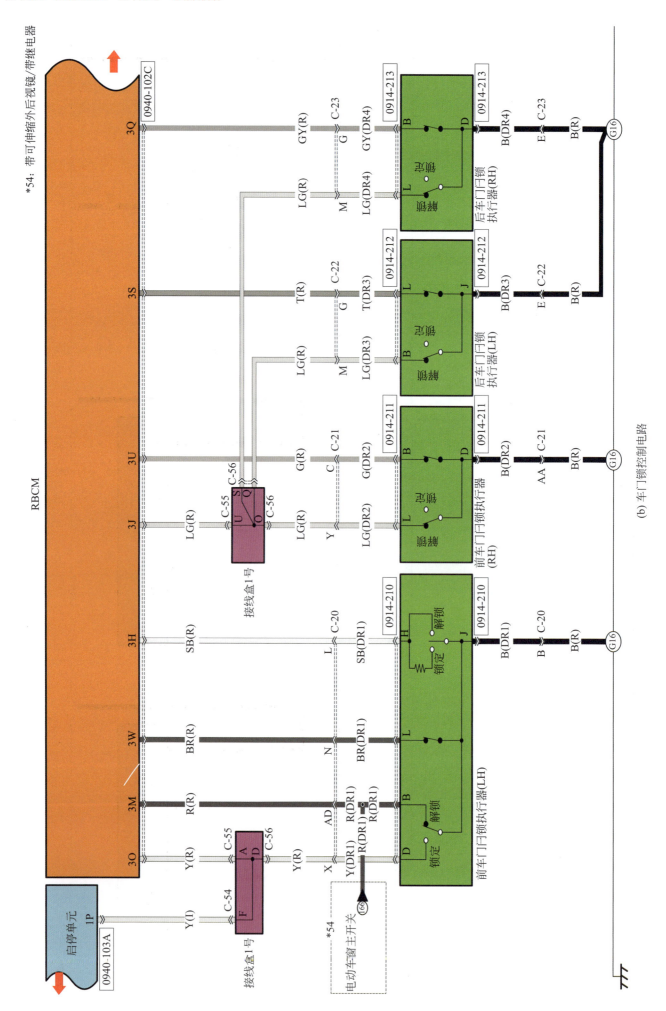

(b) 车门锁控制电路

第二章 无钥匙进入系统典型控制电路详解

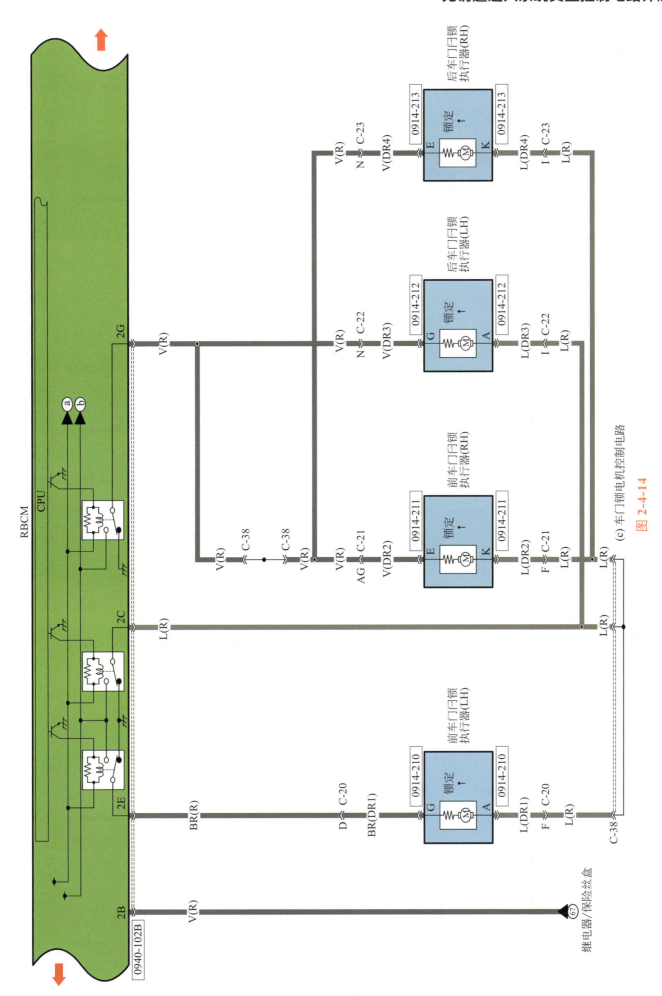

图 2-4-14 (c) 车门锁电机控制电路

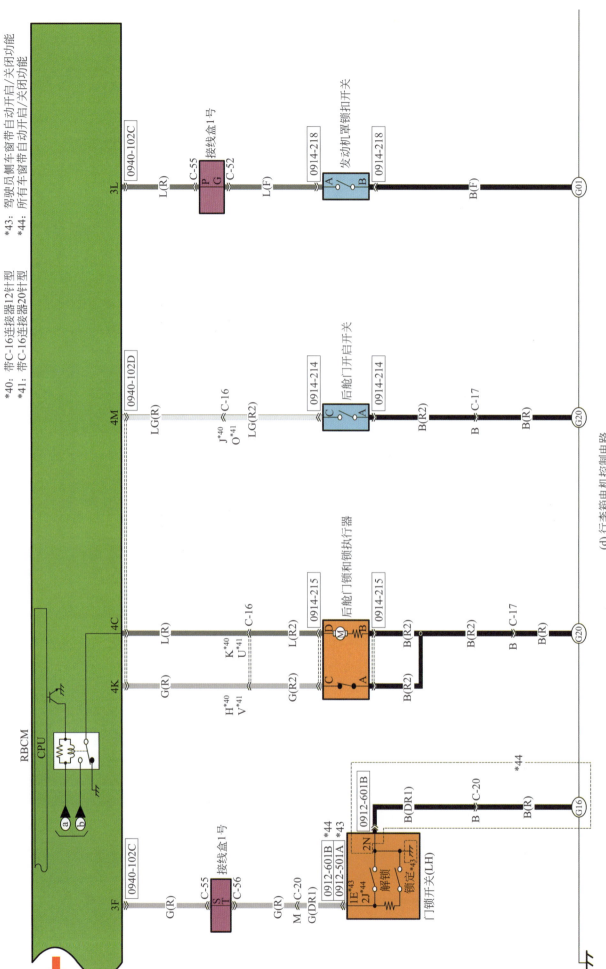

图 2-4-14 马自达 CX-4 无钥匙进入系统控制电路（d）行李箱电机控制电路

遥控天线与门外把手端子作用说明见表2-4-8。

表2-4-8 马自达CX-4遥控天线与门外把手端子作用说明

所在部件	序号	作用
左前车门外把手总成	A	为请求开关接地端
	D	为请求开关信号线，与LF控制单元C端子连接
	B	为遥控天线信号线，与LF控制单元O端子连接
	E	为遥控天线信号线，与LF控制单元Q端子连接
右前车门外把手总成	A	为请求开关接地端
	D	为请求开关信号线，与LF控制单元A端子连接
	B	为遥控天线信号线，与LF控制单元S端子连接
	E	为遥控天线信号线，与LF控制单元U端子连接
车内前部遥控天线	A	与LF控制单元M端子连接
	B	与LF控制单元K端子连接
车内后部遥控天线	A	与LF控制单元T端子连接
	B	与LF控制单元V端子连接
车外后部遥控天线	A	与LF控制单元X端子连接
	B	与LF控制单元W端子连接
后舱门请求开关	A	为信号线，与LF控制单元E端子连接
	B	为接地端

十、日产车型无钥匙进入系统典型电路详解——轩逸控制电路（图2-4-15）

智能钥匙系统借助智能钥匙和车辆BCM的双向通信产生的电子ID校验结果，使得随身携带智能钥匙即可打开和关闭车门锁（车门锁止/解锁功能）。

当BCM检测到车门请求开关被按下时，它启动车外钥匙天线以及与按下的车门请求开关对应的车内钥匙天线，然后向智能钥匙发送请求信号。确保智能钥匙在车门附近。

如果智能钥匙在车外钥匙天线检测区域之内，它收到请求信号，并通过遥控无钥匙进入接收器向BCM发送钥匙ID信号。

BCM收到钥匙ID信号，并与注册的钥匙ID进行比较。

BCM发送车门锁止/解锁信号，并操作各车门锁执行器。同时，BCM使危险警告灯闪烁（锁止即闪烁一次，解锁即闪烁两次），并使智能钥匙鸣响（锁止即鸣响一次，解锁即鸣响两次），以作为提醒。

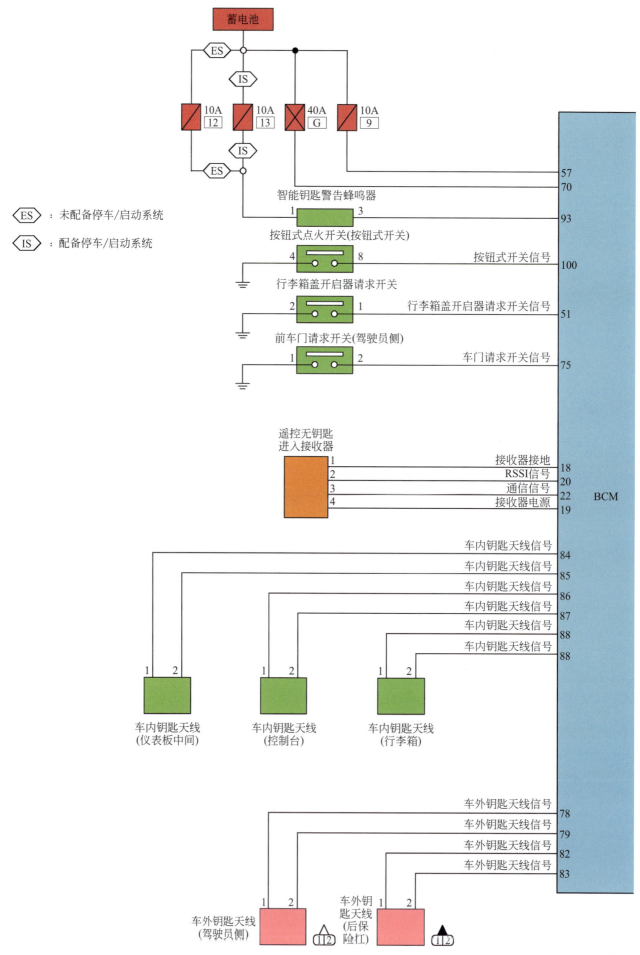

图 2-4-15 日产轩逸

第二章

无钥匙进入系统典型控制电路详解

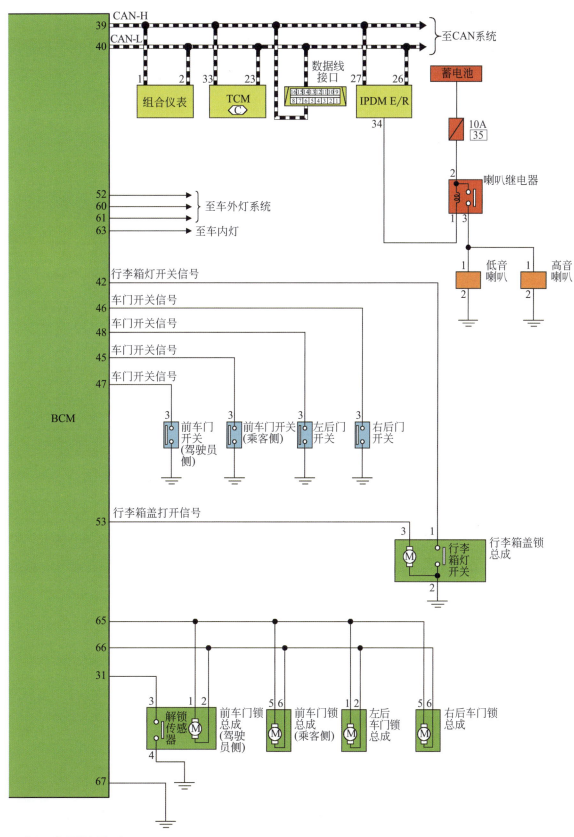

无钥匙进入系统控制电路

069

十一、现代/起亚车型无钥匙进入系统典型电路详解——现代名图 MISTRA 控制电路

1. 智能钥匙控制模块电路（图 2-4-16）

智能钥匙控制模块的端子作用见表 2-4-9。

表 2-4-9　名图 MISTRA 智能钥匙控制模块端子作用说明

序号	作用
M05-C/1	接 IG1 输入电源
M05-C/9	为启动反馈信号
M05-A/20	为 IG1 继电器控制线
M05-A/21	为 IG2 继电器控制线
M05-A/22	为 ACC 继电器控制线
M05-A/24	为启动继电器连接线
M05-C/26	接 ACC 输入电源
M05-C/27	接 IG2 输入电源
M05-B/1	接输入电源
M05-B/6	接输入电源

2. 驾驶员侧、副驾驶侧外侧手柄电路（图 2-4-17）

驾驶员侧和副驾驶侧智能钥匙外侧手柄端子作用说明见表 2-4-10。

表 2-4-10　名图 MISTRA 驾驶员侧和副驾驶侧智能钥匙外侧手柄端子作用说明

所在部件	序号	作用
驾驶员侧智能钥匙外侧手柄	1	接天线电源，与智能控制模块 M05-A/17 号端子连接
	4	天线接地，与智能控制模块 M05-A/5 号端子连接
	3	为闭锁/开锁信号线，与智能控制模块 M05-C/21 号端子连接
	6	接地
副驾驶侧智能钥匙外侧手柄	1	接天线电源，与智能控制模块 M05-A/19 号端子连接
	4	天线接地，与智能控制模块 M05-A/7 号端子连接
	3	闭锁/开锁信号线，与智能控制模块 M05-C/4 号端子连接
	6	接地

第二章 无钥匙进入系统典型控制电路详解

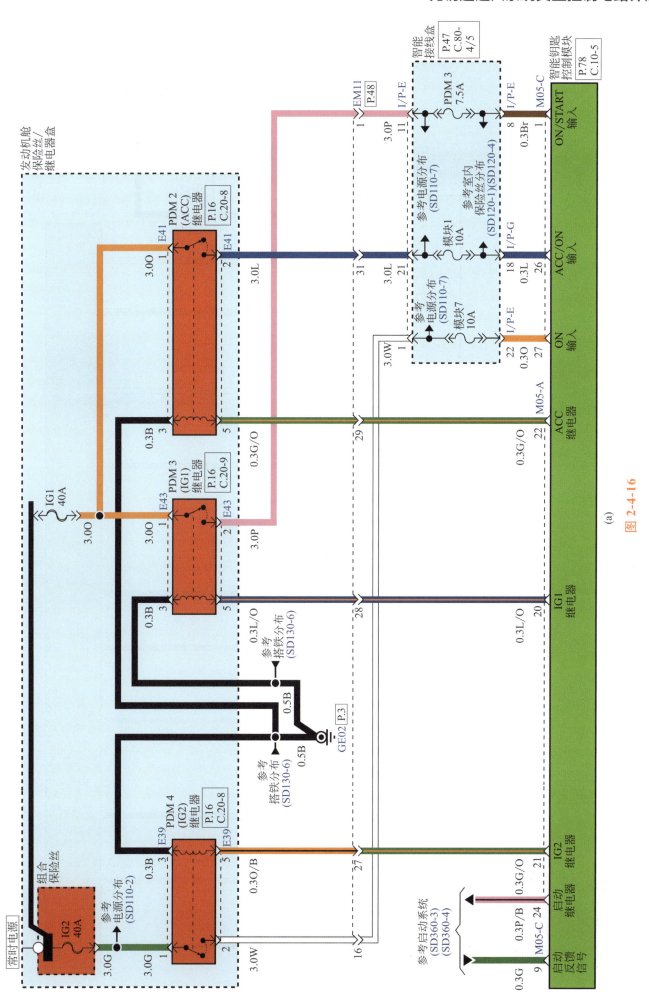

图 2-4-16 (a)

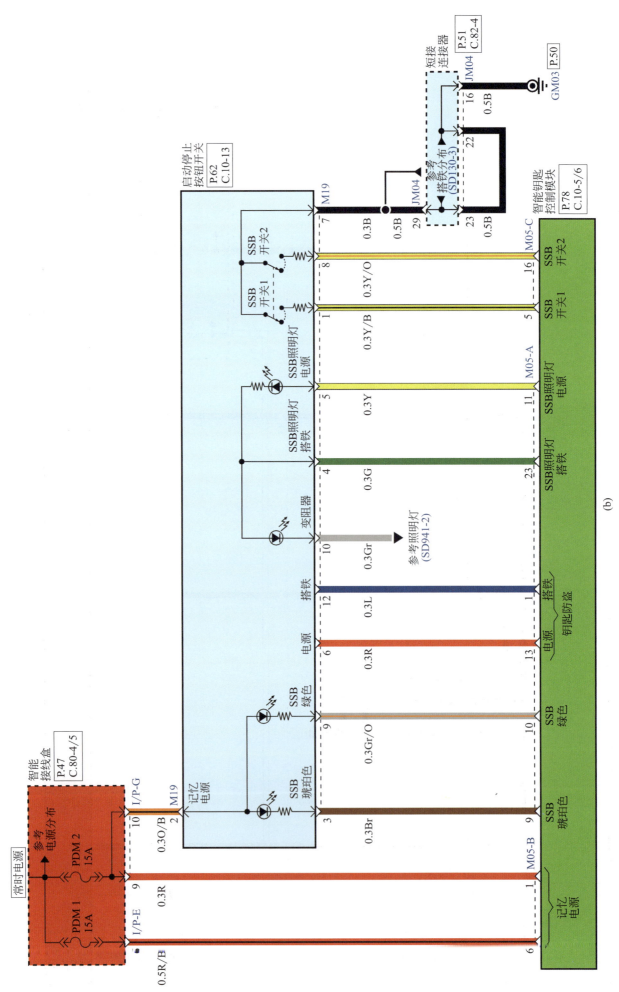

图 2-4-16 智能钥匙控制模块电路 (b)

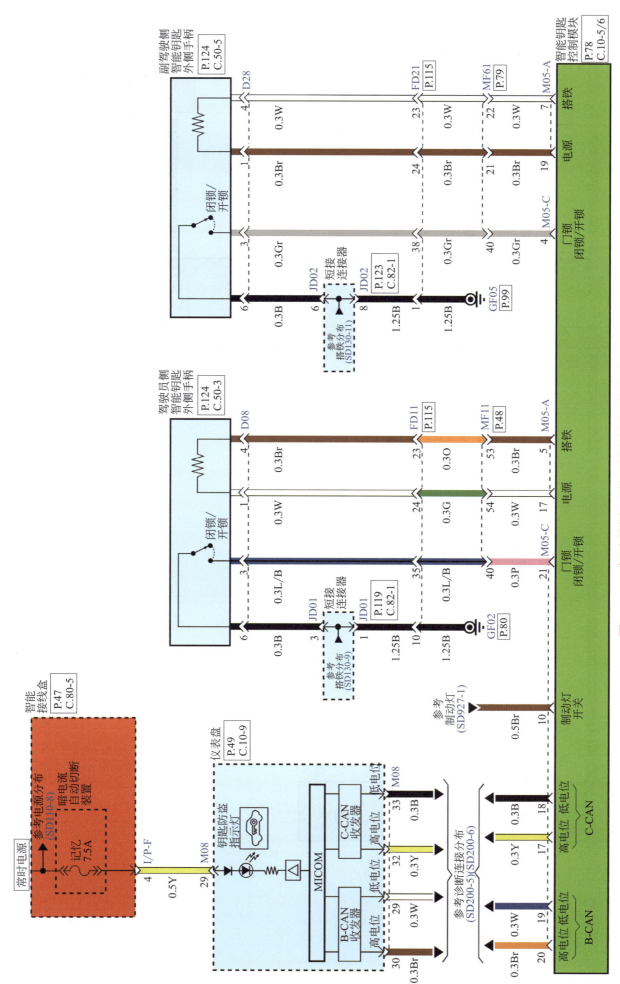

图 2-4-17 驾驶员侧、副驾驶外侧手柄电路

3. 智能钥匙天线电路（图 2-4-18）

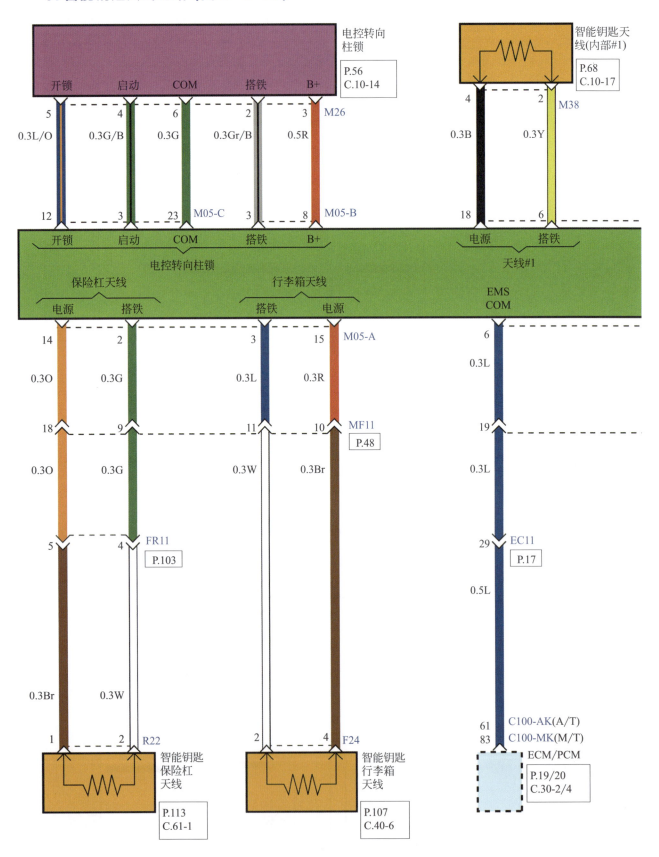

图 2-4-18　现代名图

第二章

无钥匙进入系统典型控制电路详解

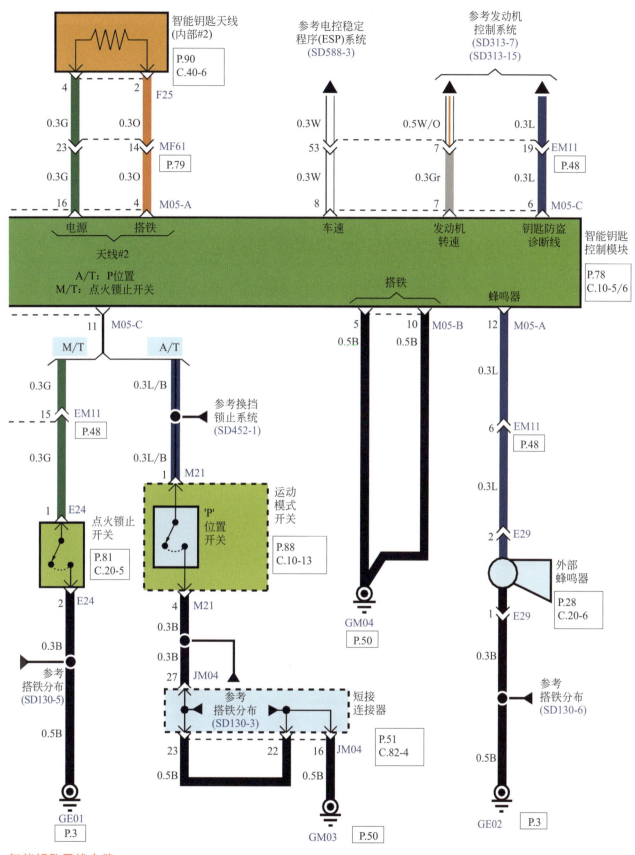

智能钥匙天线电路

智能天线端子作用说明见表 2-4-11。

表 2-4-11　名图 MISTRA 智能天线端子作用说明

所在部件	序号	作用
智能天线（内部 #1）	2	接地，与智能控制模块 M05-A/6 号端子连接
	4	接电源，与智能控制模块 M05-A/18 号端子连接
智能天线（内部 #2）	2	接地，与智能控制模块 M05-A/4 号端子连接
	4	接电源，与智能控制模块 M05-A/16 号端子连接
智能天线（保险杠天线）	1	接电源，与智能控制模块 M05-A/14 号端子连接
	2	接地，与智能控制模块 M05-A/2 号端子连接
智能天线（行李箱天线）	2	接地，与智能控制模块 M05-A/3 号端子连接
	4	接电源，与智能控制模块 M05-A/15 号端子连接

十二、福特车型无钥匙进入系统典型电路详解——锐界控制电路

1. 中央及后部天线电路（图 2-4-19）

中央及后部天线部分端子作用说明见表 2-4-12。

表 2-4-12　锐界中央及后部天线端子作用说明

所在部件	序号	作用
中央天线	1	接电源，与车身控制模块 40 号端子连接
	2	接地，与车身控制模块 27 号端子连接
后部天线	1	接电源，与车身控制模块 16 号端子连接
	2	接地，与车身控制模块 15 号端子连接

2. 左前 / 右前外部门把手电路（图 2-4-20）

左前及右前外部门把手端子作用说明见表 2-4-13。

表 2-4-13　锐界左前及右前外部门把手端子作用说明

所在部件	序号	作用
左前外部门把手	1	为可变电压，与车身控制模块 21 号端子连接
	2	为天线正极，与车身控制模块 13 号端子连接
	3	为天线负极，与车身控制模块 28 号端子连接
	4	接地
右前外部门把手	1	为可变电压，与车身控制模块 5 号端子连接
	2	为天线正极，与车身控制模块 12 号端子连接
	3	为天线负极，与车身控制模块 29 号端子连接
	4	接地

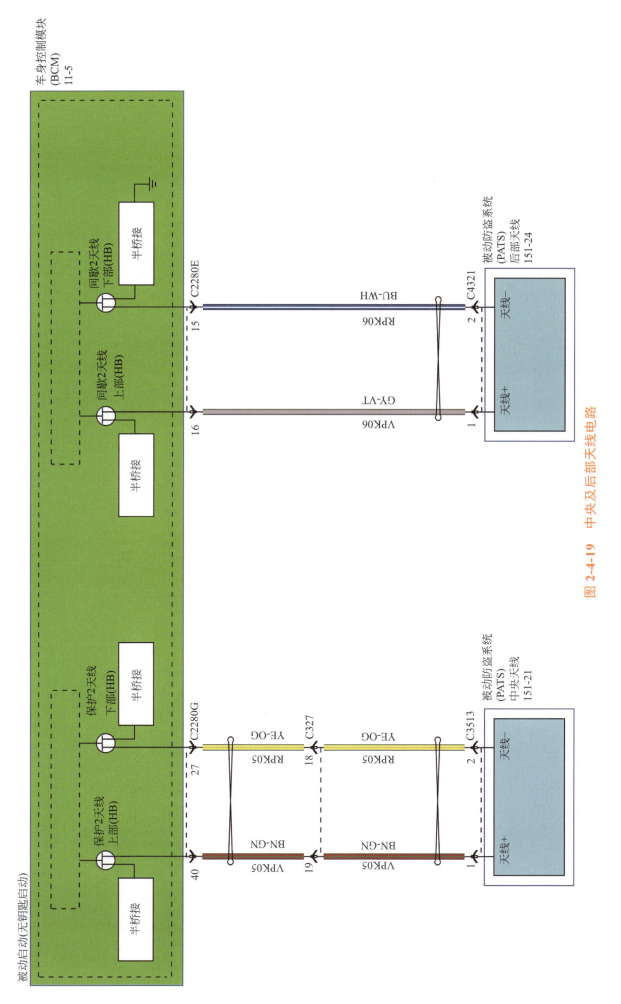

图 2-4-19 中央及后部天线电路

汽车车身电路详解（第三册）

转向助力 · 无钥匙进入 · 整车配电 · 电动后视镜

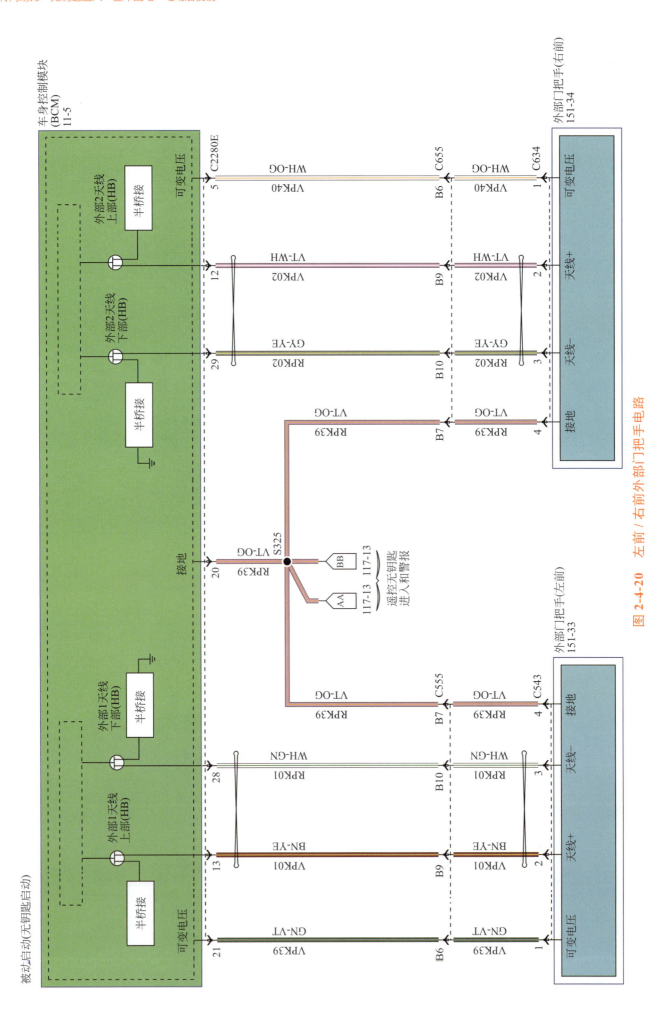

图 2-4-20　左前/右前外部门把手电路

3. 左侧/右侧外部后门把手电路（图2-4-21）

左侧及右侧外部后门把手端子作用说明见表2-4-14。

表 2-4-14　锐界左侧及右侧外部后门把手端子作用说明

所在部件	序号	作用
左侧外部后门把手	1	为可变电压，与车身控制模块22号端子连接
	4	接地
右侧外部后门把手	1	为可变电压，与车身控制模块4号端子连接
	4	接地

4. 无线电接收发送模块电路（图2-4-22）

无线电接收发送模块端子作用说明见表2-4-15。

表 2-4-15　锐界无线电接收发送模块端子作用说明

序号	作用
1	接地
2	为K线，与车身控制模块连接
3	为MS CAN-线
4	为MS CAN+线
6	接电源

十三、传祺车型无钥匙进入系统典型电路详解——GS4控制电路

1. 无钥匙进入系统电源电路（图2-4-23）

无钥匙启动和智能系统控制单元IP58-13号端子为电源线，蓄电池正极→EF10（50A）保险丝→IF1 SHORT PIN→IF39（10A）保险丝→无钥匙启动和智能系统控制单元IP58-13号端子；

无钥匙启动和智能系统控制单元IP58-26号端子为电源线，蓄电池正极→EF10（50A）保险丝→IF1 SHORT PIN→IF38（10A）保险丝→无钥匙启动和智能系统控制单元IP58-26号端子；

无钥匙启动和智能系统控制单元IP58-11、24号端子为接地线。

2. 左前/右前门把手天线电路（图2-4-24）

左前及右前门把手天线端子作用说明见表2-4-16。

表 2-4-16　GS4左前及右前门把手天线端子作用说明

所在部件	序号	作用
左前门把手天线	DD09-1	为电源线，与无钥匙启动和智能系统控制单元IP58-18号端子连接
	DD09-2	接地
	DD09-3	为信号线，与无钥匙启动和智能系统控制单元BD47-1号端子连接
	DD09-4	为信号线，与无钥匙启动和智能系统控制单元BD47-12号端子连接
右前门把手天线	PD09-1	为电源线，与无钥匙启动和智能系统控制单元IP58-5号端子连接
	PD09-2	接地
	PD09-3	为信号线，与无钥匙启动和智能系统控制单元BD47-2号端子连接
	PD09-4	为信号线，与无钥匙启动和智能系统控制单元BD47-13号端子连接

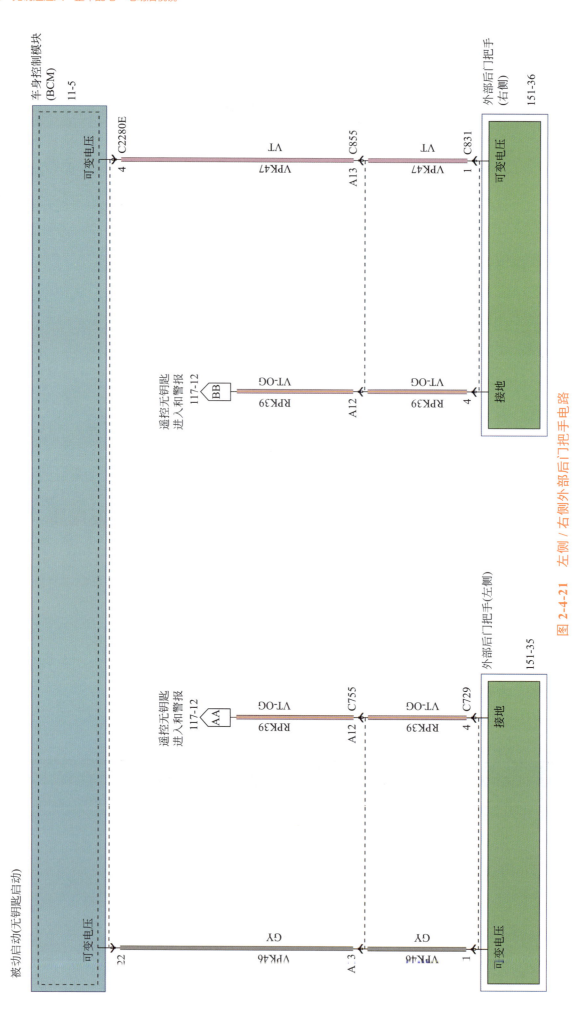

图 2-4-21 左侧/右侧外部后门把手电路

第二章
无钥匙进入系统典型控制电路详解

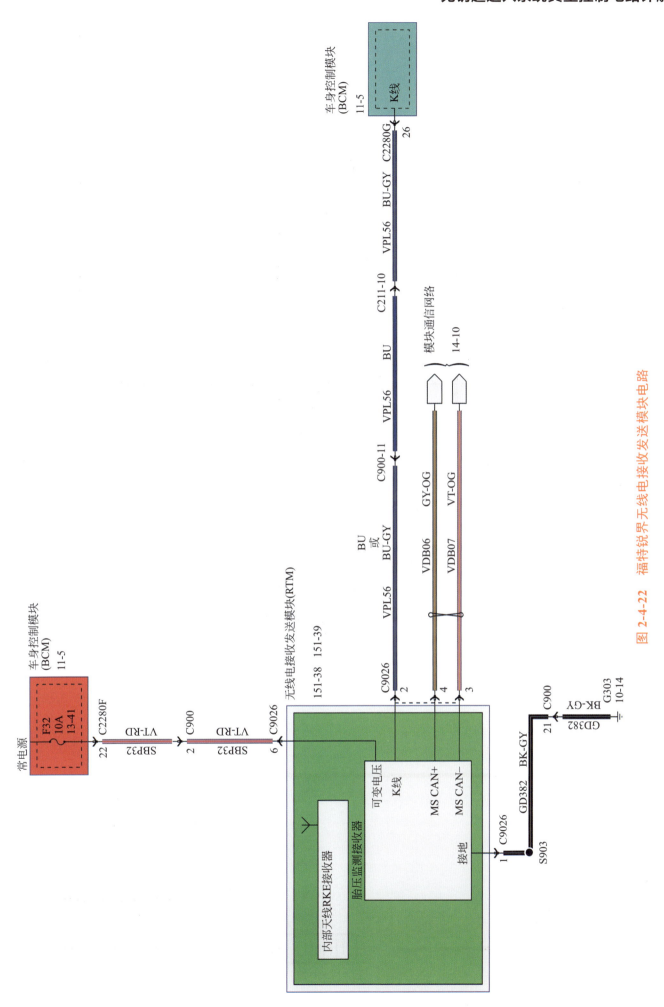

图 2-4-22 福特锐界无线电接收发送模块电路

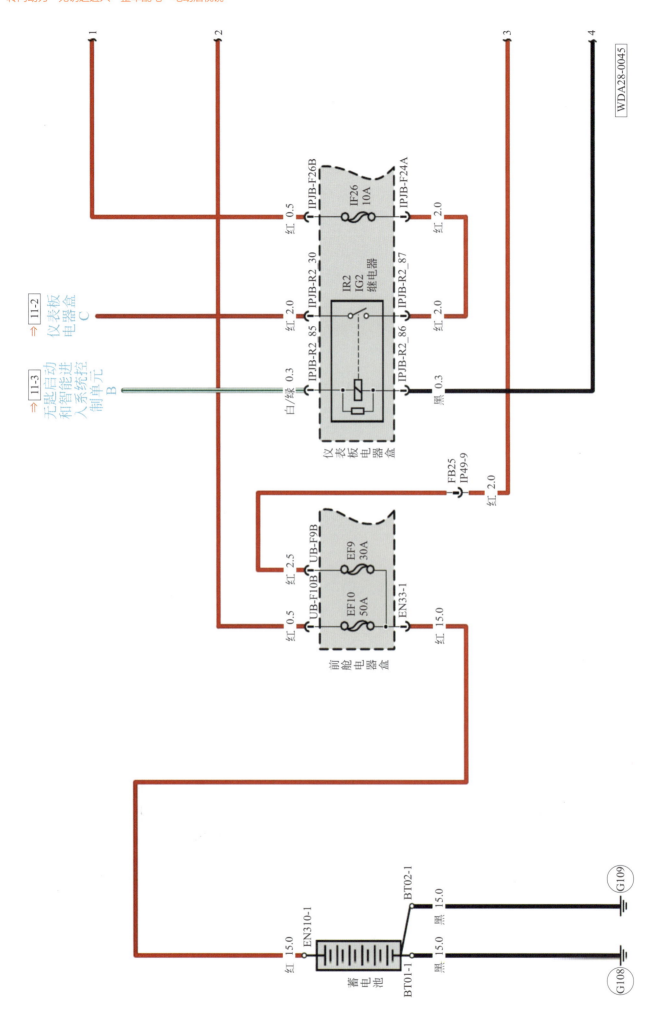

第二章

无钥匙进入系统典型控制电路详解

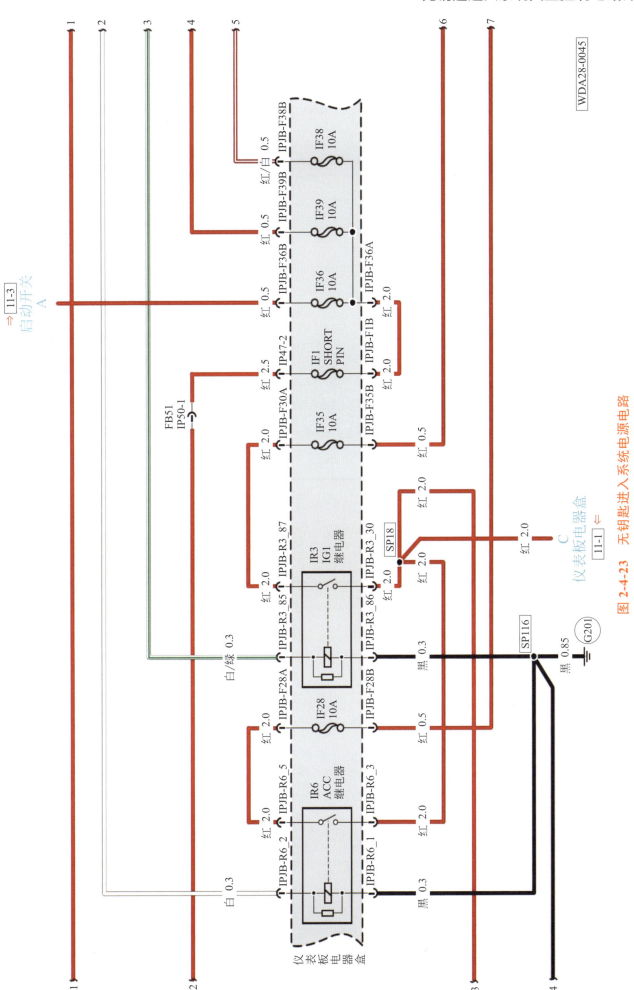

图 2-4-23　无钥匙进入系统电源电路

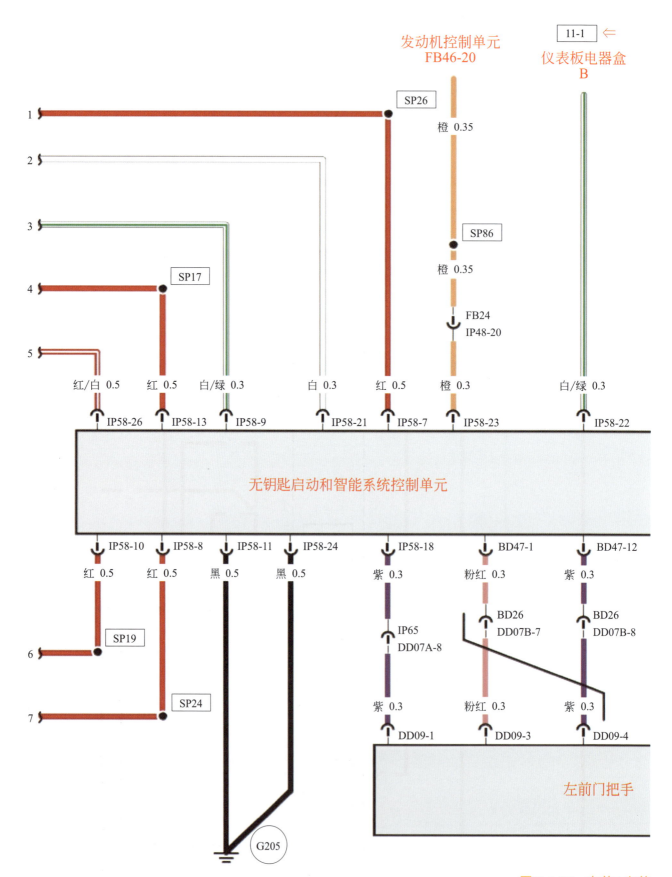

图 2-4-24 左前 / 右前

第二章

无钥匙进入系统典型控制电路详解

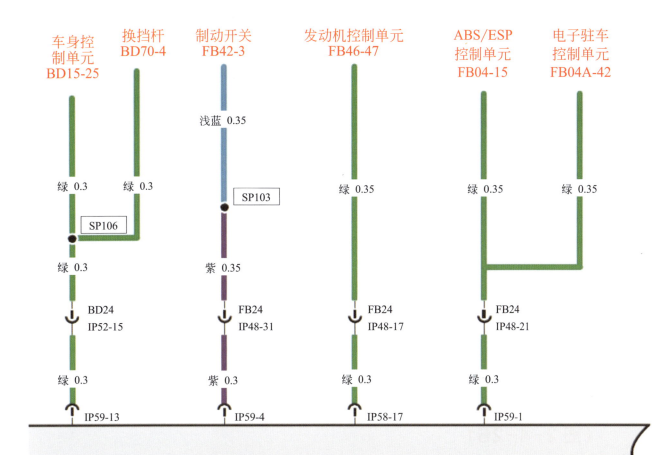

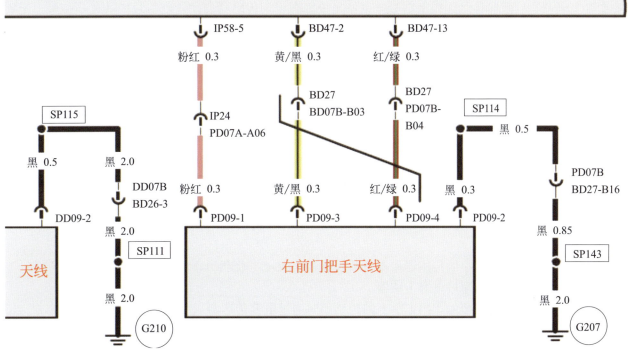

门把手天线电路

085

3. PEPS 天线电路（图 2-4-25）

PEPS 天线端子作用说明见表 2-4-17。

表 2-4-17　GS4 PEPS 天线端子作用说明

所在部件	序号	作用
PEPS 天线（1#）	IP61-3	与无钥匙启动和智能系统控制单元 BD47-7 号端子连接
	IP61-4	与无钥匙启动和智能系统控制单元 BD47-18 号端子连接
PEPS 天线（2#）	BD39-3	与无钥匙启动和智能系统控制单元 BD47-8 号端子连接
	BD39-4	与无钥匙启动和智能系统控制单元 BD47-19 号端子连接
PEPS 天线（3#）	BD48-3	与无钥匙启动和智能系统控制单元 BD47-4 号端子连接
	BD48-4	与无钥匙启动和智能系统控制单元 BD47-15 号端子连接
后保险杠 PEPS 天线	RB06-3	与无钥匙启动和智能系统控制单元 BD47-3 号端子连接
	RB06-4	与无钥匙启动和智能系统控制单元 BD47-14 号端子连接

十四、宝马车型无钥匙进入系统典型电路详解——3 系 G28 控制电路（图 2-4-26）

1. 遥控接收器

遥控接收器具有一个发射接收模块，由此可以建立识别传感器和遥控接收器之间的通信。在遥控接收器中解调、处理和检测无线电信号。也就是说，在识别传感器的无线电信号中具有一个属于车辆的常量"值"，该值由遥控接收器检查，只有这个数值正确时，才能将信息继续发送给车身域控制器（BDC）。即：其他车辆（即使相同的产品线）主钥匙的无线电信号对无钥匙便捷上车及启动系统不起作用。

遥控接收器 1 号端子为接地线；

遥控接收器 3 号端子为电源线；

遥控接收器 5 号端子为 CAN-H 线；

遥控接收器 6 号端子为 CAN-L 线。

2. 驾驶员侧、驾驶员侧后部、前乘客侧后部、前乘客侧车门外把手电子装置

车门外把手电子装置位于（取决于车型系列、车辆装备和国家规格）相应车门的外把手中。

车门外把手电子装置中的传感器探测车门把手上的状态变化，然后将信号发送给车身域控制器（BDC）。

车门外把手电子装置中的传感器向车身域控制器（BDC）提供以下信号。

解锁：在伸入拉槽时通过电容传感器。

上锁和中央锁死：在接触车门把手上的传感面时通过电容传感器。

锁闭车辆的请求通过按压外把手激活。只有驾驶员侧车门关闭后，才能对这个请求进行处理。此外，要求关闭的车门必须处于关闭状态。在车辆外部区域连接的过程中通过车外天线搜索识别传感器。如果在车辆外部找到一个有效的识别传感器，那么将对车辆进行联锁。为了实现防止将驾驶员锁在车外的功能，接着在车厢内部寻找识别传感器。如果在车厢内部发现执行解锁功能的识别传感器，则车辆重新解锁。车辆所属的其他识别传感器可以留在车辆内。

车门外把手电子装置端子作用说明见表2-4-18。

表2-4-18　G28车门外把手电子装置端子作用说明

所在部件	序号	作用
驾驶员侧车门外把手电子装置	1	为信号线
	2	为LIN总线
	3	接地
	4	为电源线
前乘客侧车门外把手电子装置	1	为信号线
	3	为接地线
	4	为电源线
左后车门外把手电子装置	1	为信号线
	3	为接地线
	4	为电源线
右后车门外把手电子装置	1	为信号线
	3	为接地线
	4	为电源线

3. 环形天线

该环形天线用于信号收发器芯片（在识别传感器中）与主域控制器之间的通信。

4. 车内天线和车外天线

无钥匙便捷上车及启动系统的控制单元功能集成在主域控制器中。无钥匙便捷上车及启动系统具有先进的功能和高度的舒适性。这种车辆可以在无钥匙的情况下进行使用、打开和启动。

十五、长城车型无钥匙进入系统典型电路详解——WEY（魏派）VV7控制电路（图2-4-27）

该系统能实现驾驶员侧、副驾驶侧和行李箱三个区域的无钥匙进入和离开功能，驾驶员侧及副驾驶侧采用双电容触摸传感器触发，后背门采用微动开关触发。系统在所有车门（包括行李箱）关闭的情况下能正确检测智能钥匙的位置，包括车内、车外和行李箱内。当智能钥匙被遗忘在车内或行李箱内且用户企图锁车时，该系统将发出警告，并禁止车辆上锁。

PEPS控制单元B-1号端子为电源线。

左前门把手电子模块2号端子为接地线；

左前门把手电子模块3号端子为电源线；

左前门把手电子模块6号端子为LIN线，与PEPS控制单元B-5号端子连接。

右前门把手电子模块2号端子为接地线；

右前门把手电子模块3号端子为电源线；

右前门把手电子模块6号端子为LIN线，与PEPS控制单元B-5号端子连接。

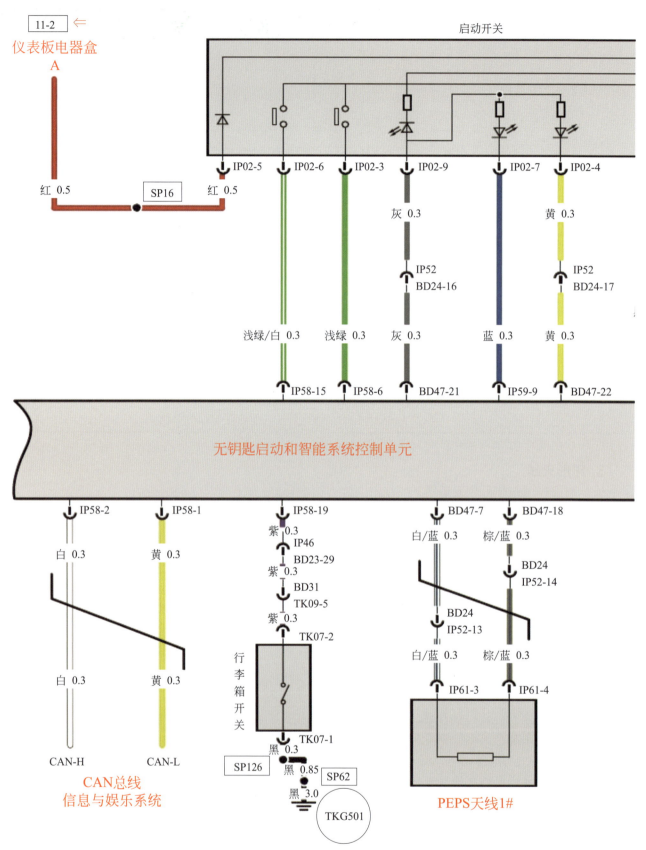

图 2-4-25 传祺 GS4 PEPS

第二章 无钥匙进入系统典型控制电路详解

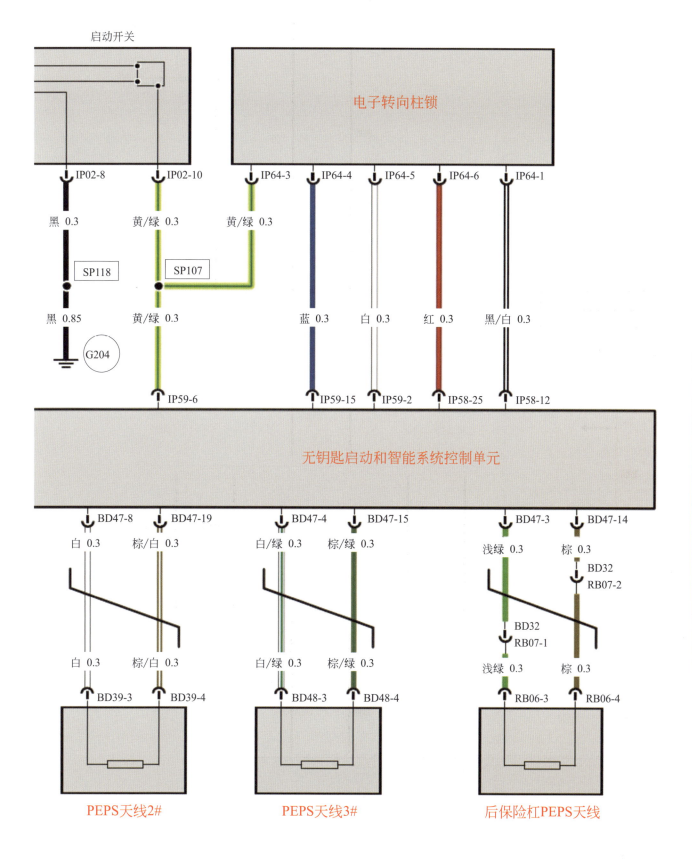

天线电路

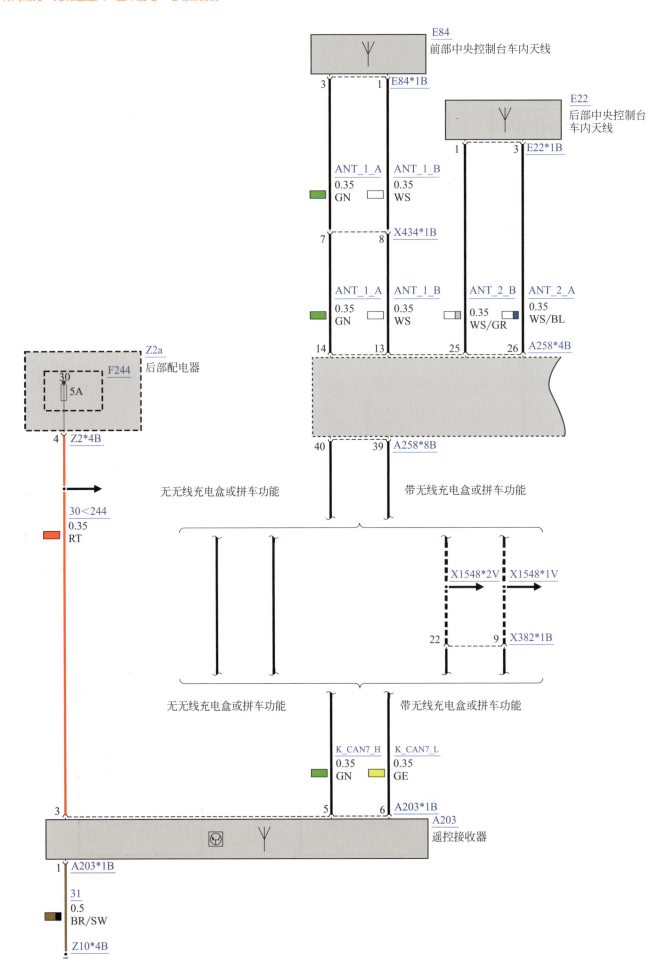

(a)

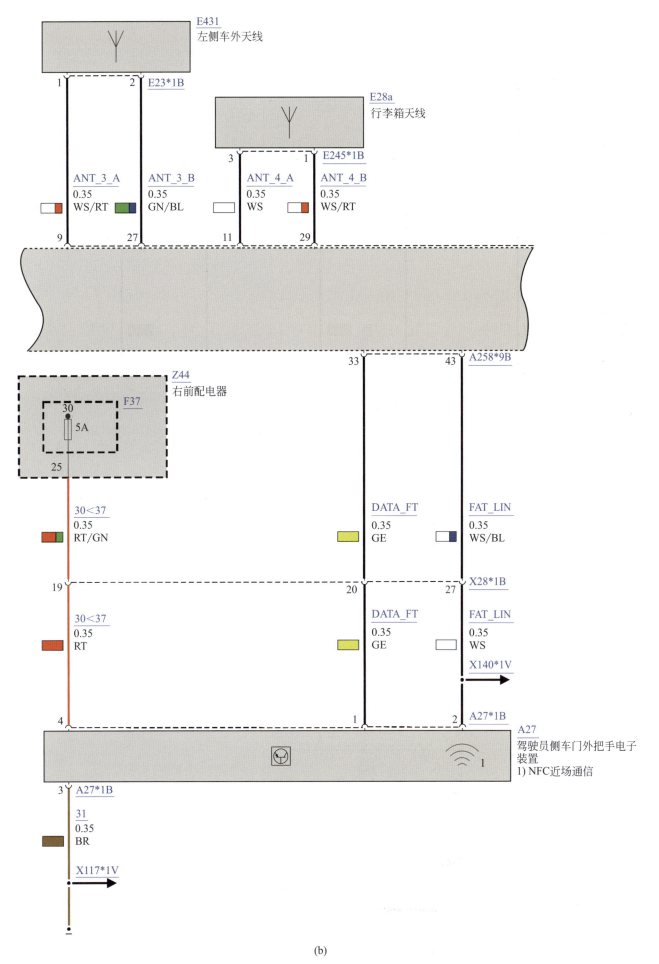

图 2-4-26

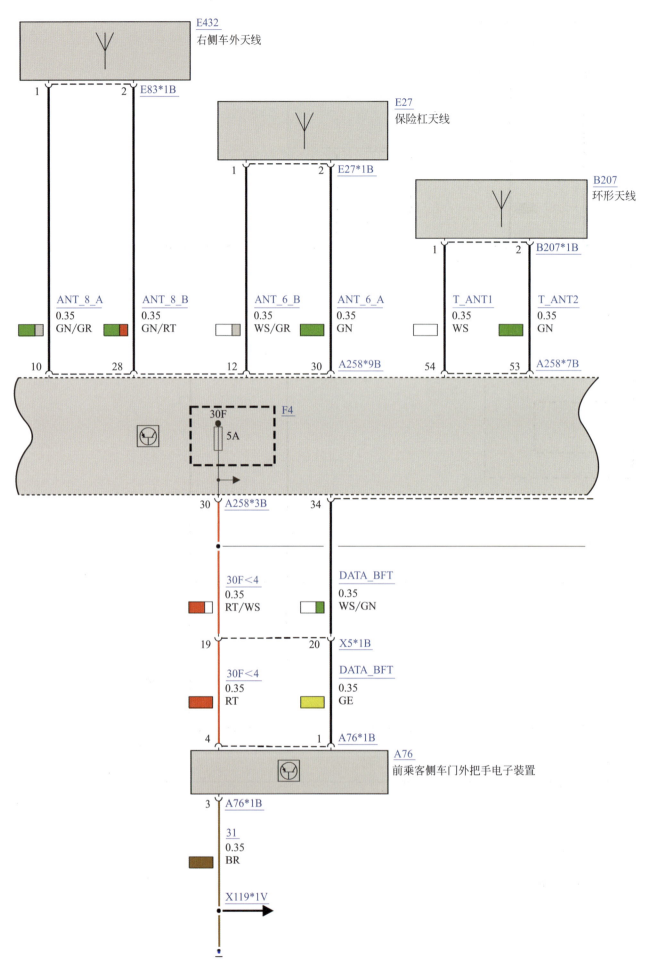

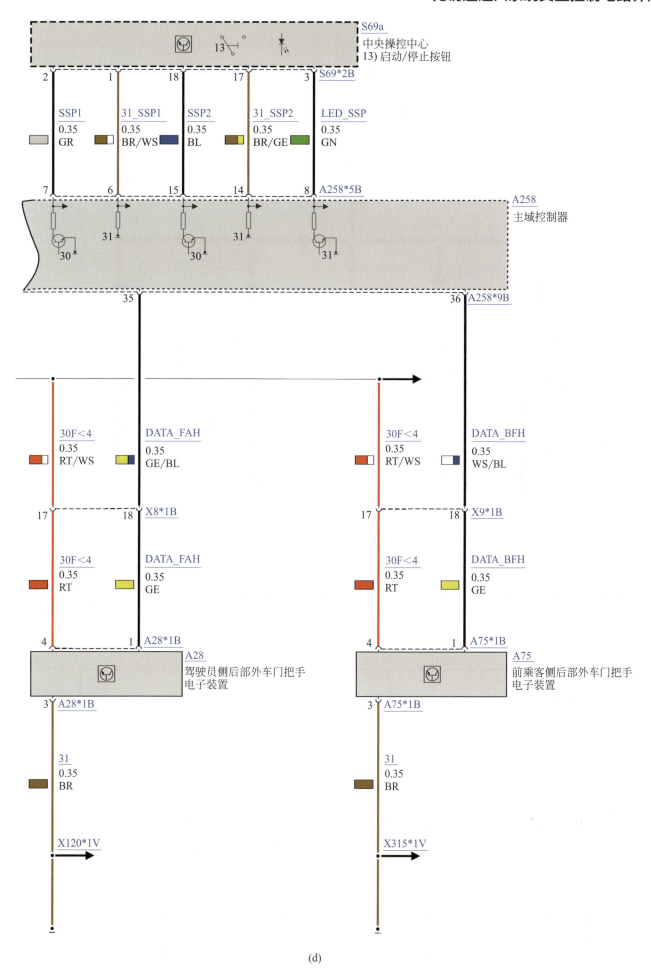

(d)

图 2-4-26　宝马 3 系 G28 无钥匙进入系统控制电路

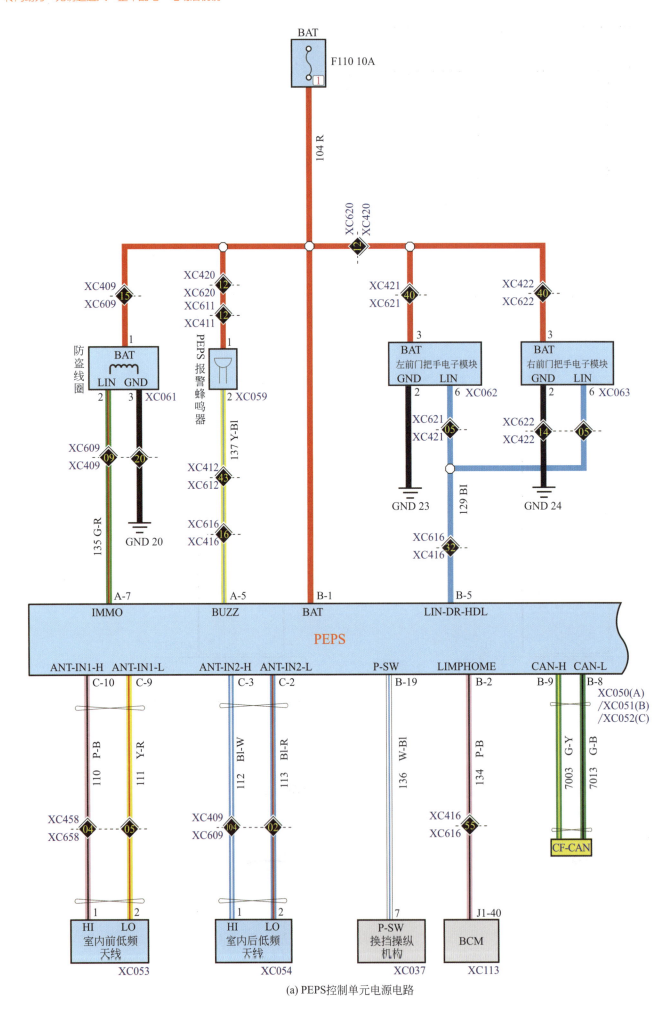

(a) PEPS控制单元电源电路

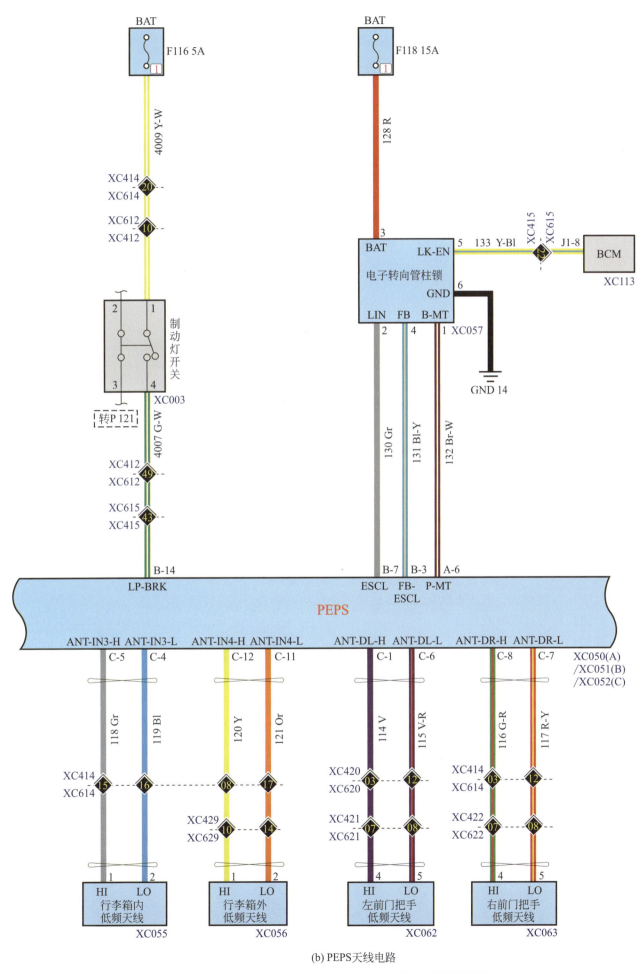

图 2-4-27 长城 WEY（魏派）VV7 无钥匙进入系统控制电路

第五节
无钥匙进入系统典型故障检修技巧

一、快速定位之车内遥控上锁法

当电源模式为 OFF 状态，所有车门（含行李箱）处于关闭状态时，在车内按下智能钥匙的上锁按键。此时，应该整车上锁，蜂鸣器鸣叫三次，仪表提示"请带好钥匙"。

a. 如果整车不上锁，则观察智能钥匙指示灯是否闪烁。

若智能钥匙指示灯闪烁，则初步怀疑 PEPS ECU 的遥控信号接收存在问题，跳至"e. 遥控信号接收故障排查"，继续排查。

b. 若智能钥匙指示灯不闪烁，则问题聚焦到"d. 智能钥匙故障排查"，重点排查。

如果整车上锁，仪表不提示"请带好钥匙"，则确认蜂鸣器是否鸣响。

若蜂鸣器不鸣响，则问题聚焦到"f. 车内低频天线故障排查"，继续排查。

若蜂鸣器鸣响，则说明智能钥匙所有功能正常，PEPS 高频接收和低频驱动功能正常，车内低频天线功能正常。但报警信号可能存在异常，则问题聚焦到"h.PEPS ECU 故障排查"，重点排查。

c. 如果整车上锁，仪表提示"请带好钥匙"，则确认蜂鸣器是否鸣响。

若蜂鸣器不鸣响，则问题聚焦到"g. 蜂鸣器驱动电路故障排查"，继续排查。

d. 智能钥匙故障排查。

智能钥匙电池电量确认，智能钥匙纽扣电池标称电压 3V，如果电压低于 2.8V，需要更换电池；

智能钥匙按键操作力确认，分别点按寻车按键、上锁按键、行李箱按键、解锁按键，感觉按键操作力是否正常，按键回弹是否有力，按压回弹过程是否卡滞或生涩；

智能钥匙指示灯确认，分别点按寻车按键、上锁按键、行李箱按键、解锁按键，观察指示灯是否正常闪烁；

智能钥匙外观和内部目视检查，观察智能钥匙外部是否有明显跌落痕迹、智能钥匙 PCBA 是否有进水现象或水渍、智能钥匙 3D 线圈是否存在物理损伤等；

若更换智能钥匙，则在更换新的智能钥匙后确认功能是否正常。

e. 遥控信号接收故障排查。

遥控信号（高频 RF 信号）的发送、传输和接收与环境中的其他电磁波一样，因此环境中的某些特定频率电磁信号长时间或者偶发地干扰到遥控钥匙上锁、解锁功能。

整车排查，首先需要排查车辆是否加装电子设备，包括但不限于 GPS 导航仪、行车记录仪、电子狗、手机充电器、220V 变压器、无线电台、胎压监测装置等；

环境排查，检查故障是否是在某一特定区域内频繁出现，将车辆移动到其他空旷区域，排除车辆受到环境中高频信号干扰的情况；

若 PEPS ECU 排查后需更换 PEPS ECU，则确认更换后的新 PEPS ECU 是否能正常接收遥控信号。

f. 车内低频天线故障排查。

低频天线线束排查，确认车内三根低频天线的线束是否导通，是否存在短接到电源或者短接到地等异常情况；

若更换低频天线，则确认更换低频天线后 PEPS 系统能否找到车内智能钥匙；

若更换 PEPS ECU，则确认更换 PEPS ECU 后，PEPS 系统能否找到车内智能钥匙。

g. 蜂鸣器驱动电路故障排查。

蜂鸣器线束排查，确认蜂鸣器的线束是否导通，是否存在短接到电源或者短接到地，PWM 输出是否正常等异常情况；

若更换蜂鸣器，则确认更换蜂鸣器后 PEPS 系统能否正常驱动蜂鸣器鸣响；

若更换 PEPS ECU，确认更换 PEPS ECU 后，PEPS 系统能否正常驱动蜂鸣器鸣响。

h.PEPS ECU 故障排查。

PEPS 系统在上述车内遥控上锁法中，能够快速地发现 PEPS 系统中智能钥匙、PEPS RF 接收、PEPS LF 驱动、低频天线、蜂鸣器、网络信号等的基本功能是否存在故障。对于左右门把手电子模块故障和电子转向柱锁故障的分析需要通过其他方法进行排查。如果 PEPS 系统的其他产品都没有问题，则需要更换 PEPS 系统，并确认更换后故障是否消除。

二、快速定位之车外触摸上锁法

若电源模式为 OFF 状态，所有车门（含行李箱）处于关闭状态，驾驶员侧门处于解锁状态，车内有一把智能钥匙，用户携带另一把智能钥匙在驾驶员侧或副驾驶侧外 1.2m 范围内触摸相应侧门把手外侧触摸开关，则整车应该不能上锁，蜂鸣器鸣响三次，仪表提示"请带好钥匙"。基于上述"一、快速定位之车内遥控上锁法"进行的排查，本小节按如下步骤进行排查检修。

a. 如果整车不上锁，蜂鸣器不鸣响，则问题聚焦到"d. 门把手电子模块故障排查"，重点排查。

b. 如果整车不上锁，蜂鸣器鸣响，说明门把手电子模块工作正常，需要确认其他模块上锁失败原因。

c. 如果整车上锁，无论蜂鸣器鸣响与否，均需要确认 PEPS 系统和其他系统意外上锁的原因。

d. 门把手电子模块故障排查。

检查门把手电子模块电源线、地线、通信线线束是否导通，是否存在短接到电源或者短接到地等异常情况；

检查门把手电子模块天线线束是否导通，是否存在短接到电源或者短接到地等异常情况；

若更换门把手电子模块，则确认更换门把手电子模块后，执行"二、快速定位之车外触摸上锁法"，蜂鸣器是否会鸣响三次，仪表是否会提示"请带好钥匙"；

若更换 PEPS ECU，则确认更换 PEPS ECU 后，PEPS 系统能否正常驱动门把手电子模块。

三、与 BCM 失去通信故障诊断

1. 故障码

故障码为 U014087。

2. 故障码定义

表示与 BCM 失去通信。

3. 故障码报码条件

BCM 未发出正常的周期性报文。

4. 故障可能原因

a.CAN 通信故障。

b.BCM 模块功能故障。

c.BCM 线束故障。

5. 故障码消除条件

能够从总线上接收到所有的规定的报文至少 10 次。

6. 故障诊断步骤与方法（表 2-5-1）

表 2-5-1　与 BCM 失去通信故障诊断步骤与方法

步骤	操作方法	判定是后的操作	判定否后的操作
1	用诊断仪读取 PEPS 是否有故障码	转第 2 步	排查其他故障码

续表

步骤	操作方法	判定是后的操作	判定否后的操作
2	清除故障码	转第 3 步	无
3	检查 CAN 通信是否正常	转第 4 步	更换网关,转第 1 步
4	检查 BCM 线束是否导通	转第 5 步	维修线束,转第 1 步
5	检查 BCM 模块功能是否正常	转第 6 步	更换 BCM,转第 1 步
6	用诊断仪读取故障码是否依然存在	更换 PEPS ECU,转第 1 步	故障排除,系统正常

四、与 AC（AC-FCP）失去通信故障诊断

1. 故障码
故障码为 U016487。

2. 故障码定义
故障码含义为与 AC（AC-FCP）失去通信。

3. 故障码报码条件
AC-FCP 未发出正常的周期性报文。

4. 故障可能原因
a.CAN 通信故障。
b.AC-FCP 模块功能故障。
c.AC-FCP 线束故障。

5. 故障码消除条件
能够从总线上接收到所有的规定的报文至少 10 次。

6. 故障诊断步骤与方法（表 2-5-2）

表 2-5-2　与 AC（AC-FCP）失去通信故障诊断步骤与方法

步骤	操作方法	判定是后的操作	判定否后的操作
1	用诊断仪读取 PEPS 是否有故障码	转第 2 步	排查其他故障码
2	清除故障码	转第 3 步	无
3	检查 CAN 通信是否正常	转第 4 步	更换网关,转第 1 步
4	检查 AC-FCP 线束是否导通	转第 5 步	维修线束,转第 1 步
5	检查 AC-FCP 模块功能是否正常	转第 6 步	更换 AC-FCP,转第 1 步
6	用诊断仪读取故障码是否依然存在	更换 PEPS ECU,转第 1 步	故障排除,系统正常

五、与 GW 失去通信故障诊断

1. 故障码
故障码为 U014687。

2. 故障码含义

故障码含义为与 GW 失去通信。

3. 故障码报码条件

GW 未发出正常的周期性报文。

4. 故障可能原因

a.CAN 通信故障。
b.GW 模块功能故障。
c.GW 线束故障。

5. 故障码消除条件

能够从总线上接收到所有的规定的报文至少 10 次。

6. 故障诊断步骤与方法（表 2-5-3）

表 2-5-3　与 GW 失去通信故障诊断步骤与方法

步骤	操作方法	判定是后的操作	判定否后的操作
1	用诊断仪读取 PEPS 是否有故障码	转第 2 步	排查其他故障码
2	清除故障码	转第 3 步	无
3	检查 CAN 通信是否正常	转第 4 步	更换网关，转第 1 步
4	检查 GW 线束是否导通	转第 5 步	维修线束，转第 1 步
5	检查 GW 模块功能是否正常	转第 6 步	更换 GW，转第 1 步
6	用诊断仪读取故障码是否依然存在	更换 PEPS ECU，转第 1 步	故障排除，系统正常

六、无钥匙控制模块至车内前部天线之间的线路故障诊断

1. 故障码说明（表 2-5-4）

表 2-5-4　故障码说明

故障码	说明	含义
B1305	无钥匙控制模块至车内前部天线之间的线路故障	• 车内前部天线线圈电流小于 6mA • 车内前部天线线圈电流大于 146mA
B1306	无钥匙控制模块至车内中部天线之间的线路故障	• 车内中部天线线圈电流小于 6mA • 车内中部天线线圈电流大于 122mA
B1309	无钥匙控制模块至左前门把手天线之间的线路故障	• 左前门把手天线线圈电流小于 6mA • 左前门把手天线线圈电流大于 78mA

2. 可能的原因（表 2-5-5）

表 2-5-5　可能的原因

故障码	检测策略	设备条件（控制策略）	故障部位
B1305	硬件电路检查	检测到硬件电路故障	• 线束 • 传感器 • PEPS
B1306			
B1309			

3. 诊断流程

（1）检查故障码

a. 连接汽车专用诊断仪。

b. 读取并清除历史故障码。

c. 启动发动机，运转 5min。同时将方向盘向两边打到底，来回操作多次。

d. 再次读取故障码。

查看是否有 B1305、B1306、B1309 之外的故障码。

如果有，则按故障码的相关说明进行维修；如果没有，则检查天线线束接头（以车内前部天线为例）。

（2）检查天线线束接头（以车内前部天线为例）

a. 按一键启动开关将电源回到 OFF 状态，断开蓄电池的负极线束。

b. 检查天线线束接头，清洁线束接头。

观察系统是否正常。

如果正常，则确认维修完成；如果异常，则检查 PEPS 控制模块线束接头。

（3）检查 PEPS 控制模块线束接头

a. 按一键启动开关将电源回到 OFF 状态，断开蓄电池的负极线束。

b. 检查 PEPS 控制模块线束接头，清洁线束接头。

观察系统是否正常。

如果正常，则确认维修完成；如果异常，则检查 PEPS 控制模块和车内前部天线之间的线路（以车内前部天线为例）。

（4）检查 PEPS 控制模块和车内前部天线之间的线路（以车内前部天线为例）

a. 按一键启动开关将电源回到 OFF 状态，断开蓄电池的负极线束。

b. 断开 PEPS 控制模块线束接头 P49［图 2-5-1（a）］。

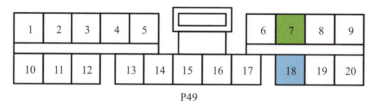

(a) 线束接头P49连接器

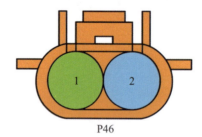

(b) 线束接头P46连接器

图 2-5-1　检查线束端子

c. 断开车内前部天线线束接头 P15。

d. 测量 PEPS 控制模块线束接头 P49 的 7 号端子与线束接头 P46［图 2-5-1（b）］的 2 号端子以及线束接头 P49 的 18 号端子与线束接头 P46 的 1 号端子之间的电阻值，检查线路是否存在断路情况。

标准电阻值：小于 1Ω。

e. 测量线束接头 P49 的 7 号端子与 18 号端子之间电阻值（短路检查）。

标准电阻值：10MΩ 或更高。

f. 测量线束接头 P49 的 7 号端子与可靠接地之间以及线束接头 P49 的 18 号端子与可靠接地之间的电阻值（对车身接地短路检查）。

标准电阻值：10MΩ 或更高。
判断线路测量值是否正常。
如果正常，则更换 PEPS 控制模块；如果异常，则更换有故障的天线。
（5）更换 PEPS 控制模块
a. 按一键启动开关将电源回到 OFF 状态，断开蓄电池负极线束。
b. 更换 PEPS 控制模块。
确认系统正常。

七、无钥匙控制模块内部天线检测传感器故障诊断

1. 故障码说明（表 2-5-6）

表 2-5-6　故障码说明

故障码	说明	含义
B130B	无钥匙控制模块内部存储器故障	不能正常读写数据
B130C	无钥匙控制模块内部天线检测传感器故障	所有天线检测异常，即所有天线的电流都不在范围内
B1312	无钥匙控制模块内部低频发射电源电压超出范围	电压小于 7V 或大于 9V，在诊断时刻读取电压 5 次，只要发现 1 次超出即算故障，若该电源故障，则后续天线诊断不再报故障

2. 可能的原因（表 2-5-7）

表 2-5-7　可能的原因

故障码	检测策略	设备条件（控制策略）	故障部位
B130B	控制模块硬件检查	系统自检，检测到模块硬件故障	PEPS
B130C			
B1312			

3. 诊断流程

（1）检查故障码
a. 连接汽车专用诊断仪。
b. 读取并清除历史故障码。
c. 启动发动机，运转 5min。同时将方向盘向两边打到底，来回操作多次。
d. 再次读取故障码。
观察是否有 B130B、B130C、B1312 之外的故障码。
如果有，则按故障码的相关说明进行维修；如果没有，则检查 PEPS 控制模块线束接头。
（2）检查 PEPS 控制模块线束接头
a. 按一键启动开关将电源回到 OFF 状态，断开蓄电池的负极线束。
b. 检查 PEPS 控制模块线束接头，清洁线束接头。
观察系统是否正常。
如果正常，则确认维修完成；如果异常，则更换 PEPS 控制模块。
（3）更换 PEPS 控制模块
a. 按一键启动开关将电源回到 OFF 状态，断开蓄电池负极线束。
b. 更换 PEPS 控制模块。
确认系统正常。

八、左前/右前门把手天线故障诊断

1. 故障码

B254300：左前门把手天线故障。

B254400：右前门把手天线故障。

2. 诊断流程

a. 连接车辆诊断仪清除故障码。

b. 关闭点火开关，重新打开启动开关。

c. 再次读取故障码，检查故障码是否存在。

如果存在，则进行下一步；如果不存在，则是偶发性故障，检查PEPS控制单元引脚和门把手天线插头引脚是否松动、腐蚀。

d. 断开PEPS控制单元插头BD65和门把手天线插头DD09、PD09。

e. 测量BD65-1到DD09-5、BD65-12到DD09-6、BD65-2到PD09-5、BD65-13到PD09-6的导线是否导通（图2-5-2）。

如果是，则进行下一步；如果否，则表示导线断路故障，维修故障导线。

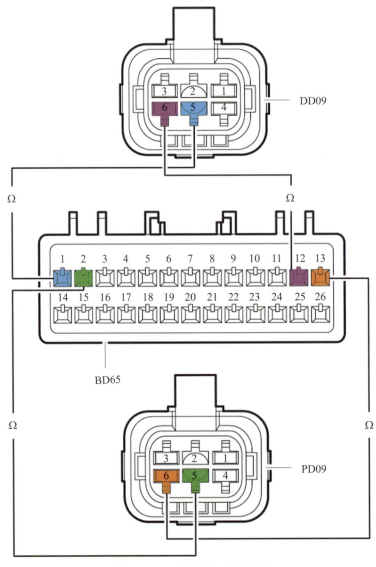

图 2-5-2　检查端子间导线

f. 更换确认良好的门把手天线，匹配后进行测试，确认故障码是否存在。

如果存在，则进行下一步；如果不存在，则表示门把手天线故障，更换门把手天线。

g. 更换确认良好的 PEPS 控制单元，重新匹配后进行测试，如果症状及故障码消失，则表明 PEPS 故障，更换新的 PEPS 控制单元。

九、室内一号天线故障、室内二号天线故障、室内三号天线故障、后备门天线故障诊断

1. 故障码

B254500：室内一号天线故障。
B254600：室内二号天线故障。
B254700：室内三号天线故障。
B254800：后备门天线故障。

2. 诊断流程

a. 连接车辆诊断仪清除故障码。
b. 关闭点火开关，重新打开启动开关。
c. 再次读取故障码，检查故障码是否存在。
如果存在，则进行下一步；如果不存在，即表示此为偶发性故障，检查 PEPS 控制单元引脚和天线插头引脚是否松动、腐蚀。
d. 断开 PEPS 控制单元插头 BD65 和室内天线插头 IP61、BD57、BD68、RB05。
e. 测量 BD65-7 到 IP61-3、BD65-18 到 IP61-4、BD65-8 到 BD57-3、BD65-19 到 BD57-54、BD65-4 到 BD68-3、BD65-15 到 BD68-4、BD65-3 到 RB05-3、BD65-14 到 RB05-4 的导线是否导通（图 2-5-3）。

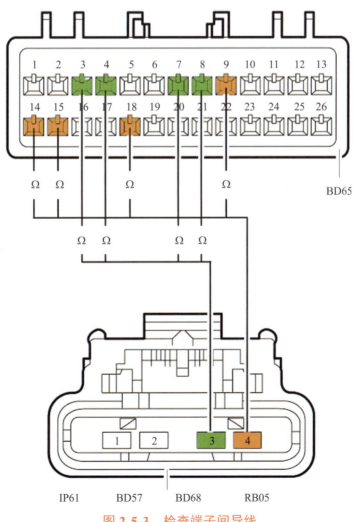

图 2-5-3　检查端子间导线

如果导通，则进行下一步；如果不导通，则为导线断路故障，维修故障导线。

f. 更换确认良好的天线，匹配后进行测试，确认故障码是否存在。

如果存在，则进行下一步；如果不存在，即代表天线故障，更换天线。

g. 更换确认良好的 PEPS 控制单元，重新匹配后进行测试，如果症状及故障码消失，则表明 PEPS 故障，更换新的 PEPS 控制单元。

十、车内前部天线故障诊断

1. 故障码说明（表 2-5-8）

表 2-5-8　故障码说明

故障码	说明
B128800	车内前部天线故障

2. 电路图（图 2-5-4）

3. 诊断流程

（1）检查控制系统是否存在除 B128800 以外的故障码

a. 连接故障诊断仪至诊断接口。

b. 操作启动开关使电源模式至 ON 状态。

c. 读取 PEPS 模块故障码。

d. 确认系统是否有其他故障码。

如果是，则根据相应的故障码进行检查；如果否，则利用故障诊断仪清除故障码，确认故障码是否再次存储。

（2）利用故障诊断仪清除故障码，确认故障码是否再次存储

如果是，则检查 PEPS 天线；如果否，则表示系统正常。

（3）检查 PEPS 天线

a. 操作启动开关使电源模式至 OFF 状态。

b. 断开蓄电池负极电缆。

c. 断开 PEPS 前天线线束连接器 IP45。

d. 连接蓄电池负极电缆，操纵启动开关使电源模式至 ON 状态。

e. 测量 PEPS 前部天线 IP45 端子 1 与 PEPS 控制模块 IP66 端子 7 之间的电阻值。

f. 测量 PEPS 前部天线 IP45 端子 2 与 PEPS 控制模块 IP66 端子 18 之间的电阻值。详见图 2-5-5、图 2-5-6。

g. 确认测量值是否符合标准值（表 2-5-9）。

如果符合，则更换 PEPS 前部天线；如果不符合，则维修或更换线束。

表 2-5-9　标准电阻值

测量项目	标准值
IP66（7）—IP45（1）	小于 1Ω
IP66（18）—IP45（2）	小于 1Ω

（4）更换 PEPS 前部天线

更换后，如果系统正常，则诊断完成；如果异常，则检查 PEPS 电源和接地电路。

第二章 无钥匙进入系统典型控制电路详解

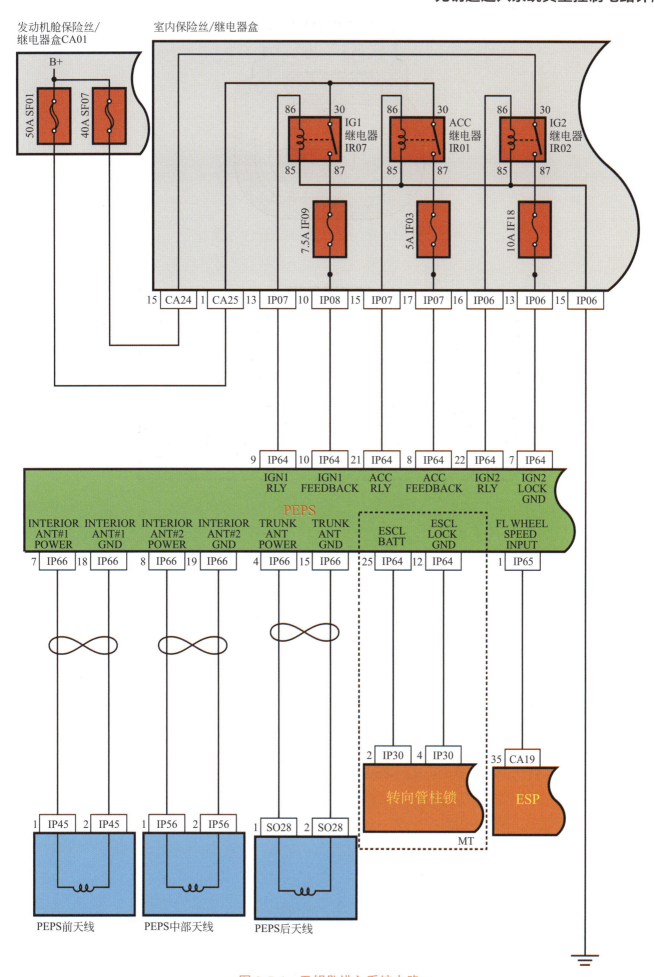

图 2-5-4　无钥匙进入系统电路

105

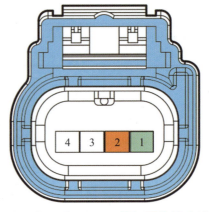

图 2-5-5 （IP45）PEPS 前部天线线束连接器

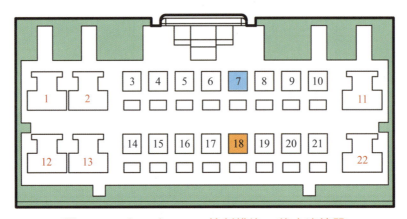

图 2-5-6 （IP66）PEPS 控制模块 C 线束连接器

（5）检查 PEPS 电源和接地电路
a. 检查 PEPS 电源电路是否正常。
b. 检查 PEPS 接地电路是否正常。
如果正常，则更换 PEPS 模块；如果异常，则处理故障部位。

十一、车内中部天线故障诊断

1. 故障码说明（表 2-5-10）

表 2-5-10　故障码说明

故障码	说明
B128900	车内中部天线故障

2. 电路图
参考图 2-5-4。

3. 诊断流程
（1）检查控制系统是否存在除 B128900 以外的故障码
a. 连接故障诊断仪至诊断接口。
b. 操作启动开关使电源模式至 ON 状态。
c. 读取 PEPS 模块故障码。

d. 确认系统是否有其他故障码。

如果是，则根据相应的故障码进行检查；如果否，则利用故障诊断仪清除故障码，确认故障码是否再次存储。

（2）利用故障诊断仪清除故障码，确认故障码是否再次存储

如果再次存储故障码，则检查 PEPS 天线；如果未存储故障码，则系统正常。

（3）检查 PEPS 天线

a. 操作启动开关使电源模式至 OFF 状态。

b. 断开蓄电池负极电缆。

c. 断开 PEPS 中部天线线束连接器 IP56。

d. 连接蓄电池负极电缆，操纵启动开关使电源模式至 ON 状态。

e. 测量 PEPS 中部天线 IP56 端子 1 与 PEPS 控制模块 IP66 端子 8 之间的电阻值。

f. 测量 PEPS 中部天线 IP56 端子 2 与 PEPS 控制模块 IP66 端子 19 之间的电阻值。详见图 2-5-7 和图 2-5-8。

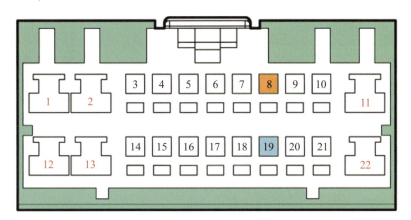

图 2-5-7 （IP66）PEPS 控制模块 C 线束连接器 2

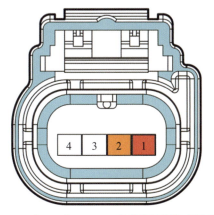

图 2-5-8 （IP56）PEPS 中部天线线束连接器 1

g. 确认测量值是否符合标准值（表 2-5-11）。

表 2-5-11 标准电阻

测量项目	标准值
IP56（1）—IP66（8）	小于 1Ω
IP56（2）—IP66（19）	小于 1Ω

如果符合，则更换 PEPS 中部天线；如果不符合，则维修或更换线束。

(4) 更换 PEPS 中部天线

更换 PEPS 中部天线，确认系统是否正常。

如果系统正常，则诊断完成；如果异常，则检查 PEPS 电源和接地电路。

(5) 检查 PEPS 电源和接地电路

a. 检查 PEPS 电源电路是否正常。

b. 检查 PEPS 接地电路是否正常。

如果正常，则更换 PEPS 模块；如果异常，则处理故障部位。

十二、车内后部天线故障诊断

1. 故障码说明（表 2-5-12）

表 2-5-12　故障码说明

故障码	说明
B128A00	车内后部天线故障

2. 电路图

参考图 2-5-4。

3. 诊断流程

(1) 检查控制系统是否存在除 B128A00 以外的故障码

a. 连接故障诊断仪至诊断接口。

b. 操作启动开关使电源模式至 ON 状态。

c. 读取 PEPS 模块故障码。

d. 确认系统是否有其他故障码。

如果是，则根据相应的故障码进行检查；如果否，则利用故障诊断仪清除故障码，确认故障码是否再次存储。

(2) 利用故障诊断仪清除故障码，确认故障码是否再次存储

如果再次存储，则检查 PEPS 天线；如果未存储，则系统正常。

(3) 检查 PEPS 天线

a. 操作启动开关使电源模式至 OFF 状态。

b. 断开蓄电池负极电缆。

c. 断开 PEPS 后部天线线束连接器 SO28。

d. 连接蓄电池负极电缆，操纵启动开关使电源模式至 ON 状态。

e. 测量 PEPS 后部天线 SO28 端子 1 与 PEPS 控制模块 IP66 端子 4 之间的电阻值。

f. 测量 PEPS 后部天线 SO28 端子 2 与 PEPS 控制模块 IP66 端子 15 之间的电阻值。详见图 2-5-9 和图 2-5-10。

表 2-5-13　标准电阻

测量项目	标准值
IP66（4）—SO28（1）	小于 1Ω
IP66（15）—SO28（2）	小于 1Ω

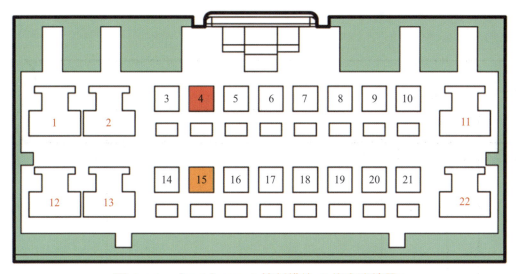

图 2-5-9 （IP66）PEPS 控制模块 C 线束连接器 3

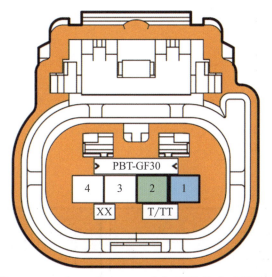

图 2-5-10 （IP56）PEPS 中部天线线束连接器 2

g. 确认测量值是否符合标准值（表 2-5-13）。

如果符合，则更换 PEPS 中部天线；如果不符合，则维修或更换线束。

（4）更换 PEPS 中部天线

更换 PEPS 中部天线，确认系统是否正常。

如果系统正常，则诊断完成；如果异常，则检查 PEPS 电源和接地电路。

（5）检查 PEPS 电源和接地电路

a. 检查 PEPS 电源电路是否正常。

b. 检查 PEPS 接地电路是否正常。

如果正常，则更换 PEPS 模块；如果异常，则处理故障部位。

十三、前乘员侧天线故障诊断

1. 故障码说明（表 2-5-14）

表 2-5-14　故障码说明

故障码	说明
B128700	前乘员侧天线故障

2. 电路图（图 2-5-11）

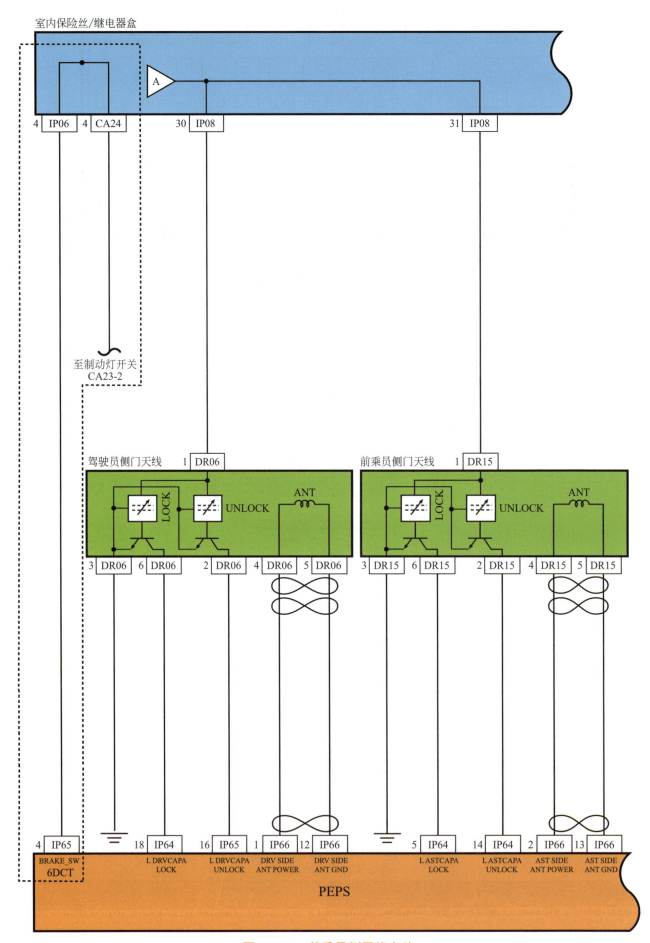

图 2-5-11　前乘员侧天线电路

3. 诊断流程

（1）检查控制系统是否存在除 B128700 以外的故障码

a. 连接故障诊断仪至诊断接口。
b. 操作启动开关使电源模式至 ON 状态。
c. 读取 PEPS 模块故障码。
d. 确认系统是否有其他故障码。

如果是，则根据相应的故障码进行检查；如果否，则检查系统线束。

（2）检查系统线束

确认所有线束连接器是否都正常连接。

如果是，则检查前乘员侧门天线电源线路；如果否，则正确连接所有线束连接器。

（3）检查前乘员侧门天线电源线路

a. 操作启动开关使电源模式至 OFF 状态。
b. 断开蓄电池负极电缆。
c. 断开前乘员侧门天线线束连接器。
d. 连接蓄电池负极电缆，操作启动开关使电源模式至 ON 状态。
e. 测量前乘员侧门天线线束连接器 DR15（图 2-5-11）端子 1 对地电压。

标准值：11～14V。

f. 操作启动开关使电源模式至 OFF 状态。
g. 断开蓄电池负极电缆。
h. 断开前乘员侧门天线线束连接器 DR15（图 2-5-12）。
i. 测量 DR15 端子 1 与室内保险丝/继电器盒 IP08 线束连接器（图 2-5-13）端子 31 之间的电阻。

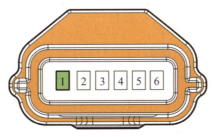

图 2-5-12　前乘员侧门天线线束连接器（DR15）1

图 2-5-13　仪表线束接仪表保险盒 3 线束连接器（IP08）

j. 确认电阻是否符合标准值（表 2-5-15）

表 2-5-15　标准电阻

测量项目	标准值
DR15（1）—IP08（31）	小于 1Ω

如果符合，则检查前乘员侧门天线线路与 PEPS 模块的信号线路；如果不符合，则检修前乘员侧门天线电源线路故障。

（4）检修前乘员侧门天线电源线路故障

a. 确认前乘员侧门天线线路电源断路或短路故障修复完成。

b. 确认故障码是否依然存在。

如果没有故障码，则系统正常；如果有故障码，则检查前乘员侧门天线线路与 PEPS 模块的信号线路。

（5）检查前乘员侧门天线线路与 PEPS 模块的信号线路

a. 操作启动开关使电源模式至 OFF 状态。

b. 断开蓄电池负极电缆。

c. 断开 PEPS 模块线束连接器 IP64。断开前乘员侧门天线线束连接器 DR15，测量前乘员侧门天线线束连接器 DR15 端子 6（图 2-5-14）与 PEPS 模块 IP64 端子 5 之间的阻值（图 2-5-15）。

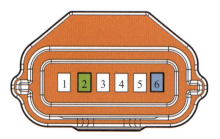

图 2-5-14　前乘员侧门天线线束连接器（DR15）2

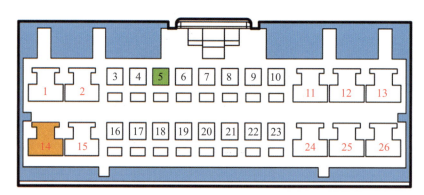

图 2-5-15　PEPS 控制模块 A 线束连接器（IP64）

d. 确认测量值是否符合标准值。

e. 检查前乘员侧门天线线束连接器 DR15 端子 4/5 与 PEPS 控制模块 IP66 端子 2/13 之间线束是否正常。

如果正常，则更换前乘员侧门天线；如果异常，则维修或更换线束。

（6）更换前乘员侧门天线

更换 PEPS 前乘员侧门天线，确认系统是否正常。

如果系统正常，则诊断完成；如果异常，则更换 PEPS 模块。

第三章 整车配电系统典型控制电路详解

第一节 点火开关的作用

汽车点火开关的作用是接通或切断起动机、点火和电器线路。点火开关（图 3-1-1）一般设有 0 或 LOCK，Ⅰ或 ACC，Ⅱ或 ON，Ⅲ或 START 四个位置。

点火开关转到Ⅲ或 START 位置，起动机启动。

点火开关转到Ⅰ或 ACC 位置，发动机关闭，其他车用电器可正常使用。

点火开关转到Ⅱ或 ON 位置，发动机工作。

点火开关转到 0 或 LOCK 位置，发动机熄火，拔出钥匙时方向盘会锁住。

钥匙插进点火开关后，在每个挡位瞬间停留 1~2s，这时能听见电器设备通电的声音，然后再进入下一个挡位就可以了。有的车是可以直接进入 ON 位置，之后等待电器各方面全面启动，6~7s 后再扭转钥匙到 START 状态直接打火。

图 3-1-1　点火开关

第二节 点火开关的类型

一、三挡位式点火开关（图 3-2-1）

三挡位式点火开关具有 0、Ⅰ、Ⅱ（或 LOCK、ON、START）挡位。0 挡时钥匙可自由插入或拔出，顺时针旋转 40° 至 Ⅰ 挡，继续再旋转 40° 为 Ⅱ 挡，外力消除后能自动复位到 Ⅰ 挡。

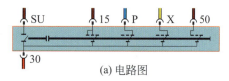

(a) 电路图

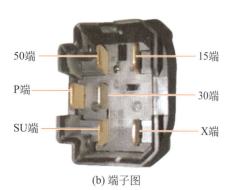

(b) 端子图

接线端子 位置	30	P	X	15	50	SU
0	○	○				○
Ⅰ	○		○	○		○
Ⅱ	○			○	○	○

0—关闭点火开关、锁止方向盘；Ⅰ—接通点火开关；Ⅱ—启动发动机

(c) 工作原理

图 3-2-1　三挡位式点火开关

30—接蓄电池；P—接停车灯电源；X—接卸荷工作电源；15—接点火电源；50—接启动电源；SU—接蜂鸣器电源

1. 点火开关位于 0 位置

点火开关处于关闭状态，汽车方向盘被锁死，具有防盗功能，此时电源总线 30 端与 P 端接通，操作驻车灯开关，可使驻车灯点亮，与点火开关钥匙是否拔下无关。如将点火开关钥匙插入，将使 30 端与 SU 端接通，蜂鸣器可工作。

2. 点火开关位于 Ⅰ 位置

启动后，松开点火开关钥匙，点火开关将自动逆时针旋转回到位置 Ⅰ，这是工作挡。这时 P 端无电，而 15、X、SU 三端通电，15 端通电使点火系统继续工作，X 端通电使前照灯、雾灯等工作，以满足夜间行驶的需要。

3. 点火开关位于 Ⅱ 位置

电源总线 30 端与 50、15、SU 端接通，使起动机运转，30 端与 15 端接通使点火系统工作。因 P 端断电，驻车灯不能工作；因 X 端断电，前照灯、雾灯等不能工作。这样就将前照灯、雾灯等耗电量大的用电设备关闭，达到卸荷目的，以满足启动时需要瞬间大电流输入起动机的需要。发动机启动后，应立即松开点火开关，使其回到位置 Ⅰ，切断起动机的电流，起动机驱动齿轮退回。

二、四挡位式点火开关

1. 介绍

现代汽车大量采用四挡位式点火开关。四挡位式点火开关有 LOCK、ACC、ON、START（或 0、Ⅰ、Ⅱ、Ⅲ）四个挡位，在三挡位的基础上增加了一个 ACC 附件工作挡，其他不变。

锁车后钥匙会处于 LOCK 状态，此时钥匙不仅锁住方向盘转轴，同时切断全车电源。

ACC 状态是接通汽车部分电器的电源，如音响、车灯等。

正常行车时钥匙处于 ON 状态，这时全车所有电路都处于工作状态。

START（或 ST 挡）是发动机启动挡位，启动后松开点火开关，点火开关会自动恢复到 ON 挡。

2. 工作原理（图 3-2-2）

点火开关的 BT1、BT2 端子为供电输入，ACC 端子输出至 ACC 卸荷继电器，IG2 端子输出至 IG 卸荷继电器、空调，IG1 端子输出至发电机、发动机 ECU 和液压泵继电器，ST 端子为启动控制，K1 端子输出至中央门锁控制器，K2 为接地端。

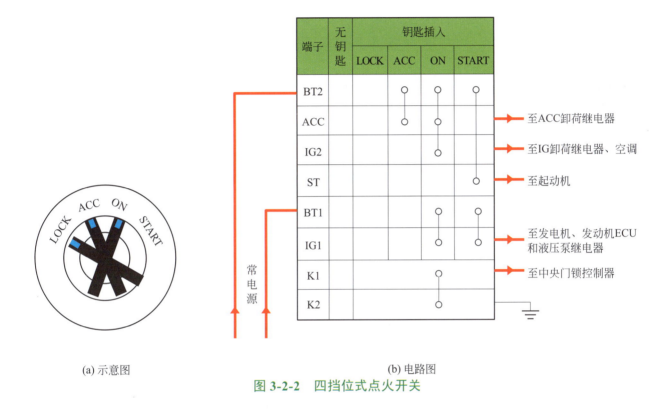

图 3-2-2　四挡位式点火开关

三、带智能进入和启动系统的点火开关

随着汽车电子技术的发展，越来越多的车辆使用智能进入和启动系统，其点火开关使用的是带智能进入和启动系统的点火开关。

当智能钥匙在车内时，按下一键启动开关，能切换开关模式、启动发动机或关闭发动机。

停车状态下，不踩离合器踏板（手动挡车辆）或者制动踏板（自动挡车辆），直接按压一键启动开关，可切换开关模式。每按压一次一键启动开关，开关按照表 3-2-1 所示的顺序进行模式切换。

表 3-2-1　工作状态表

序号	状态	指示灯	各工作状态的作用
1	LOCK	关闭	电器设备处于非工作状态
2	ACC	琥珀色	可以使用某些电器设备，例如音响系统
3	ON	琥珀色	可以使用所有电器设备

第三节
整车配电系统典型控制电路

一、大众/奥迪车型整车配电系统启动电路典型电路详解——大众宝来控制电路（图 3-3-1）

这里以大众宝来车型为例进行介绍，同样适用于大众/奥迪其他车型，限于篇幅不再赘述。电子点火开关中部分端子作用说明见表 3-3-1。

表 3-3-1 宝来电子点火开关端子作用说明

序号	作用
T7a/1	经 SC1（10A）保险丝至 U31 诊断接口 T16/1 号端子
T7a/2	与 SA4 保险丝连接
T7a/3	一路连接起动机；另一路经 SC38（5A）保险丝至 J519 控制单元 T73a/50 号端子
T7a/5	经 SC20（5A）保险丝至 J519 控制单元 T73/42 号端子
T7a/6	连接 J694 端子 75x 供电继电器 3 号端子
T7a/7	与 SA4 保险丝连接

二、别克/雪佛兰/凯迪拉克车型整车配电系统启动电路典型电路详解——别克威朗控制电路（图 3-3-2）

这里以别克车型为例进行介绍，同样适用于别克/雪佛兰/凯迪拉克其他车型，限于篇幅不再赘述。车辆的电源模式主控模块就是车身控制模块（BCM）。

车身控制模块有多个 B+ 电路向其供电。每个电路都在控制器内分隔，以驱动车身功能的特定输出。任何 B+ 电路中的开路或短路故障都可能造成车身控制模块内产生多个代码/或一部分不工作，而车身控制模块的其余部分正常工作。在这种情况下，应确定控制器的不工作部分是否共享公共 B+ 电路。点火模式开关是小电流开关，并向电源模式主控模块传送一个离散的点火信号，以确定电源模式，并将电源模式通过串行数据电路发送到需要此信息的其他模块。

根据需要，电源模式主控模块将启动电源模式主控模块的继电器和其他直接输出。电源模式主控模块决定所需的电源模式（关闭、附件、运行、启动），且将该信息经由串行数据发送到其他模块。如果电源模式串行数据信息与单独模块通过自身的连接所得到的信息不一致，那切换电压输入的模块将以默认模式运行。

电源模式主控模块收到点火模式开关信号，确定是否为操作者所期望的电源模式。

点火开关电源电路：蓄电池正极 → F24DA（2A）保险丝 → 点火开关 2 号端子。

F36UA（7.5A）为 K33 暖风、通风与空调系统（HVAC）控制模块、K111 燃油泵驱动器控制模块、P43 碰撞警告指示器（UEU）、T19 电源变压器供电。

F49UA（15A）为 K60 转向柱锁模块（N06）供电。

F44UA（15A）为 M29L 大灯调平执行器-左（TR7）供电。

F31UA（7.5A）为 K20 发动机控制模块、K71 变速器控制模块（MO5）、T12 自动变速器总成（M2A）供电。

第三章 整车配电系统典型控制电路详解

SA3—保险丝架A上的保险丝3
SC—保险丝架C
SC1—保险丝架C上的保险丝1
SC2—保险丝架C上的保险丝2
SC4—保险丝架C上的保险丝4
SC5—保险丝架C上的保险丝5
SC6—保险丝架C上的保险丝6
SC14—保险丝架C上的保险丝14
B149—正极连接2(15a)，在车内导线束中
B163—正极连接1(15)，在车内导线束中
B298—正极连接2(30)，在主导线束中
B299—正极连接3(30)，在主导线束中
B300—正极连接4(30)，在主导线束中
B301—正极连接5(30)，在主导线束中
D52—正极连接(15a)，在发动机舱导线束中

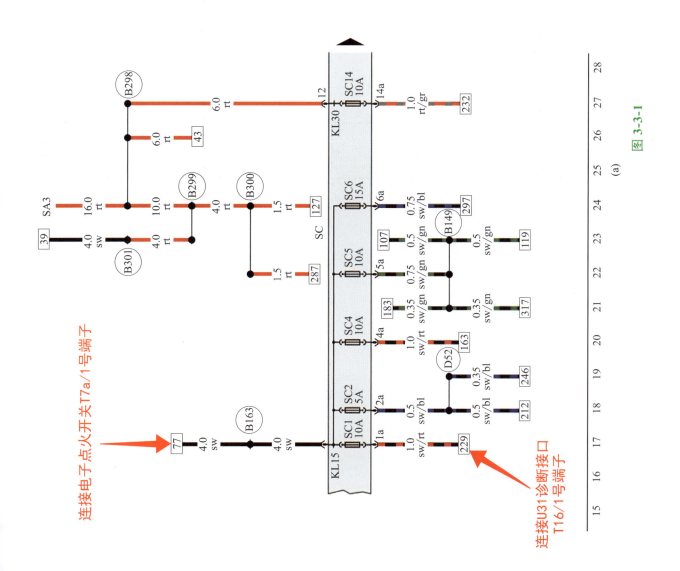

图 3-3-1 (a)

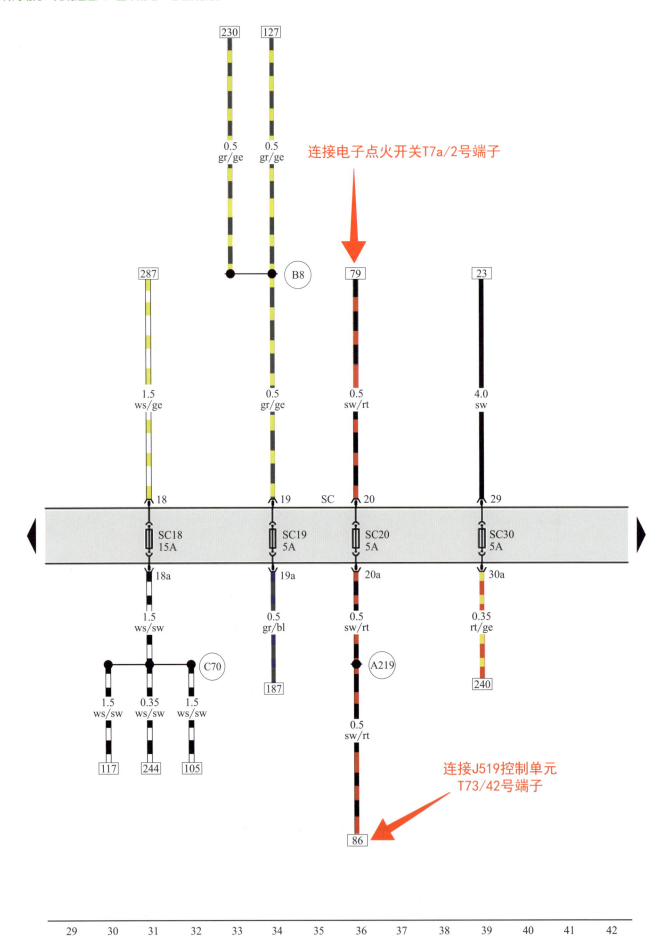

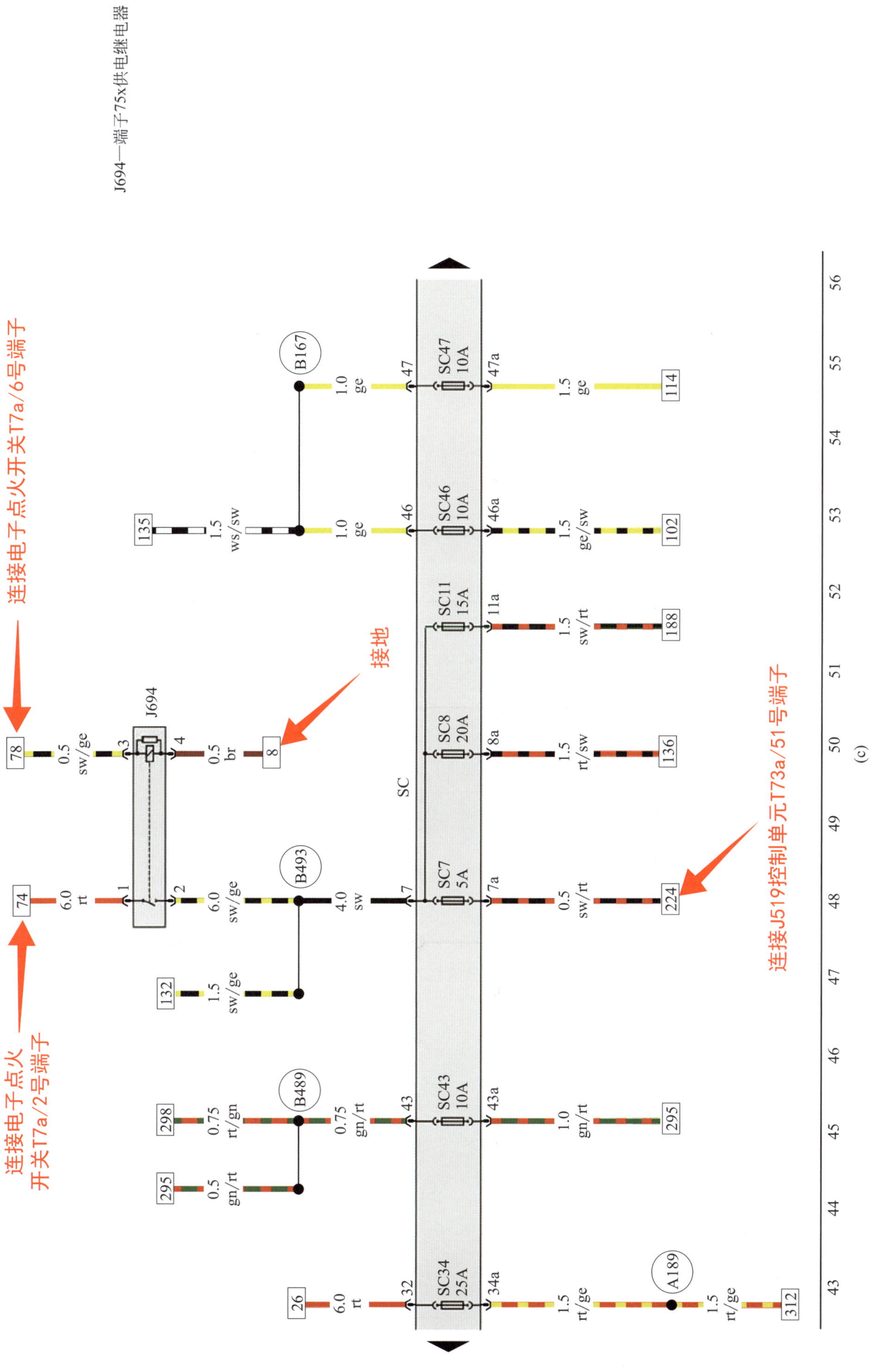
J694—端子75x供电继电器
连接电子点火开关T7a/6号端子
连接电子点火开关T7a/2号端子
接地
连接J519控制单元T73a/51号端子
J694
SC
B167
B493
B489
A189
SC47 10A
SC46 10A
SC11 15A
SC8 20A
SC7 5A
SC43 10A
SC34 25A
78
74
8
135
132
298
295
26
114
102
188
136
224
312
0.5 sw/ge
6.0 rt
0.5 br
6.0 sw/ge
1.5 ws/sw
1.5 sw/ge
0.75 rt/gn
0.5 gn/rt
1.0 ge
4.0 sw
0.75 gn/rt
6.0 rt
1.5 ge
1.5 ge/sw
1.5 sw/rt
1.5 rt/sw
0.5 sw/rt
1.0 gn/rt
1.5 rt/ge
43 44 45 46 47 48 49 50 51 52 53 54 55 56
(c)

图 3-3-1

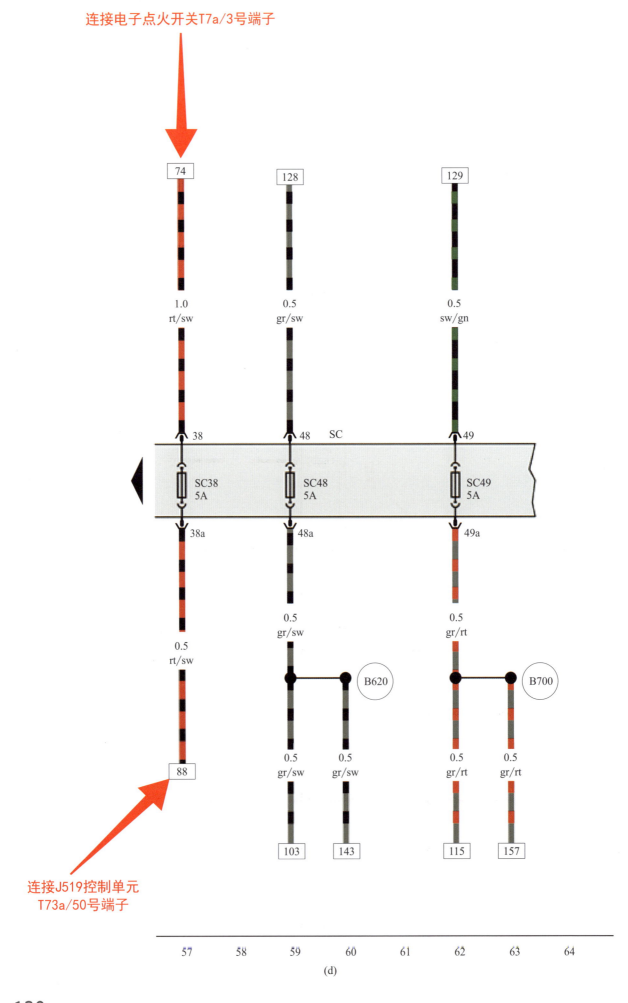

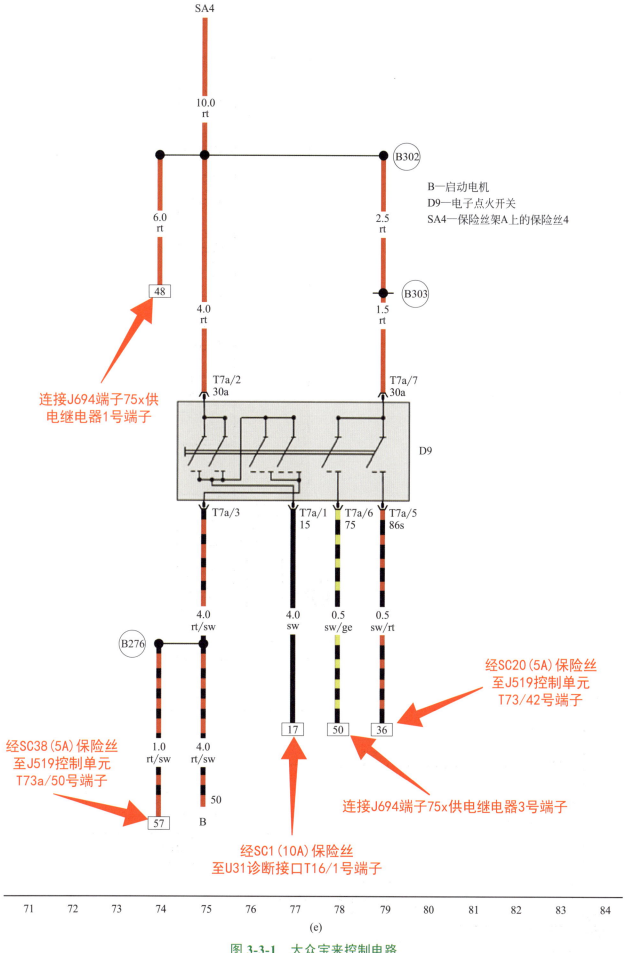

图 3-3-1　大众宝来控制电路

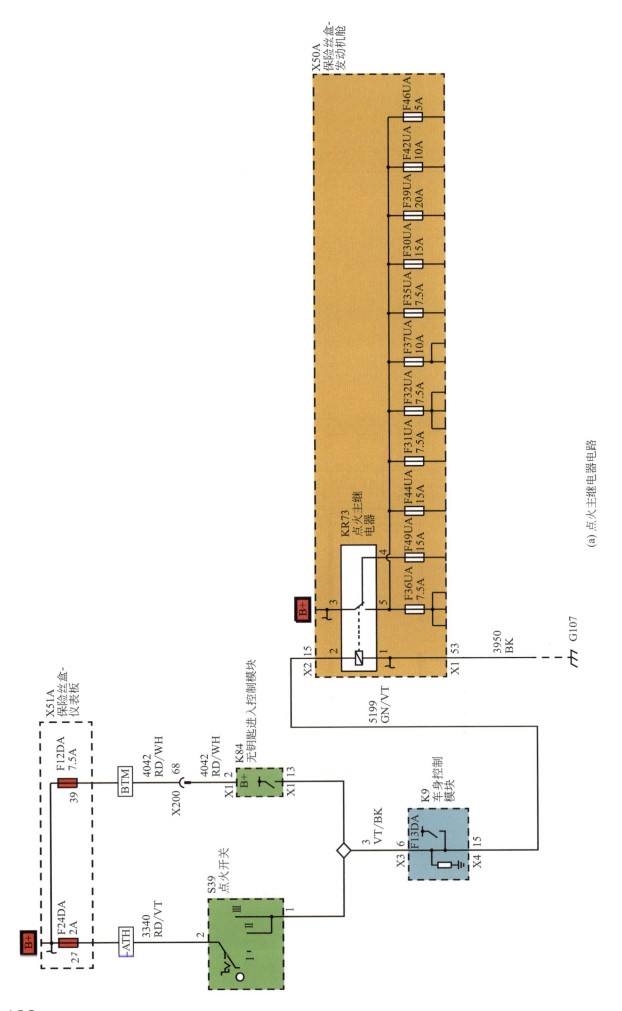

(a) 点火主继电器电路

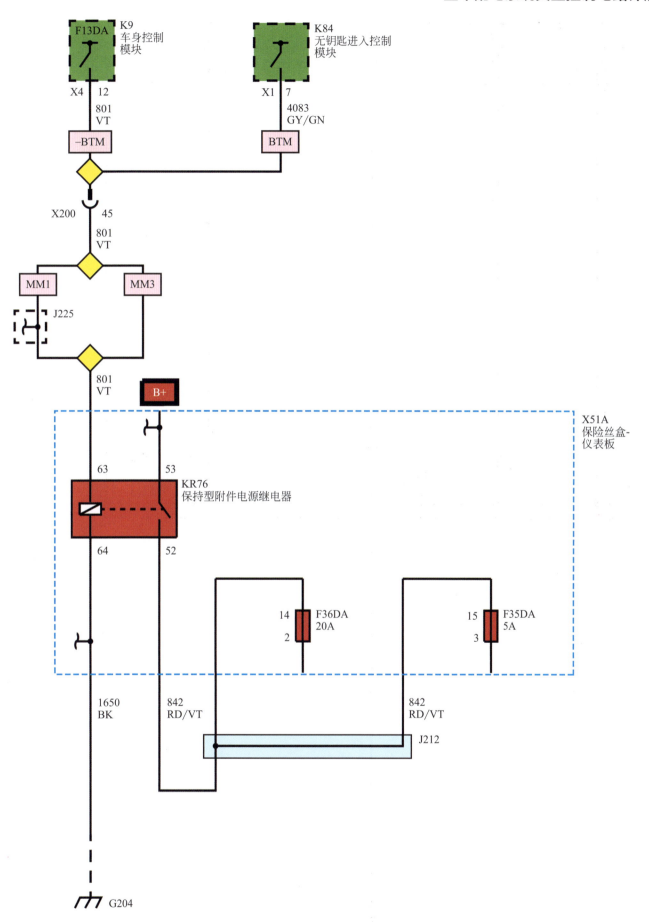

(b) 保持型附件电源继电器电路

图 3-3-2

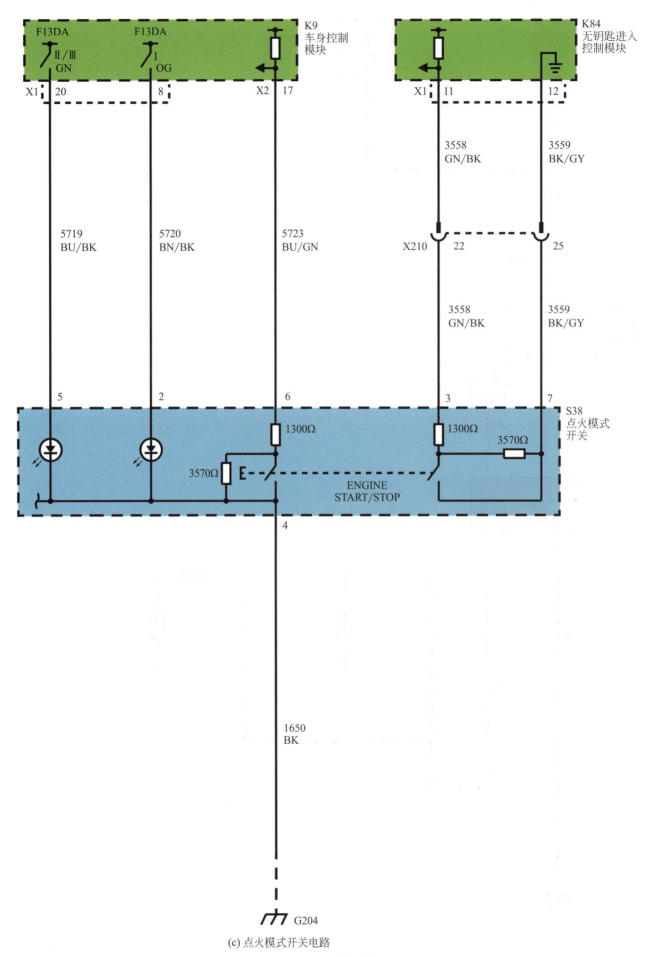

(c) 点火模式开关电路

图 3-3-2　别克威朗控制电路

F32UA（7.5A）未使用。

F37UA（10A）为 M29L 大灯调平执行器 - 左（TR6）、M29R 大灯调平执行器 - 右（TR6）、S30 大灯开关供电。

F35UA（7.5A）未使用。

F30UA（15A）为 M29R 大灯调平执行器 - 右（TR7）供电。

F39UA（20A）未使用。

F42UA（10A）为 A10 车内后视镜（DD8 或 UE1）、B87 后视摄像头（UVC）供电。

F46UA（5A）为 P16 组合仪表供电。

车身控制模块（BCM）使用离散点火开关输入"关闭/运行/启动电压""附件电压"和"点火 1 电压"，以区别正确的电源模式。在确定了所期望的电源模式后，车身控制模块将根据该电源模式使对应的继电器通电。点火钥匙拔出后，保持型附件电源继电器将再通电保持一段时间。

F35DA（5A）为 X92 USB 插座、点烟器插座供电。

点火模式开关有 2 个 LED 灯来指示车辆电源模式。当车辆处于熄火模式，两个发光二极管（LED）灯均将熄灭。

短按点火模式开关按钮一次（制动踏板不踩下），将使车辆进入附件模式，琥珀色的 LED 灯（附件）点亮，附件模式有 10min 的超时以减少蓄电池放电。将点火开关置于 OFF（关闭）位置（制动踏板不踩下），按下按钮式启动开关并保持 5s，将使车辆进入运行/启动模式（点火开关置于 ON 位置，发动机不运转），车辆将保持通电 5h，绿色的 LED 灯（运行/启动）点亮。处于运行/启动模式 2.5h 后，车辆将检测发射器是否仍在，如果发射器不在车内，车辆将断电，而不是保持通电达 5h。将点火开关置于 OFF（关闭）位置，制动踏板不踩下，按下按钮式启动开关并保持至少 10s，将使车辆处于车辆维修模式（点火开关置于 ON 位置，发动机不运转），绿色发光二极管（LED）灯（运行/启动）点亮。

三、比亚迪车型整车配电系统启动电路典型电路详解——速锐控制电路（图 3-3-3）

1. ACC 电路

ACC 继电器控制电路：MICU 控制单元 G2P/9 号端子→ACC 继电器 3 号端子→接地，此时 ACC 继电器线圈通电，常开开关闭合。

ACC 继电器电源电路：蓄电池正极→F1/22-1 主保险丝（125A）→F1/52# 点火开关（20A）保险丝→ACC 继电器 1 号端子，后分两路——一路为 ACC 继电器 2 号端子（ACC 电源），另一路为 ACC 继电器 4 号端子→MICU 控制单元→转向轴锁电源。

2. IG1 电路

IG1 主继电器控制电路：MICU 控制单元 G2P/10 号端子→IG1 主继电器 86 号端子→IG1 主继电器 85 号端子→接地，此时 IG1 主继电器线圈通电，常开开关闭合。

IG1 主继电器电源电路：蓄电池正极→F1/22-1 主保险丝（125A）→F1/23-21# 点火开关（50A）保险丝→IG1 主继电器 88 号端子→IG1 主继电器 88a 号端子，此为 IG1 电源给 MICU 控制单元、组合仪表、窗控等供电电路。

3. IG2 电路

IG2 继电器控制电路：MICU 控制单元 G2P/11 号端子→IG2 继电器 86 号端子→IG2 继电器 85 号端子→接地，此时 IG2 继电器线圈通电，常开开关闭合。

IG2 继电器电源电路：蓄电池正极→F1/22-1 主保险丝（125A）→F1/52# 点火开关（20A）保险丝→IG2 继电器 88 号端子→IG2 继电器 88a 号端子，此为 IG2 电源电路。

转向助力·无钥匙进入·整车配电·电动后视镜

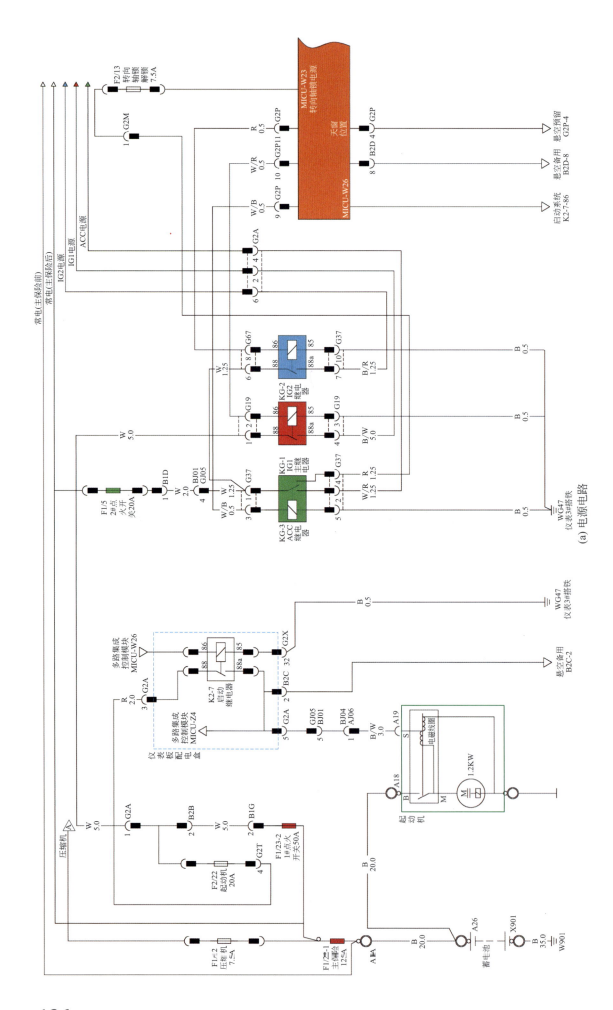

(a) 电源电路

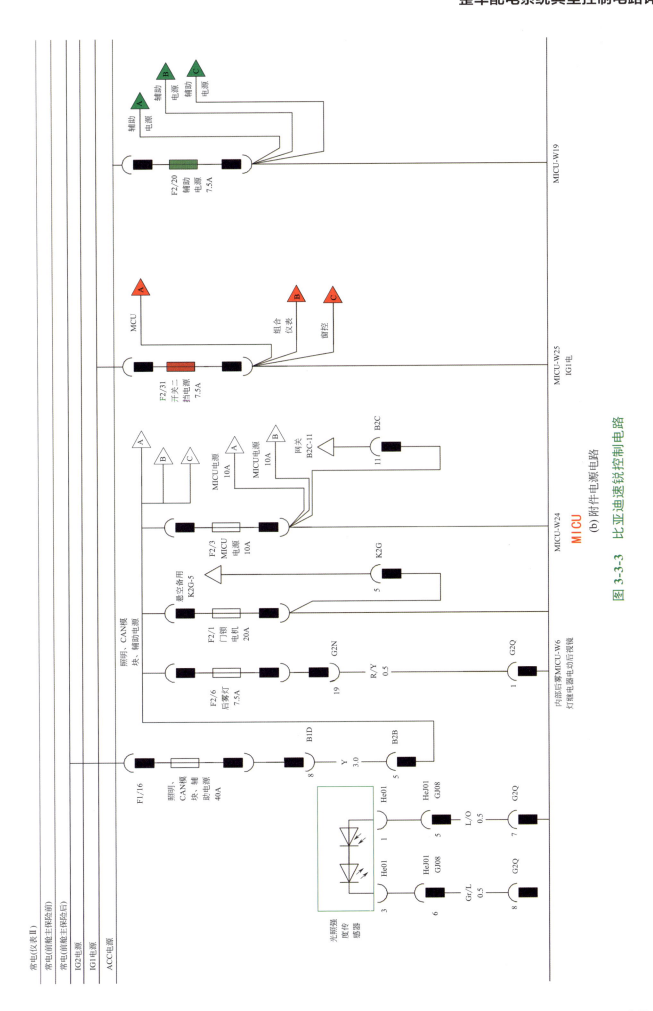

图 3-3-3 比亚迪速锐控制电路
(b) 附件电源电路

四、吉利车型整车配电系统启动电路典型电路详解——全球鹰 GC7 控制电路

1. 点火开关电路（图 3-3-4）

点火开关 IP07/3 号端子接 AM1 电源，蓄电池→ 100A 保险丝→ EF03（30A）保险丝→点火开关 IP07/3 号端子。

点火开关 IP07/4 号端子接 AM2 电源，蓄电池→ 100A 保险丝→ EF18（15A）保险丝→点火开关 IP07/4 号端子。

2. ACC/IG1 电路（图 3-3-5）

蓄电池→ EF01（100A）保险丝→ EF03（30A）保险丝→点火开关 IP07/3 号端子，接通 ACC 挡位或 IG1 挡位。

ACC 挡位→ IF36（15A）保险丝→点烟器 2 号端子；

ACC 挡位→ IF37（5A）保险丝→电动后视镜开关 9 号端子；

ACC 挡位→ IF38（5A）保险丝→收放机 4 号端子；

ACC 挡位→ IF39（5A）保险丝→ PEPS 15 号端子。

IG1 挡位→ IF30（10A）保险丝→空气净化器开关 2 号端子 / 倒车灯开关 1 号端子 / 倒车雷达控制器 6 号端子 / 空气净化器 1 号端子 / 挡位开关 6 号端子；

IG1 挡位→ IF31（10A）保险丝→前雨刮器电机 2 号端子 / 雨刮器组合开关 11 号端子；

IG1 挡位→ IF32（5A）保险丝→发电机 2 号端子；

IG1 挡位→ IF33（5A）保险丝→大灯阳光传感器 3 号端子 /BCM 5 号端子 / 制动开关 2 号端子 / 自动空调控制面板 17 号端子 / 除霜继电器 85 号端子 / 鼓风机继电器 85 号端子；

IG1 挡位→ IF34（5A）保险丝→ PEPS 16 号端子。

五、长安车型整车配电系统启动电路典型电路详解——悦翔 V7 控制电路（图 3-3-6）

1. ACC 供电电路

点火开关 P08/3 号端子→ DF33（10A）保险丝→ BCM/CD；

点火开关 P08/3 号端子→ DF34（15A）保险丝→点烟器；

点火开关 P08/3 号端子→ DF35（15A）保险丝→电源插座；

点火开关 P08/3 号端子→ DF36（10A）保险丝→后视镜。

2. IG1 供电电路

点火开关 P08/2 号端子→ DF01（10A）保险丝→气囊；

点火开关 P08/2 号端子→ DF02（10A）保险丝→仪表 / 空调；

点火开关 P08/2 号端子→ DF03（10A）保险丝→ ABS/ESP；

点火开关 P08/2 号端子→ DF04（10A）保险丝→ ECU/ 制动灯开关或 ECU/ 制动灯开关 / 换挡开关；

点火开关 P08/2 号端子→ DF05（10A）保险丝→ BCM/ 车窗 /SAS；

点火开关 P08/2 号端子→ DF06（10A）保险丝→ EPS；

点火开关 P08/2 号端子→ DF07（10A）保险丝→倒车灯；

点火开关 P08/2 号端子→ DF08（10A）保险丝→发电机。

3. IG2 供电电路

点火开关 P08/6 号端子→ DF40（10A）保险丝→鼓风机；

点火开关 P08/6 号端子→ DF41（20A）保险丝→前雨刮器。

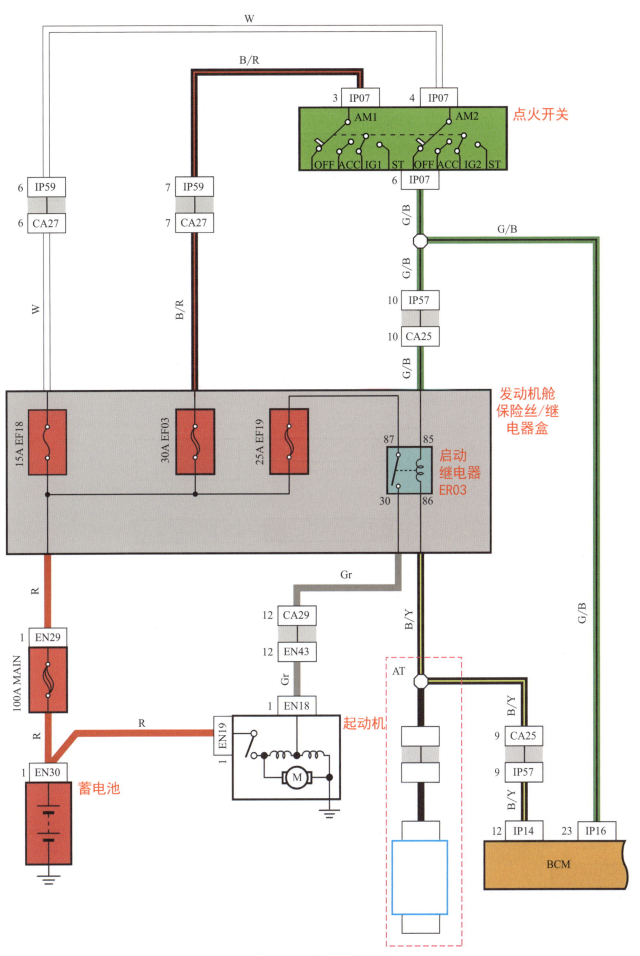

图 3-3-4　点火开关电路

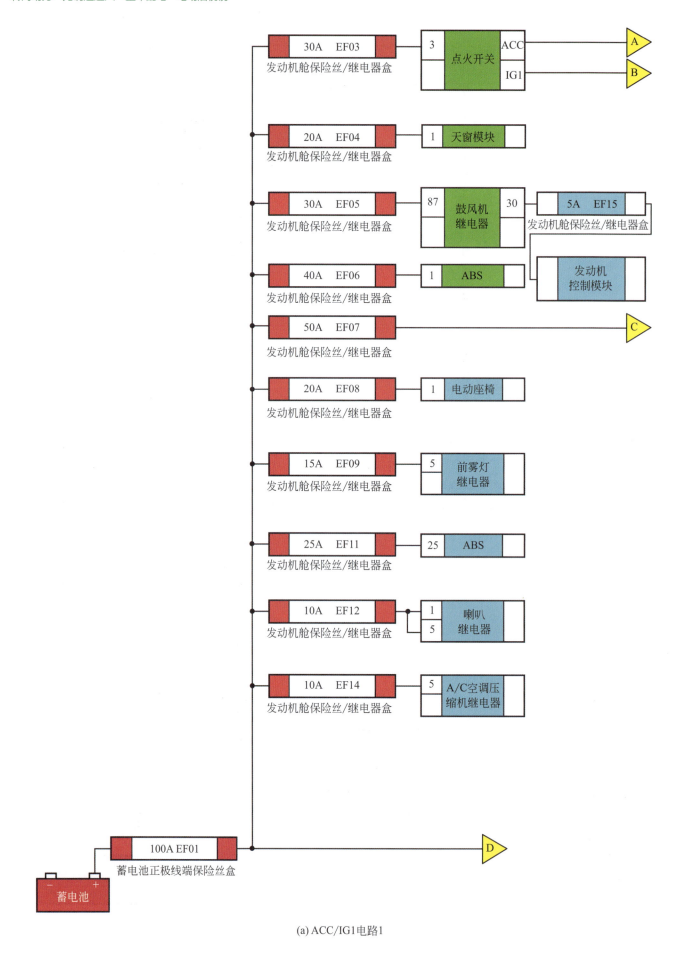

(a) ACC/IG1电路1

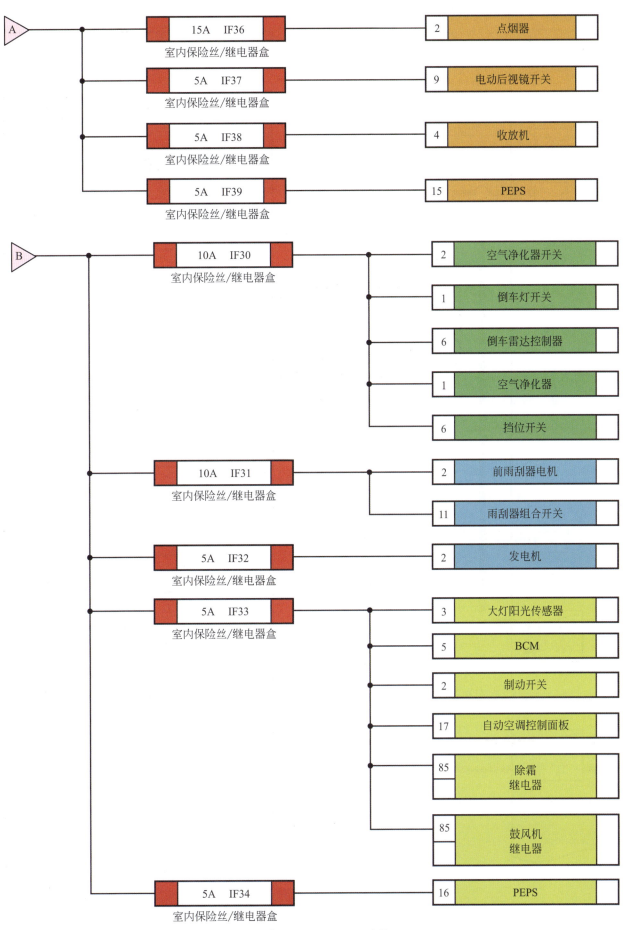

(b) ACC/IG1电路2

图 3-3-5 吉利全球鹰 GC7 控制电路

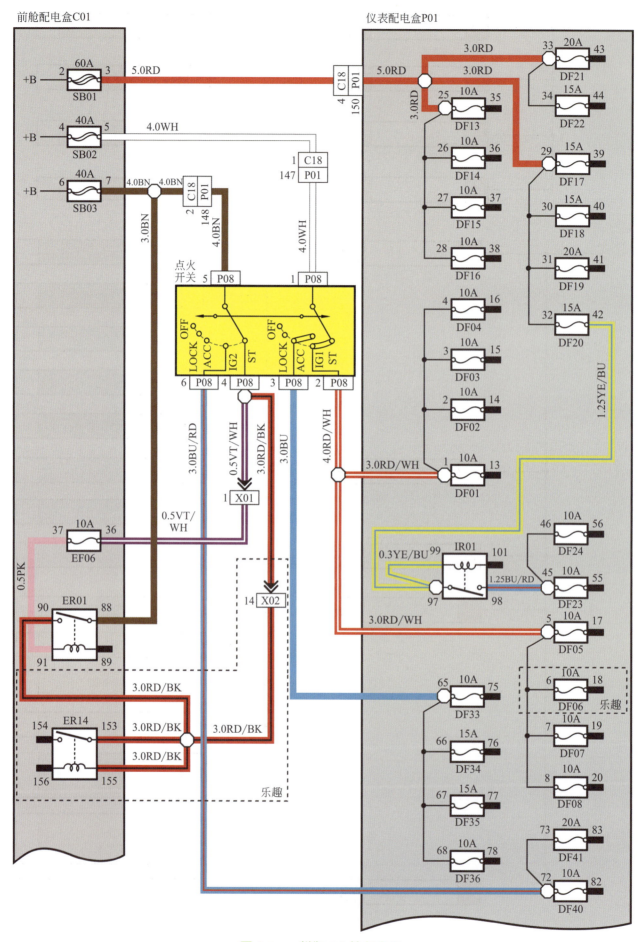

图 3-3-6 悦翔 V7 控制电路

六、丰田车型整车配电系统启动电路典型电路详解——卡罗拉控制电路（图 3-3-7）

1. 点火开关电源电路

点火开关 AM1 电源：蓄电池正极→ FL MAIN/3.0W → ALT（120A）保险丝→ AM1（5A）保险丝→点火开关 5 号端子。

点火开关 AM2 电源：蓄电池正极→ FL MAIN/3.0W → AM2（7.5A）保险丝→点火开关 4 号端子。

2. ACC 电路

蓄电池正极→ FL MAIN/3.0W → ALT（120A）保险丝→ AM1（5A）保险丝→点火开关 5 号端子→点火开关内部 ACC 挡位接通 7 号端子→ ACC 继电器→ CIG（15A）保险丝、ACC（7.5A）保险丝、SFT LOCK-ACC（5A）保险丝；

CIG（15A）保险丝→点烟器/电源插座；

ACC（7.5A）保险丝→ ABS/CVT 和换挡指示灯 /TRC/VSC/ 车灯提醒器 / 车灯自动熄灭系统 / 车内照明灯 / 导航系统 / 倒车灯 / 电动车窗 / 发动机控制 / 防盗 / 丰田驻车辅助传感器系统 / 后视野监视系统 / 后雾灯 / 滑动天窗 / 轮胎压力警告系统 / 门锁控制 / 启停系统 / 启动 / 前雾灯 / 前照灯 / 前照灯光束高度控制 / 上坡起步辅助控制 / 时钟 / 停机系统 / 尾灯 / 巡航控制遥控后视镜 / 遥控门锁控制 / 钥匙提醒器 / 音响系统 / 照明 / 智能上车和启动系统 / 转向锁止 / 自动灯光控制 / 组合仪表 / 座椅安全带警告；

SFT LOCK-ACC（5A）保险丝→换挡锁止。

3. IG1 电路

❶ IG1 电路（1 号 IG1 继电器）

蓄电池正极→ FLMAIN/3.0W → ALT（120A）保险丝→ AM1（5A）保险丝→点火开关 5 号端子→点火开关内部 IG1 挡位接通 8 号端子→ 1 号 IG1 继电器→ ECU-IG NO.1（7.5A）保险丝、ECU-IG NO.2（7.5A）保险丝、ECU-IG NO.3（7.5A）保险丝、7.5A HTR-IG（*8）/7.5A ECU-IG NO.6（*9）保险丝；

ECU-IG NO.1（7.5A）保险丝→ ABS/TRC/VSC/ 冷却风扇 / 上坡起步辅助控制；

ECU-IG NO.2（7.5A）保险丝→ ABS/CVT/TRC/VSC/ 导航系统 / 倒车灯 / 发动机控制 / 丰田驻车辅助传感器系统 / 后视野监视系统 / 上坡起步辅助控制 / 巡航控制 / 音响系统 / 组合仪表；

ECU-IG NO.3（7.5A）保险丝→ CVT 和换挡指示灯 / 导航系统 / 发动机控制 / 后视野监视系统 / 滑动天窗 / 巡航控制 / 音响系统；

7.5A HTR-IG（*8）/7.5A ECU-IG NO.6（*9）保险丝→ CVT 和换挡指示灯 /PTC 加热器 / 发动机控制 / 后窗除雾器 / 后视镜加热器 / 手动空调 / 巡航控制 / 自动空调。

❷ IG1 电路（2 号 IG1 继电器）

蓄电池正极→ FL MAIN/3.0W → ALT（120A）保险丝→ AM1（5A）保险丝→点火开关 5 号端子→点火开关内部 IG1 挡位接通 8 号端子→ 2 号 IG1 继电器→ WASHER（15A）、WIP FR（25A）保险丝；

WASHER（15A）保险丝→前雨刮器和清洗器；

WIP FR（25A）保险丝→ CVT 和换挡指示灯 / 充电 / 发动机控制 / 前雨刮器和清洗器 / 巡航控制。

❸ IG1 电路（3 号 IG1 继电器）

蓄电池正极→ FL MAIN/3.0W → ALT（120A）保险丝→ AM1（5A）保险丝→点火开关 5 号端子→点火开关内部 IG1 挡位接通 8 号端子→ 3 号 IG1 继电器→ ECU-IG NO.4（7.5A）保险丝、ECU-IG NO.5（5A）保险丝、SEAT HTR（15A）保险丝；

ECU-IG NO.4（7.5A）保险丝→ ABS/TRC/VSC/ 车灯提醒器 / 车灯自动熄灭系统 / 车内照明灯 / 电动车窗 / 防盗 / 滑动天窗 / 门锁控制 / 启动 / 前雾灯 / 前照灯 / 前照灯光束高度控制 / 上坡起步辅助控制 / 停机系统（带智能上车和启动系统）/ 尾灯 / 遥控门锁控制 / 钥匙提配器 / 照明 / 智能上车和启动系统 / 转向锁止 / 自动灯光控制 / 组合仪表 / 座椅安全带警告；

ECU-IG NO.5（5A）保险丝→ EPS/ 启停系统；

SEAT HTR（15A）保险丝→座椅加热器。

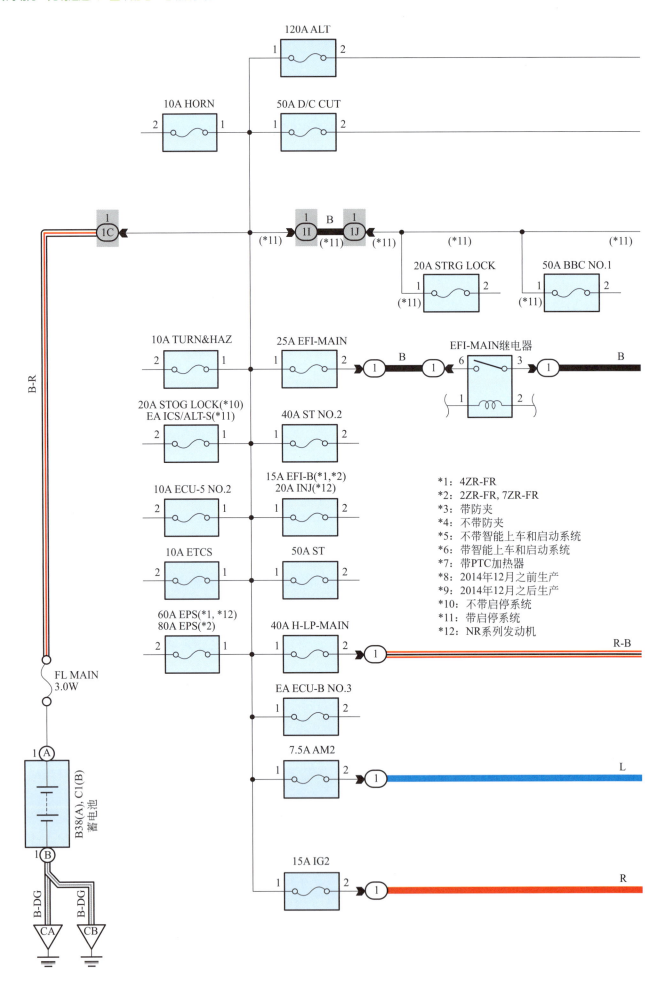

第三章 整车配电系统典型控制电路详解

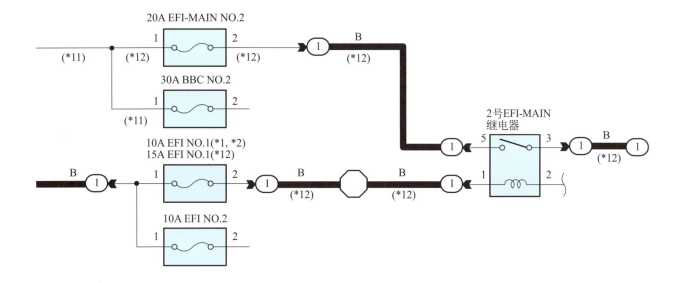

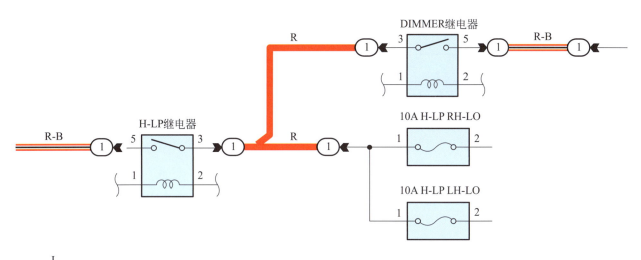

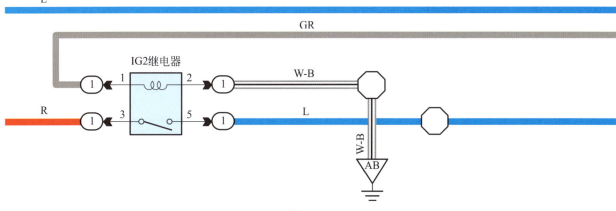

图 3-3-7

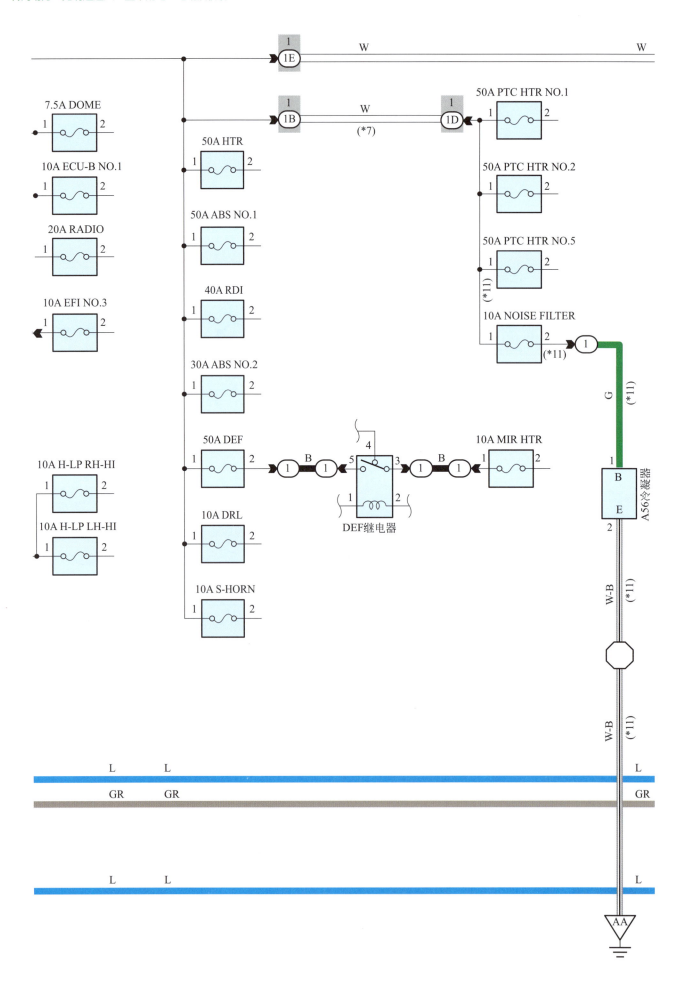

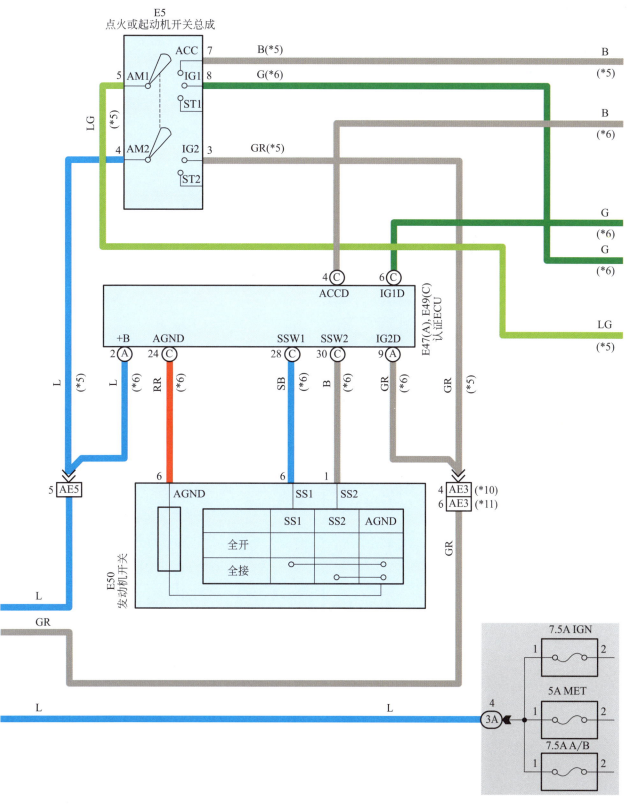

图 3-3-7

转向助力・无钥匙进入・整车配电・电动后视镜

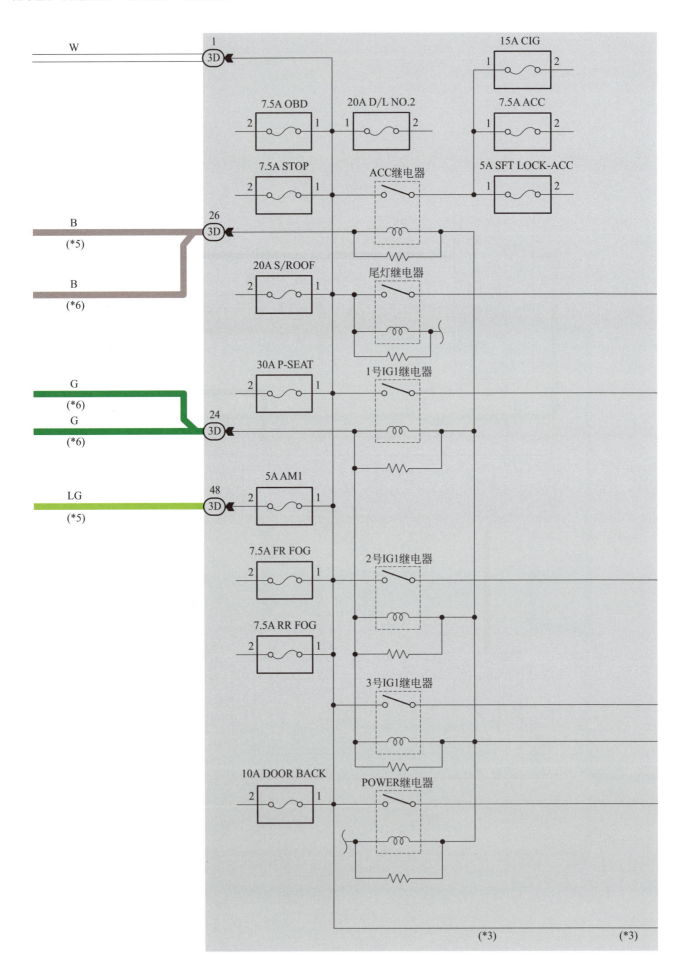

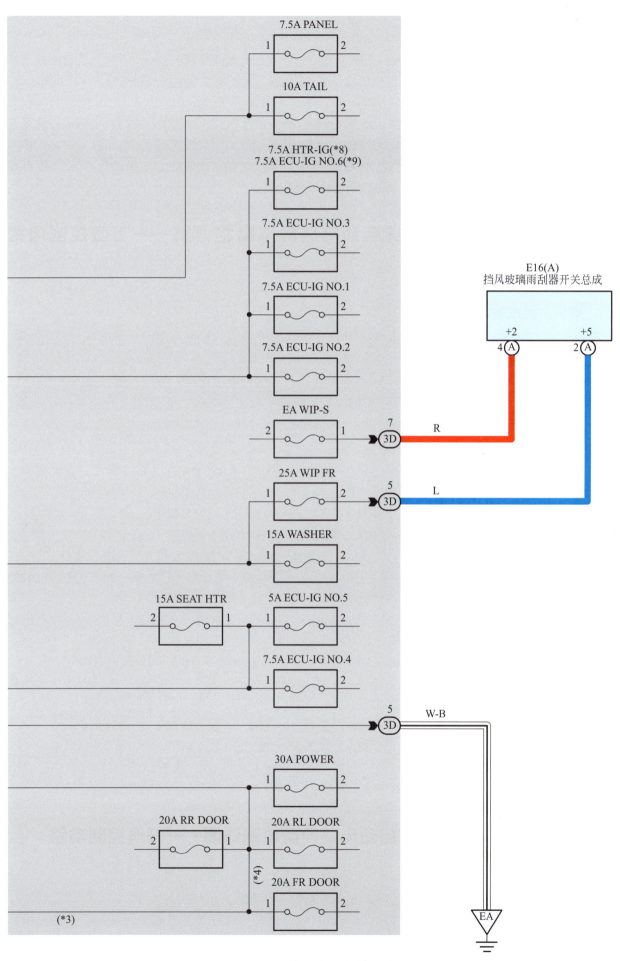

图 3-3-7　丰田卡罗拉控制电路

4. IG2 电路

IG2 控制电路：

蓄电池正极→ FL MAIN/3.0W → AM2（7.5A）保险丝→点火开关 4 号端子→点火开关内部 IG2 端子接通 3 号端子→ IG2 继电器 1 号端子→ IG2 继电器 2 号端子→接地，此时 IG2 继电器线圈通电，常开开关闭合。

IG2 主电路：

蓄电池正极→ FL MAIN/3.0W → IG2（15A）保险丝→ IG2 继电器 3 号端子→ IG2 继电器 5 号端子→IGN（7.5A）保险丝、MET（5A）保险丝、A/B（7.5A）保险丝；

IGN（7.5A）保险丝→ CVT 和换挡指示灯 / 发动机控制 / 启动（带智能上车和启动系统）/ 停机系统 / 巡航控制 / 遥控门锁控制 / 智能上车和启动系统 / 转向锁止。

七、本田车型整车配电系统启动电路典型电路详解——飞度控制电路（图 3-3-8）

1. 点火开关电源电路

点火开关电源电路：蓄电池正极→ 1 号（100A）保险丝→ 60 号（ING）（50A）保险丝→点火开关。

2. ACC 电路

点火开关内部 ACC 端子接通→ 13 号（20A）保险丝→附件电源插座，为附件电源插座供电；

点火开关内部 ACC 端子接通→ 14 号（7.5A）保险丝→ MICU（ACC）/ 钥匙互锁电磁阀 / 音响单元，为钥匙互锁电磁阀 / 音响单元供电。

3. IG1 电路

点火开关内部 IG1 端子接通→ 5 号（10A）保险丝→ MICU（IG1 BACK LT）/ 倒车灯开关，为其供电；

点火开关内部 IG1 端子接通→ 6 号（10A）保险丝→ SRS 单元，为其供电；

点火开关内部 IG1 端子接通→ 7 号（10A）保险丝→ PCM 单元，为其供电；

点火开关内部 IG1 端子接通→ 8 号（7.5A）保险丝→ SRS 单元 /OPDS 单元，为其供电；

点火开关内部 IG1 端子接通→ 11 号（7.5A）保险丝→ ABS 调节器 - 控制器单元（IG1）/EPS 控制单元（IG1），为其供电；

点火开关内部 IG1 端子接通→ 12 号（10A）保险丝→交流发电机 / 辅助 HO2S（S2）/MAF 传感器 /EVAP 碳罐净化阀 / 制动踏板位置开关，为其供电；

点火开关内部 IG1 端子接通→ 16 号（10A）保险丝→后窗雨刮器电机，为其供电；

点火开关内部 IG1 端子接通→ 20 号（15A）保险丝→ ECM/PCM（IG1）、发动机防盗锁止无钥匙控制单元（IG1）、PGM- 主继电器 2（燃油泵），为其供电；

点火开关内部 IG1 端子接通→ 21 号（15A）保险丝→ MICU（IG1 清洗器），为其供电；

点火开关内部 IG1 端子接通→ 56 号（30A）保险丝→ MICU（IG1 FR WIPER），为其供电；

点火开关内部 IG1 端子接通→ 22 号（7.5A）保险丝→ MICU（IG1 METER）/ELD/ 换挡锁止电磁阀 / 仪表控制单元，为其供电。

八、日产车型整车配电系统启动电路典型电路详解——轩逸控制电路

1. 附件电源电路（图 3-3-9）

点火开关 1 号端子为电源线，蓄电池→ 40A 保险丝→点火开关 1 号端子。

点火开关 2 号端子为 ACC 电源，蓄电池→ 40A 保险丝→点火开关 1 号端子→点火开关内部 ACC 端子接通 2 号端子，后分两路，一路到附件继电器→接地，此时附件继电器常开开关闭合，另一路到附件电源保险丝 18 号（10A）。

第三章
整车配电系统典型控制电路详解

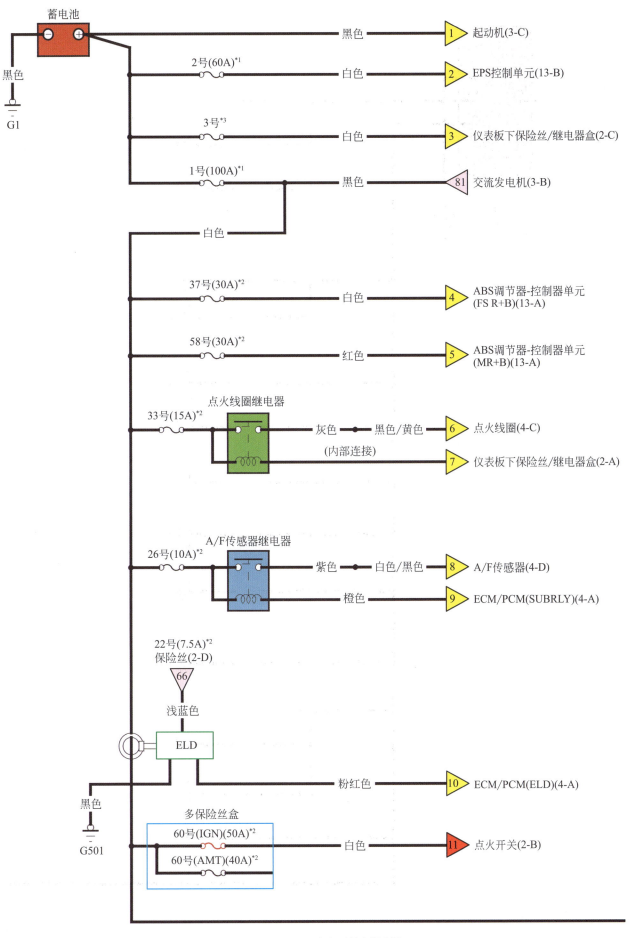

(a) 点火开关电源电路

图 3-3-8

转向助力·无钥匙进入·整车配电·电动后视镜

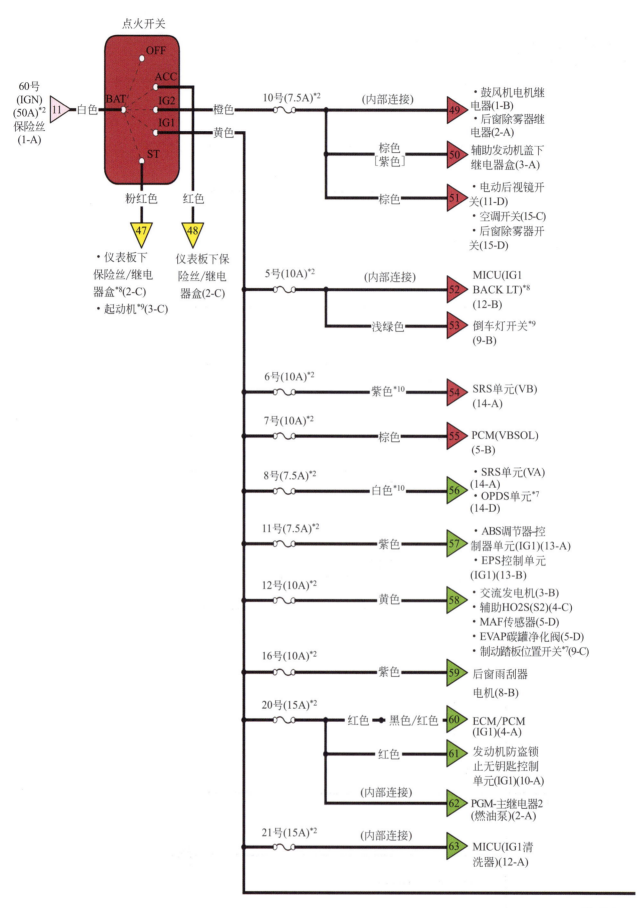

(b) 点火

图 3-3-8 飞

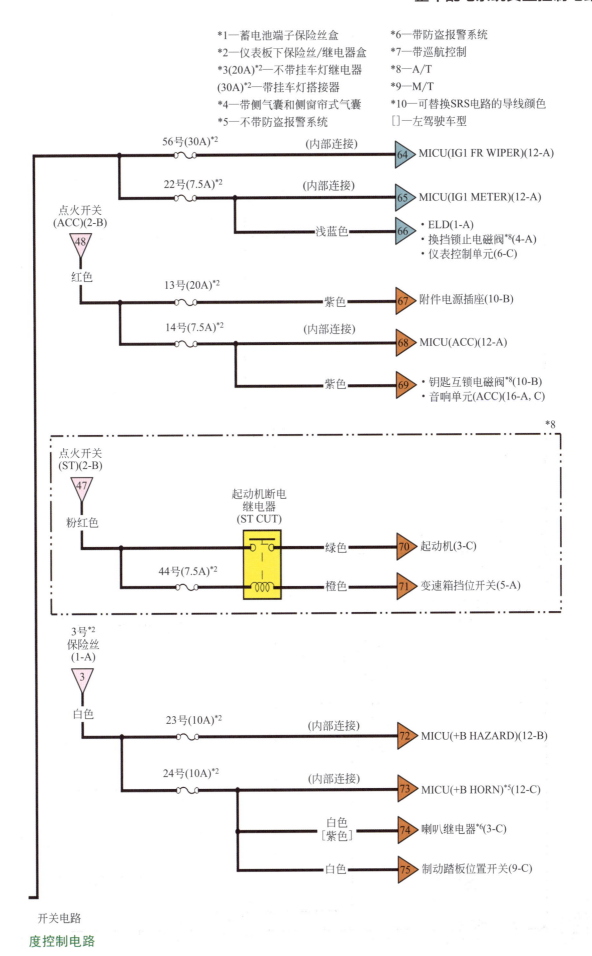

汽车车身电路详解(第三册)

转向助力・无钥匙进入・整车配电・电动后视镜

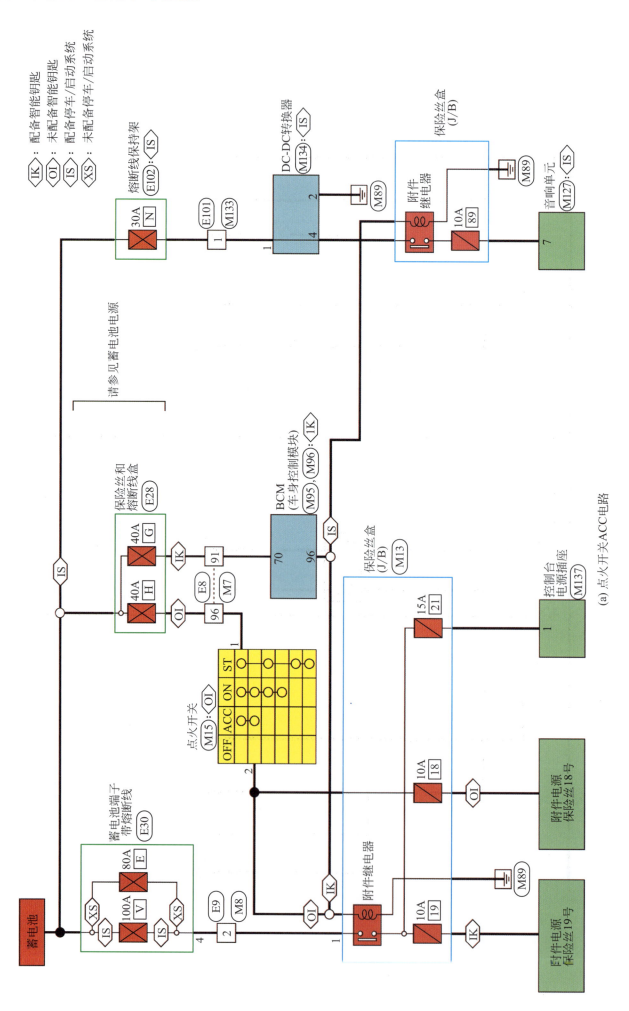

(a) 点火开关ACC电路

第三章
整车配电系统典型控制电路详解

(b) 附件电源保险丝18号供电电路

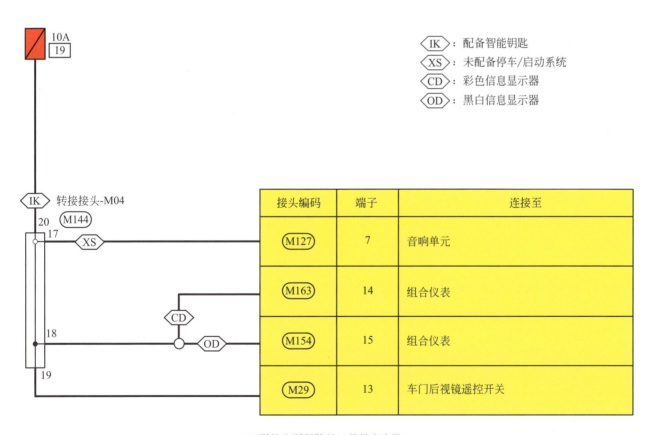

(c) 附件电源保险丝19号供电电路

图 3-3-9　ACC 附件电源电路

附件继电器主电路：蓄电池正极→100A 保险丝→附件继电器，后分两路，一路到附件电源保险丝 19 号（10A），另一路到控制台电源插座。

2. 点火电源电路（图 3-3-10）

点火开关 1 号端子为电源线，蓄电池→40A 保险丝→点火开关 1 号端子。

点火开关 3 号端子为 ON 电源，蓄电池→40A 保险丝→点火开关 1 号端子→点火开关内部 ON 端子接通 3 号端子→1 号保险丝（10A）、2 号保险丝（10A）、3 号保险丝（10A）、4 号保险丝（10A）、5 号保险丝（10A）、6 号保险丝（10A）。

点火开关 4 号端子为 IPDM E/R（发动机舱智能配电模块）、鼓风机继电器控制电源。

九、现代/起亚车型整车配电系统启动电路典型电路详解——现代名图 MISTRA 控制电路（图 3-3-11）

1. ACC 电路

❶ ACC 继电器控制电路

智能钥匙控制模块 22 号端子为 ACC 继电器控制端，当智能钥匙控制模块内部 ACC 端子接通时，ACC 继电器常开开关闭合。

❷ ACC 继电器主电路

蓄电池正极→IG1（40A）保险丝→ACC 继电器 1 号端子→ACC 继电器 2 号端子→模块 1（10A）保险丝、点烟器（20A）保险丝、电源插座（20A）保险丝；

模块 1（10A）保险丝→音频/视频&导航控制器、音响、空调控制模块、MTS 模块、智能钥匙控制模块、BCM、数字时钟、电动室外后视镜开关、AMP/JBL 放大器，为其供电。

2. IG1 电路

❶ IG1 继电器控制电路

智能钥匙控制模块 20 号端子为 IG1 继电器控制端，当智能钥匙控制模块内部 IG1 端子接通时，IG1 继电器常开开关闭合。

❷ IG1 继电器主电路

蓄电池正极→IG1（40A）保险丝→IG1 继电器 1 号端子→IG1 继电器 2 号端子→点火开关 1（20A）保险丝、空气囊（15A）保险丝、空气囊警告灯（7.5A）保险丝、模块 2（7.5A）保险丝、模块 6（10A）保险丝、PDM3（7.5A）保险丝、MDPS（10A）保险丝、模块 4（10A）保险丝；

模块 2（7.5A）保险丝→仪表板开关、大灯水平调整开关、电铬后视镜、空调控制模块、大灯水平调整执行器（左）、大灯水平调整执行器（右）、音频/视频&导航控制器、MTS 模块、轮胎压力监测模块、后左驻车辅助传感器、后左驻车辅助传感器（中央）、后右驻车辅助传感器（中央）、后右驻车辅助传感器、自动大灯水平调整模块、ATM 变速杆指示灯、后右座椅加热器、后左座椅加热器、副驾驶侧座椅加热器模块、驾驶员侧通风座椅控制模块、驾驶员侧座椅加热器模块、驾驶员侧 IMS 模块，为其供电；

模块 4（10A）保险丝→BCM、制动灯开关、运动模式开关，为其供电；

模块 6（10A）保险丝→仪表盘，为其供电。

3. IG2 电路

❶ IG2 继电器控制电路

智能钥匙控制模块 21 号端子为 IG2 继电器控制端，当智能钥匙控制模块内部 IG2 端子接通时，IG2 继电器常开开关闭合。

第三章
整车配电系统典型控制电路详解

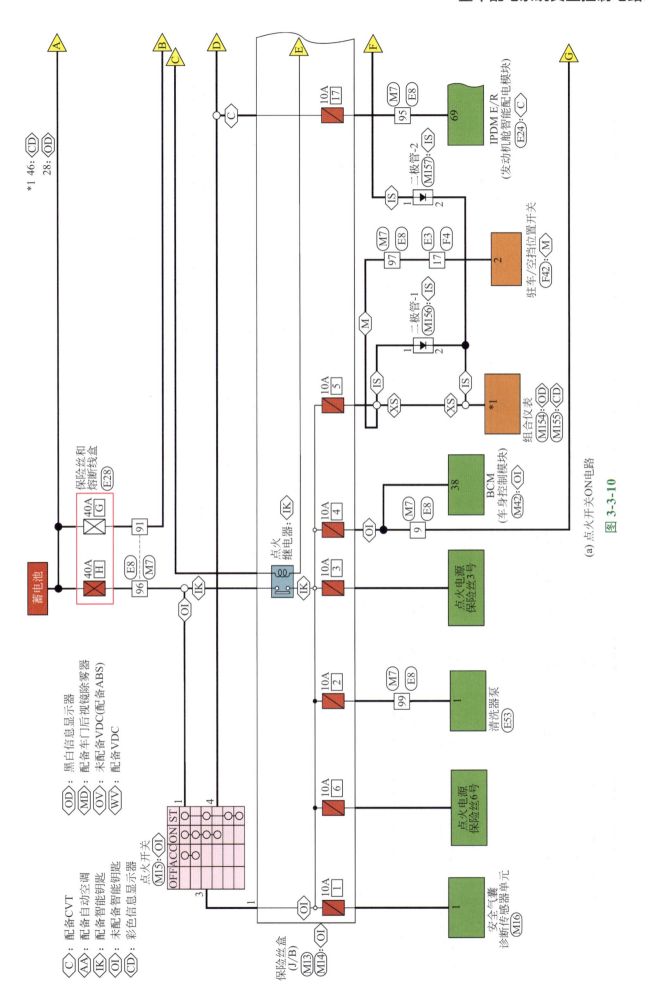

图 3-3-10 (a) 点火开关ON电路

汽车车身电路详解（第三册）

转向助力·无钥匙进入·整车配电·电动后视镜

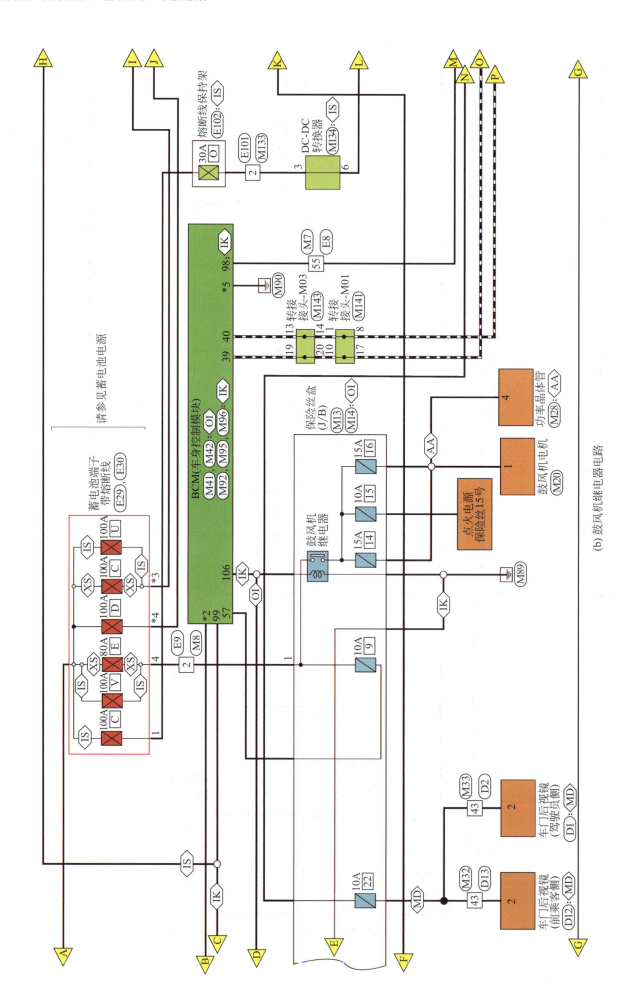

(b) 鼓风机继电器电路

第三章 整车配电系统典型控制电路详解

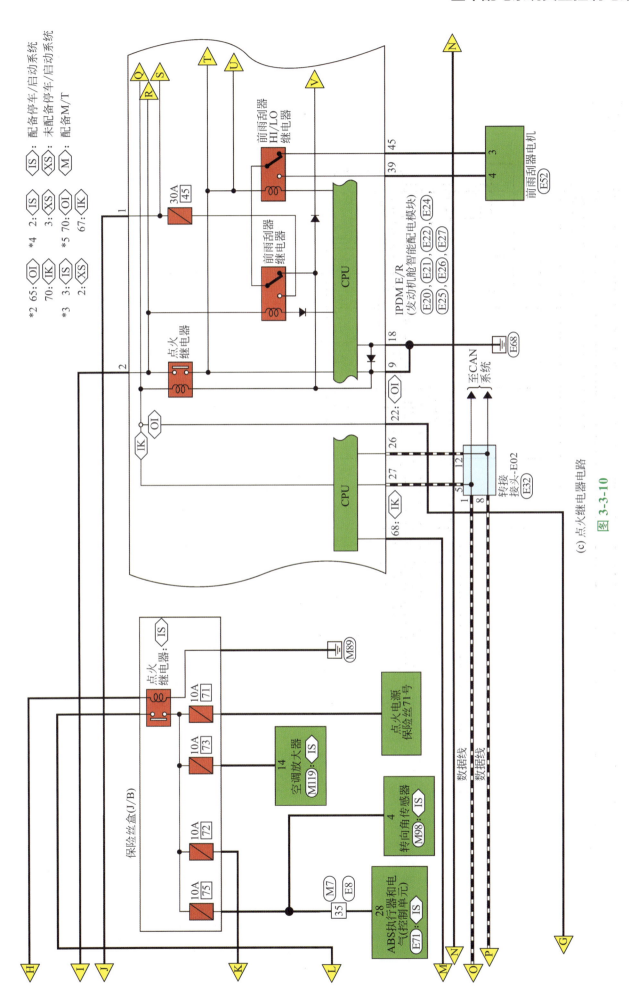

(c) 点火继电器电路

图 3-3-10

149

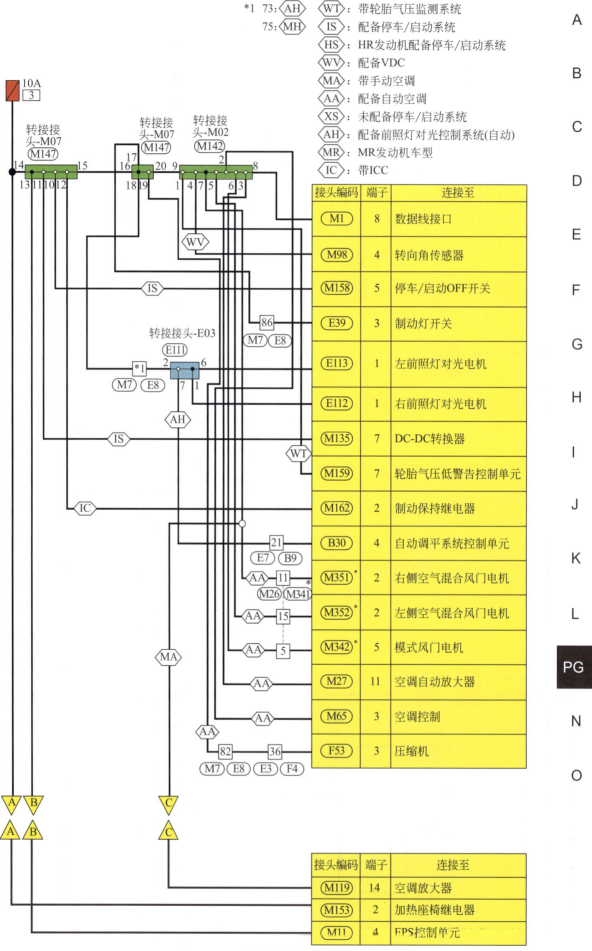

(d) 3号保险丝供电电路

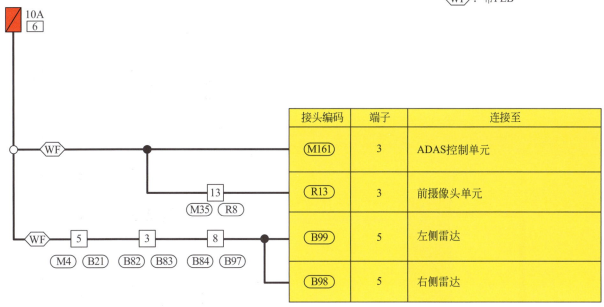

(e) 6号保险丝供电电路

图 3-3-10　日产轩逸控制电路

❷ IG2 继电器主电路

蓄电池正极→IG2（40A）保险丝→IG2 继电器 1 号端子→IG2 继电器 2 号端子→模块 3（7.5A）保险丝、空调（7.5A）保险丝、模块 7（10A）保险丝、雨刮器（25A）保险丝；

模块 3（7.5A）保险丝→雨传感器、全景天窗，为其供电；

模块 7（10A）保险丝→BCM、智能钥匙控制模块，为其供电。

十、传祺车型整车配电系统启动电路典型电路详解——GS4 控制电路（图 3-3-12）

1. 点火开关电源电路

点火开关 IP28-2 号端子为 AM1 电源，蓄电池正极→175A 保险丝→EF41（80A）保险丝→IF14（30A）保险丝→点火开关 IP28-2 号端子；

点火开关 IP28-3 号端子为 AM2 电源，蓄电池正极→175A 保险丝→EF15（60A）保险丝→IF07（15A）保险丝→点火开关 IP28-3 号端子。

2. ACC 电路

蓄电池正极→175A 保险丝→EF41（80A）保险丝→IF14（30A）保险丝→点火开关 IP28-2 号端子→点火开关内部 ACC 端子接通 IP27-3 号端子→IF29（7.5A）保险丝→车身控制单元电源、无钥匙启动和智能进入系统控制单元电源、音响控制单元电源、后视镜调节开关。

3. IG1 电路

蓄电池正极→175A 保险丝→EF41（80A）保险丝→IF14（30A）保险丝→点火开关 IP28-2 号端子→点火开关内部 IG1 端子接通 IP28-1 号端子→IF30（5.0A）保险丝、IF31（7.5A）保险丝、IF32（25A）保险丝、IF33（7.5A）保险丝、IF34（10A）保险丝、IF35（5.0A）保险丝；

IF30（5.0A）保险丝→车身控制单元电源、无钥匙启动和智能进入系统控制单元电源；

IF31（7.5A）保险丝→安全气囊控制单元电源；

IF32（25A）保险丝→前舱配电盒；

IF33（7.5A）保险丝→转向角速度传感器电源、组合仪表电源、防盗线圈、前大灯自动调节控制单元电源；

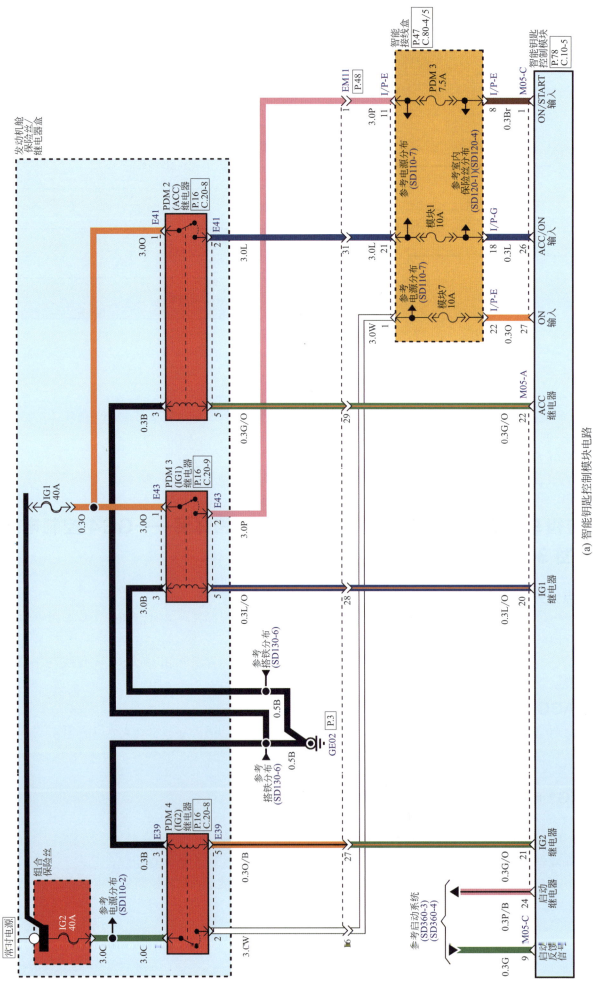

(a) 智能钥匙控制模块电路

第三章 整车配电系统典型控制电路详解

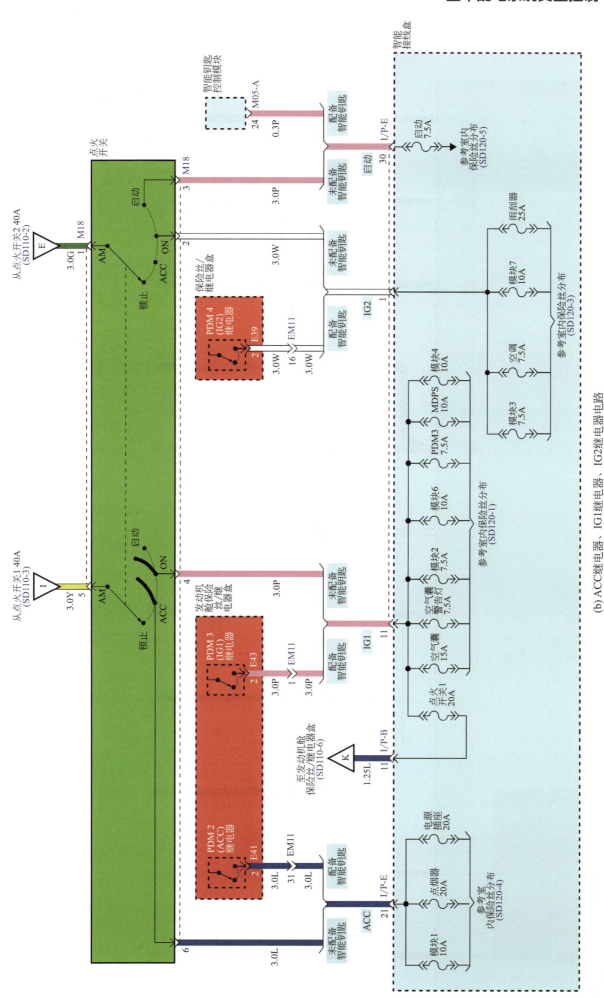

(b) ACC继电器、IG1继电器、IG2继电器电路

图 3-3-11

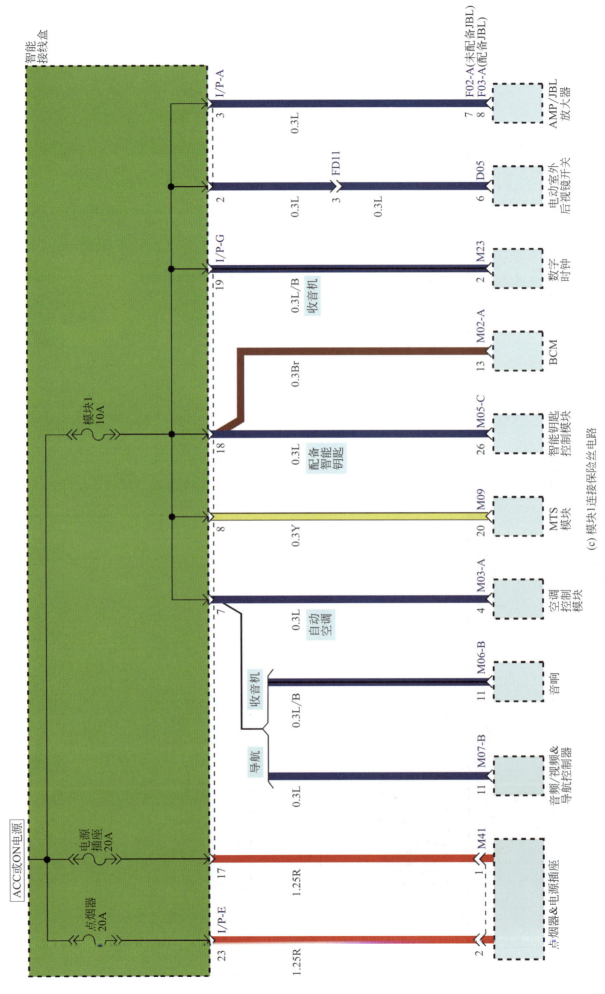

第三章 整车配电系统典型控制电路详解

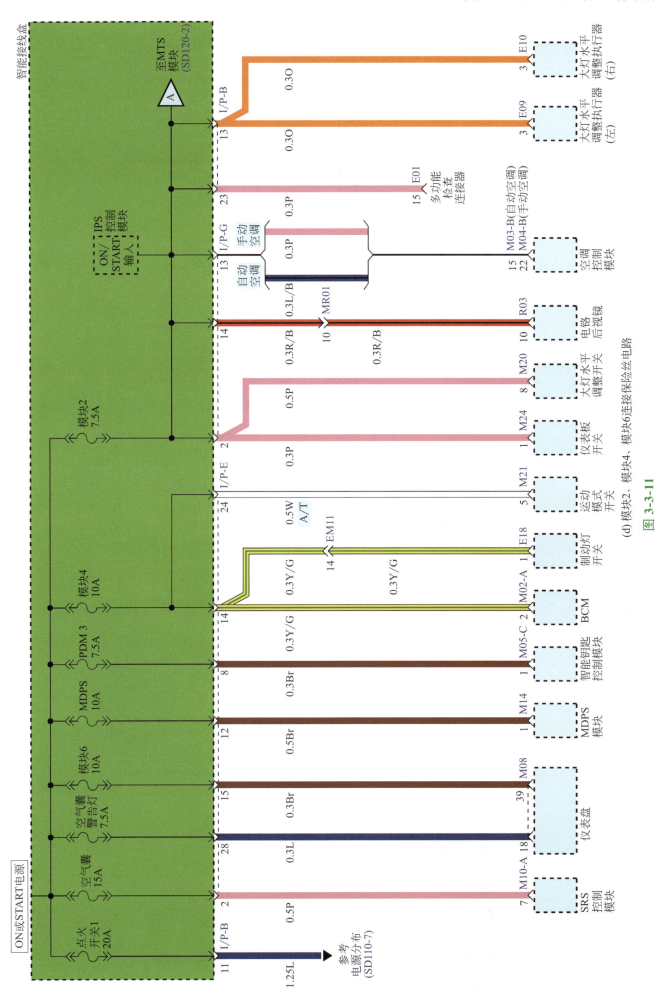

图 3-3-11 (d) 模块2、模块4、模块6连接保险丝电路

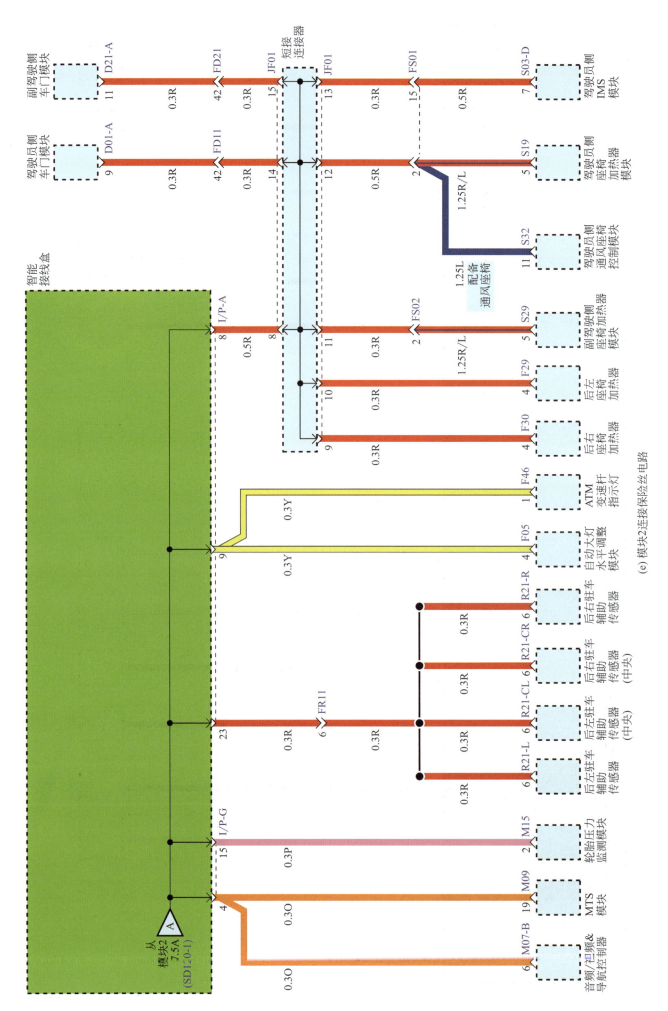

(e) 模块2连接保险丝电路

第三章 整车配电系统典型控制电路详解

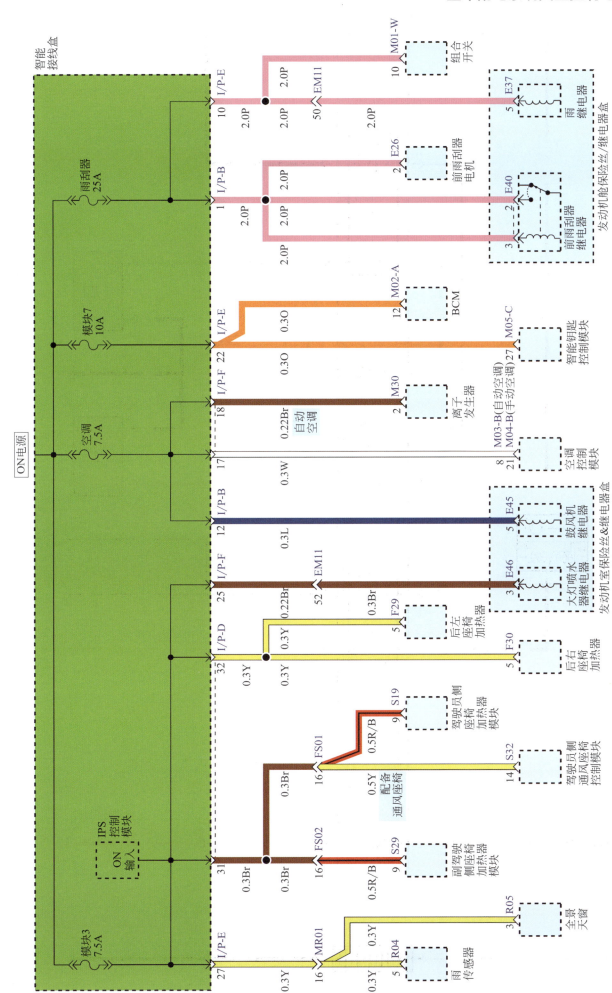

图 3-3-11 现代名图 MISTRA 控制电路 (f) 模块3、模块7连接保险丝电路

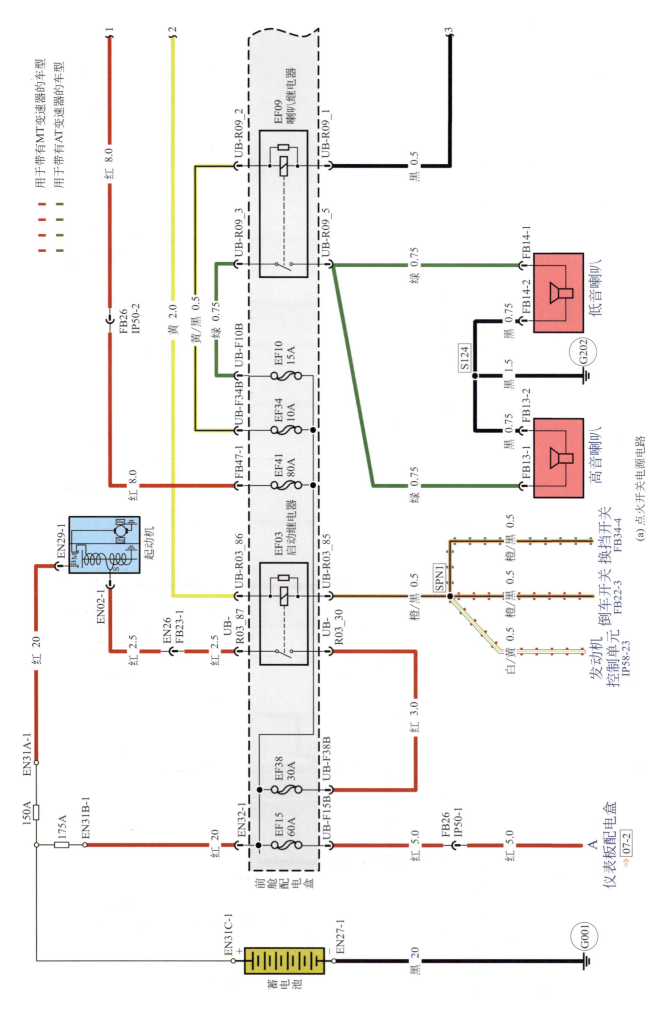

第三章 整车配电系统典型控制电路详解

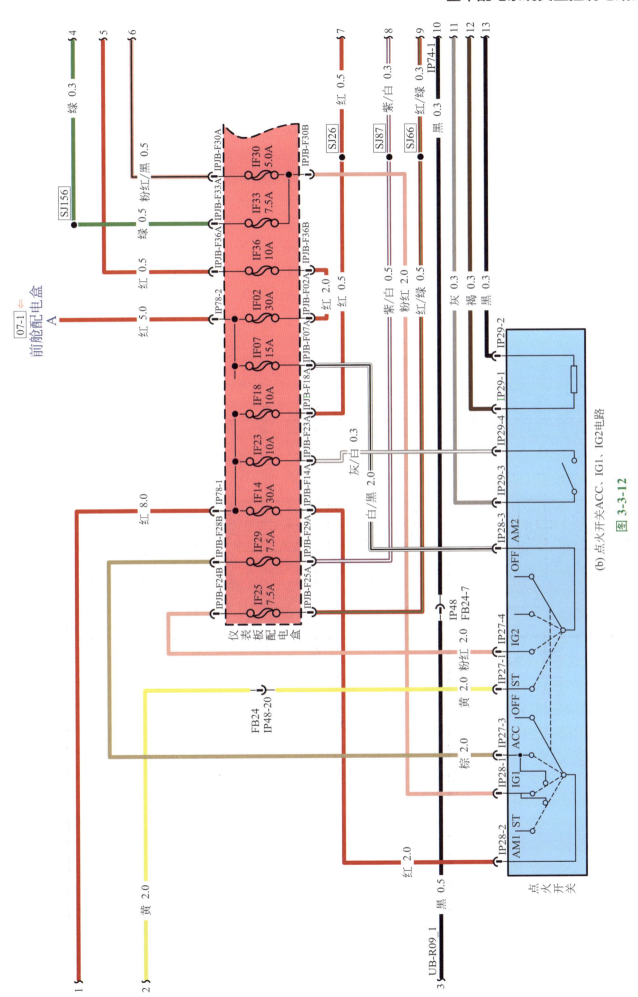

图 3-3-12 (b) 点火开关ACC、IG1、IG2电路

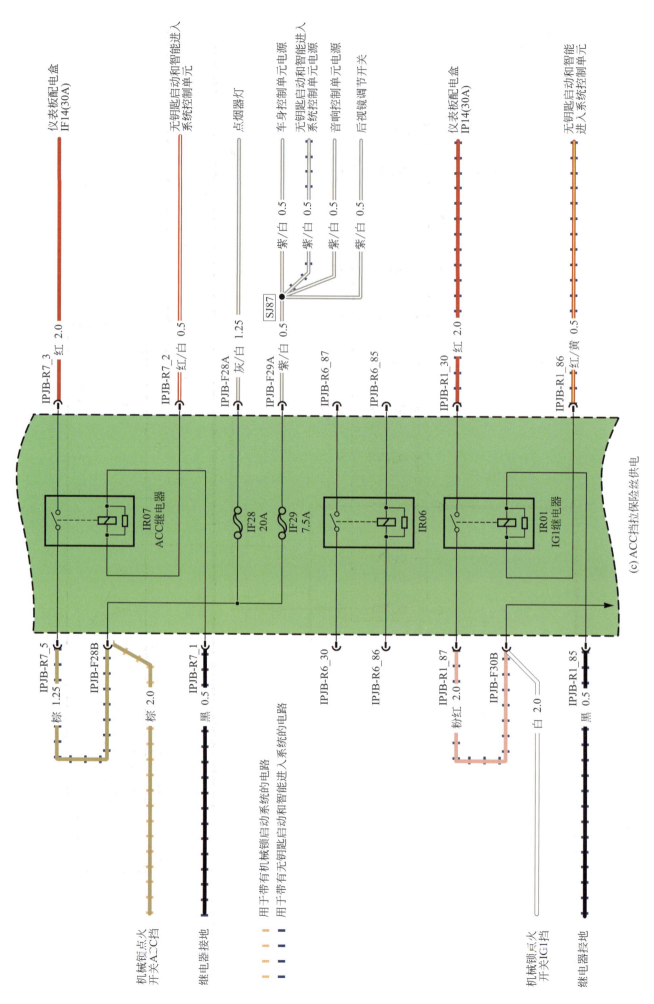

第三章
整车配电系统典型控制电路详解

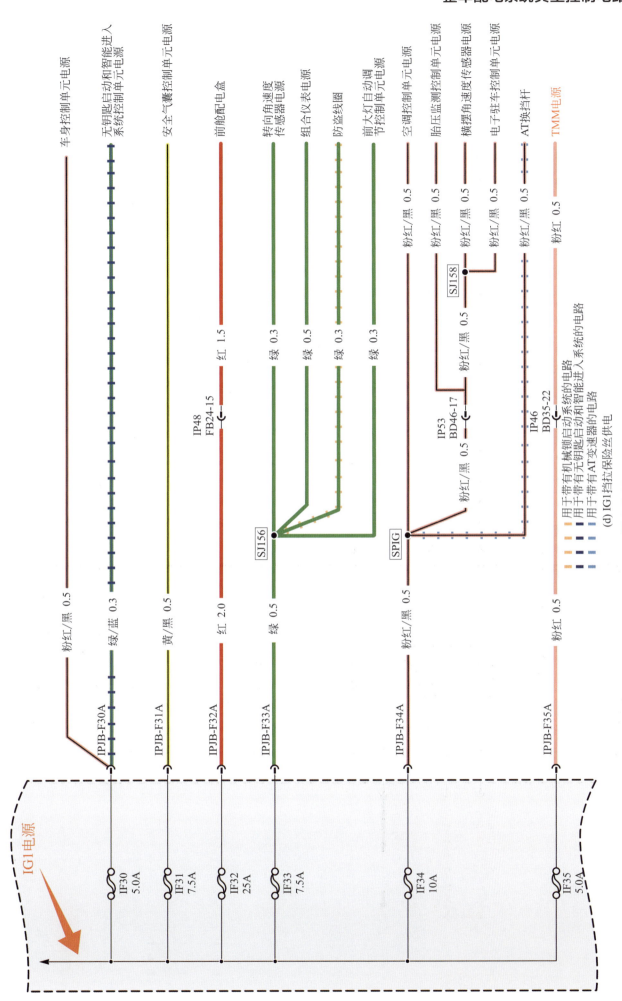

图 3-3-12 (d) IG1挡拉保险丝供电

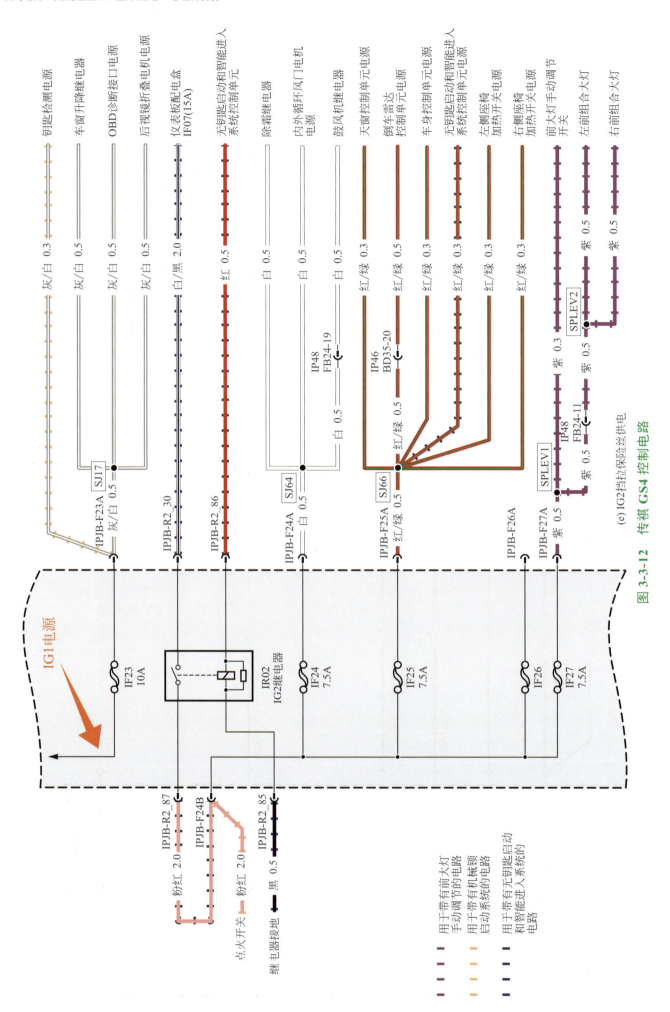

图 3-3-12 传祺 GS4 控制电路 (e) IG2挡拉保险丝供电

IF34（10A）保险丝→空调控制单元电源、胎压监测控制单元电源、横摆角速度传感器电源、电子驻车控制单元电源 /AT 换挡杆；

IF35（5.0A）保险丝→ TMM 电源。

4. IG2 电路

蓄电池正极→ 175A 保险丝→ EF15（60A）保险丝→ IF07（15A）保险丝→点火开关 IP28-3 号端子→点火开关内部 IG2 端子接通 IP27-4 号端子→ IF24（7.5A）保险丝、IF25（7.5A）保险丝、IF27（7.5A）保险丝；

IF24（7.5A）保险丝→除霜继电器、内外循环风门电机电源、鼓风机继电器；

IF25（7.5A）保险丝→天窗控制单元电源、倒车雷达控制单元电源、车身控制单元电源、无钥匙启动和智能进入系统控制单元电源、左侧座椅加热开关电源、右侧座椅加热开关电源；

IF27（7.5A）保险丝→前大灯手动调节开关、左前组合大灯、右前组合大灯。

十一、长城车型整车配电系统启动电路典型电路详解——WEY（魏派）VV7 控制电路（图 3-3-13）

1. 一键启动开关电路［图 3-3-13（a）］

电源分配（PDU）功能集成在 PEPS ECU 上。电源控制逻辑：系统电源模式为 ACC 时，接通 ACC 继电器；根据发动机运行状态，可将系统电源模式 ON 分为 ON（Engine Off）和 ON（Engine Run）。

无论发动机关闭或运转，系统电源模式为 ON 时，接通 ACC、IG1、IG2 继电器；启动时，电源模式为 CRANK，接通 IGN1 继电器并要求 EMS 接通 START 继电器，断开 ACC、IGN2 继电器。

2. ACC 主电路［图 3-3-13（b）］

蓄电池正极→ F109（25A）保险丝→ ACC 继电器 30 端子→ ACC 继电器 87 端子→ F135（5A）保险丝→ PEPS 控制模块 B-4 端子、BCM 控制单元 J1-22 号端子。

蓄电池正极→ F109（25A）保险丝→ ACC 继电器 30 端子→ ACC 继电器 87 端子→ F134（15A）保险丝→点烟器 1 号端子 / 充电器插座 3 号端子。

蓄电池正极→ F109（25A）保险丝→ ACC 继电器 30 端子→ ACC 继电器 87 端子→ F135（5A）保险丝→音响功放 B-2 端子 / 人机交互面板 5 号端子。

蓄电池正极→ F109（25A）保险丝→ ACC 继电器 30 端子→ ACC 继电器 87 端子→ F136（15A）保险丝→中央控制开关 1 号端子 / 空气净化器 2 号端子。

3. IG1 主电路［图 3-3-13（c）］

蓄电池正极→ F112（20A）保险丝→ IG1 继电器 30 端子→ IG1 继电器 87 端子→ F127（10A）保险丝→ F231（5A）保险丝→变速器控制单元 56 号端子。

蓄电池正极→ F112（20A）保险丝→ IG1 继电器 30 端子→ IG1 继电器 87 端子→ F126（10A）保险丝→换挡操纵机构 3 号端子 /PEPS 控制单元 B-17 端子 /BCM 控制单元 J1-2 号端子 / 转角传感器 4 号端子 / 右控制开关 - 高配 1 号端子 / 主驾驶座椅 - 高配 3 号端子 / 副驾驶座椅 - 高配 3 号端子 / DC-DC 转换器 B-1 号端子 / 网关 18 号端子 /ALS 控制器 A2、B6 号端子 / 全彩虚拟仪表 8 号端子 / 泊车控制器 A-1 号端子 / 智能前视控制模块 4 号端子 / 左后辅助雷达 8 号端子 / 右后辅助雷达 8 号端子 / 全景环视影像控制模块 32 号端子 / 智能内后视镜 A1 号端子 / 内后视镜 1 号端子。

蓄电池正极→ F112（20A）保险丝→ IG1 继电器 30 端子→ IG1 继电器 87 端子→ F127（10A）保险丝→ F235（5A）保险丝→ ESP 液压控制单元 36 号端子。

蓄电池正极→ F112（20A）保险丝→ IG1 继电器 30 端子→ IG1 继电器 87 端子→ F127（10A）保险丝→ F236（5A）保险丝→雷达模块 8 号端子。

蓄电池正极→ F112（20A）保险丝→ IG1 继电器 30 端子→ IG1 继电器 87 端子→ F125（10A）保险丝→安全气囊控制单元 B-1 号端子。

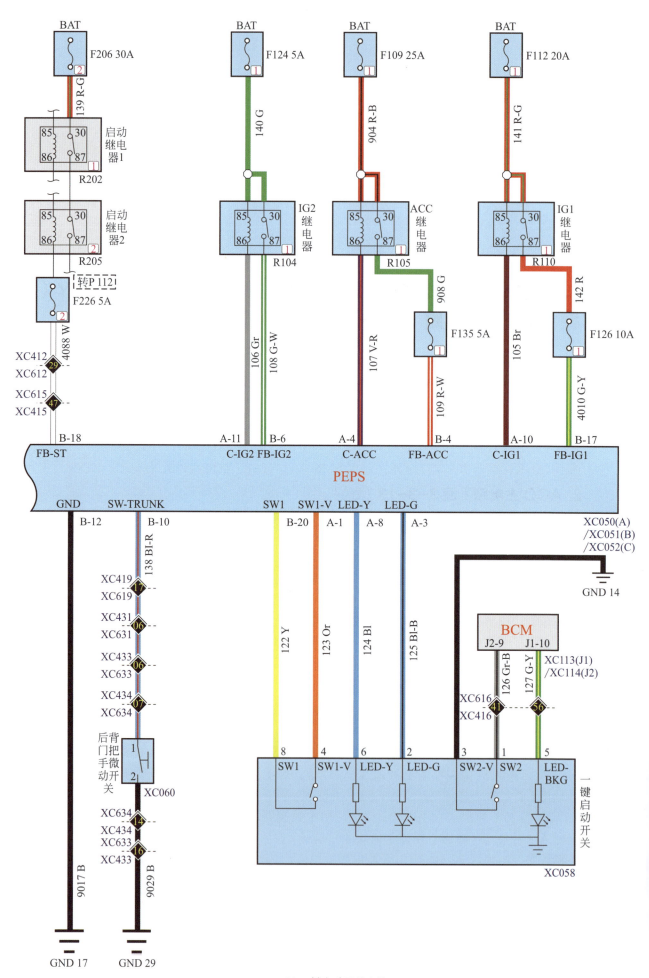

(a) 一键启动开关电路

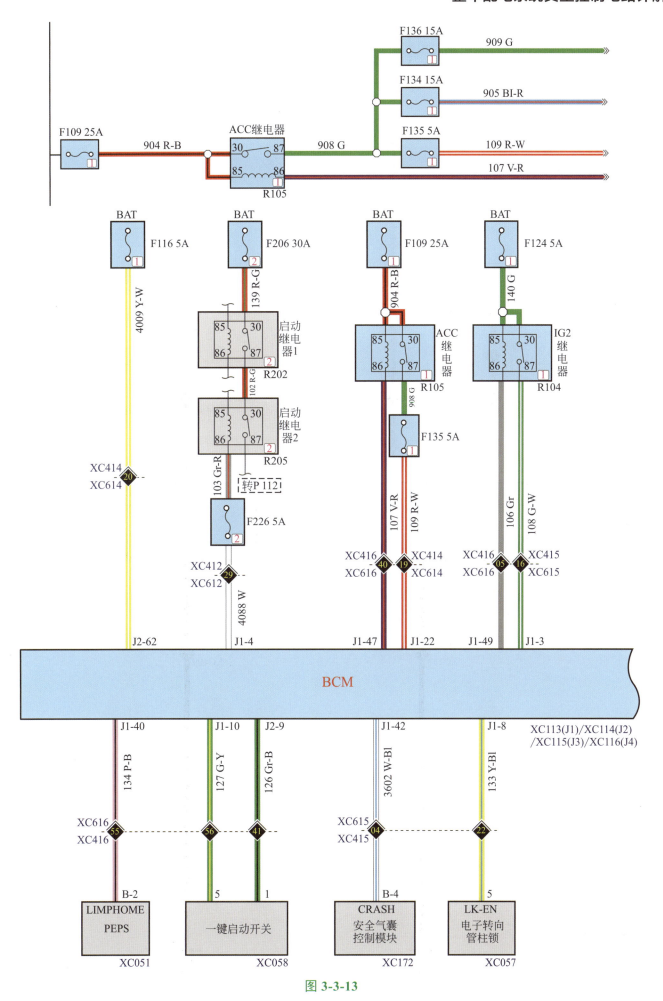

图 3-3-13

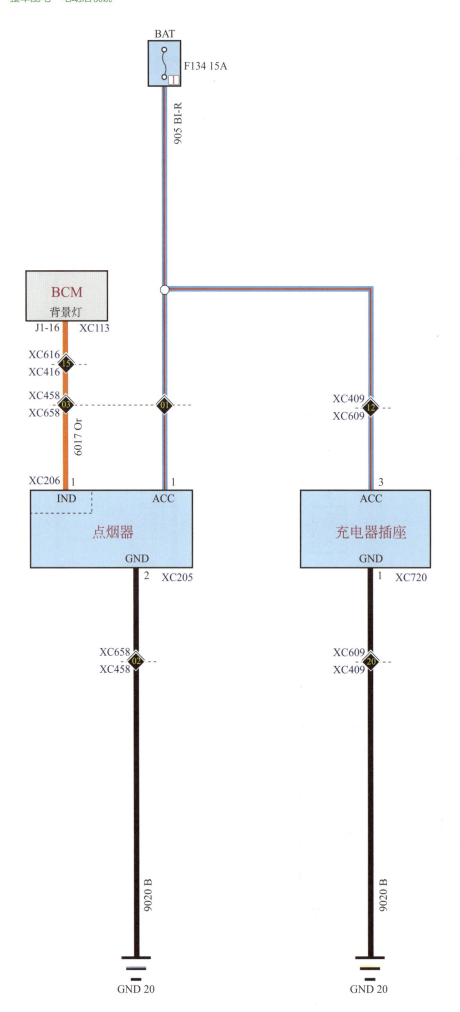

第三章
整车配电系统典型控制电路详解

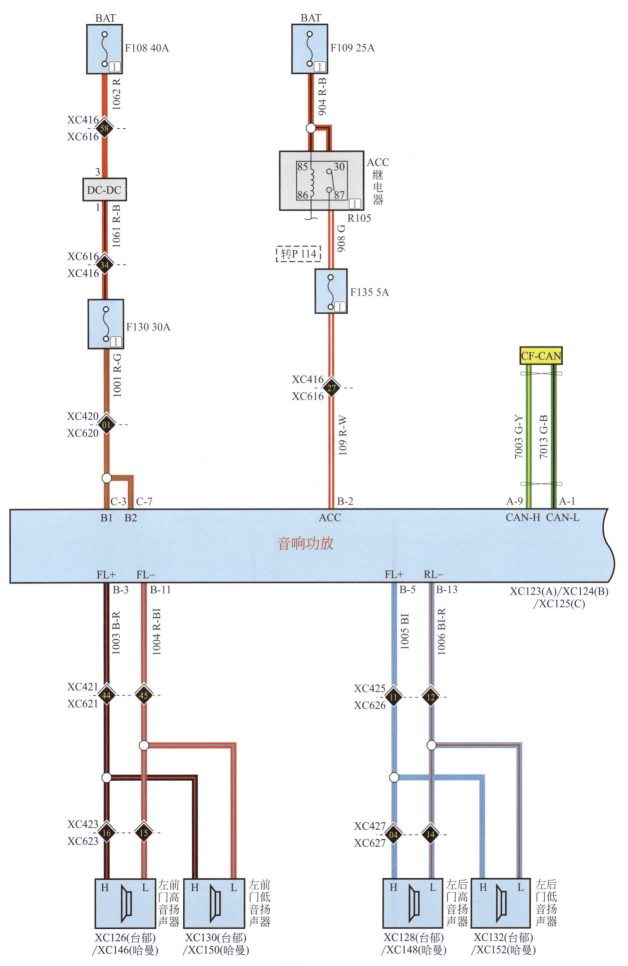

图 3-3-13

167

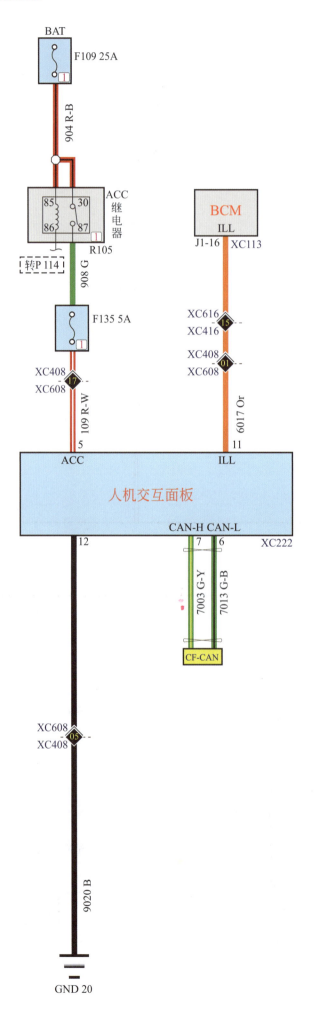

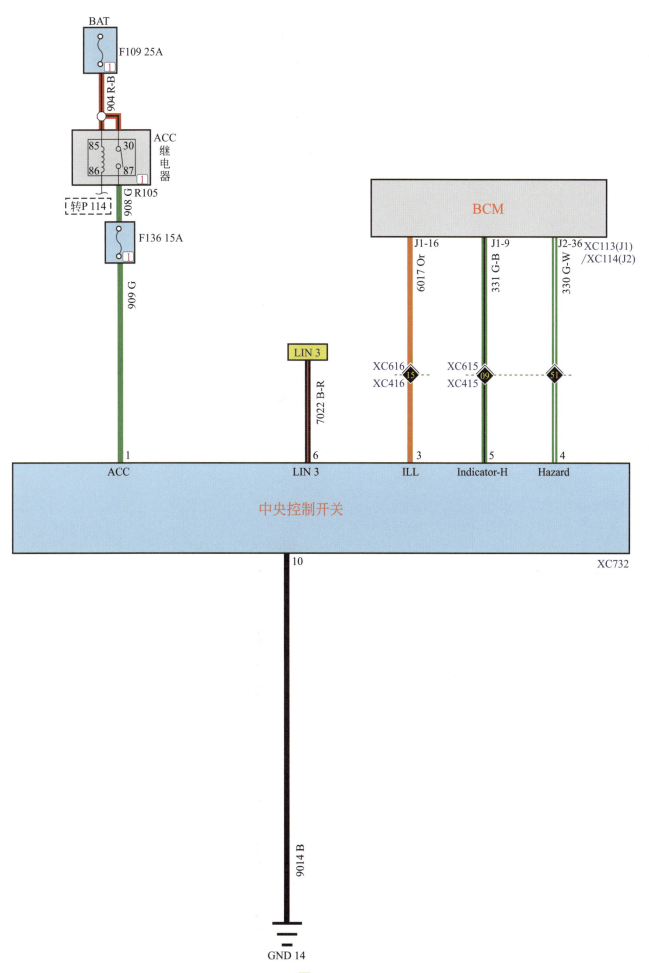

图 3-3-13

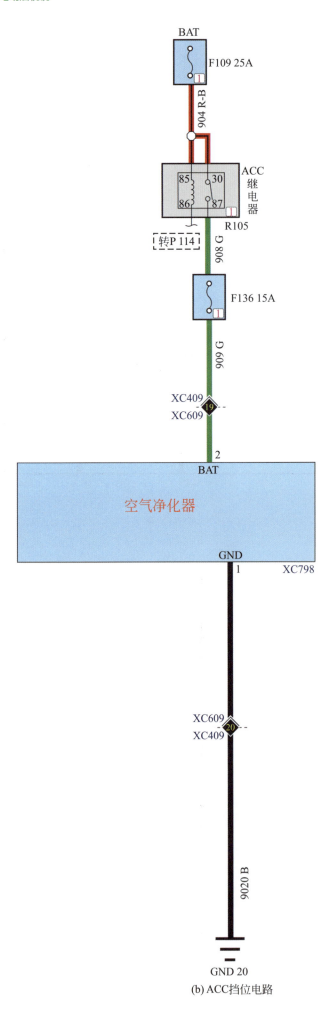

(b) ACC挡位电路

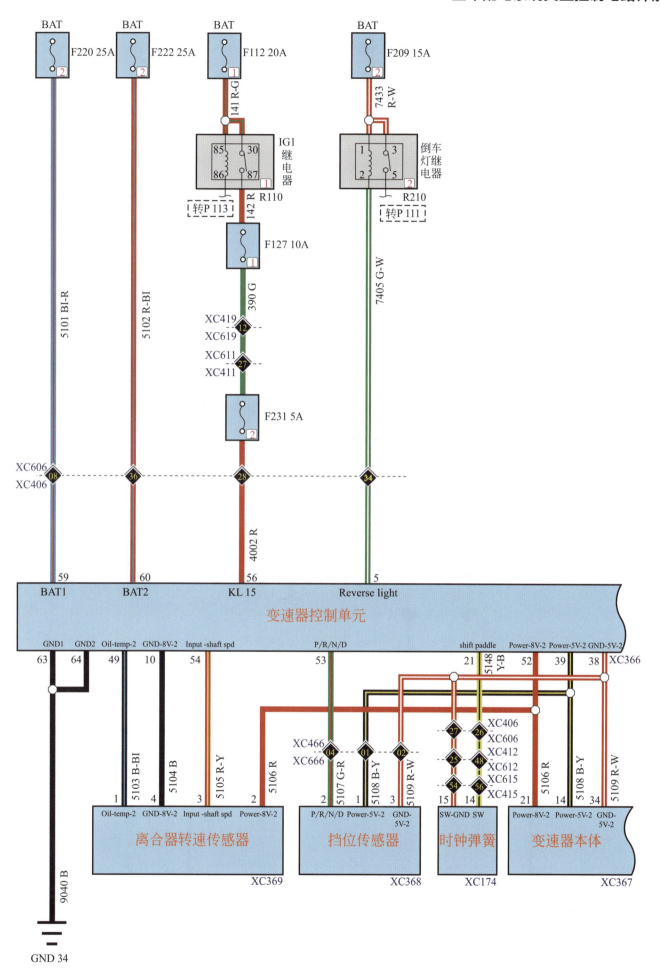

图 3-3-13

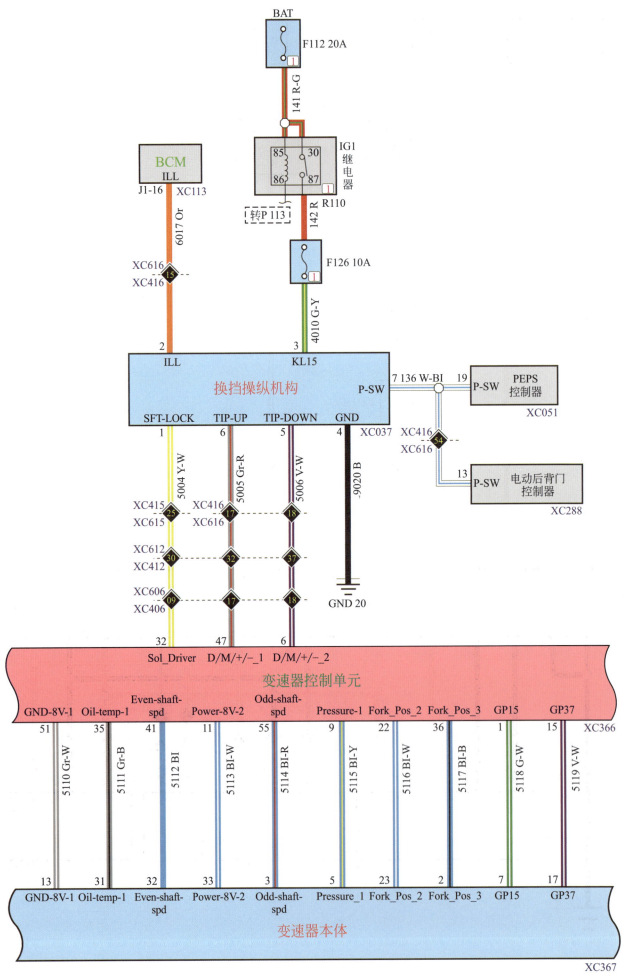

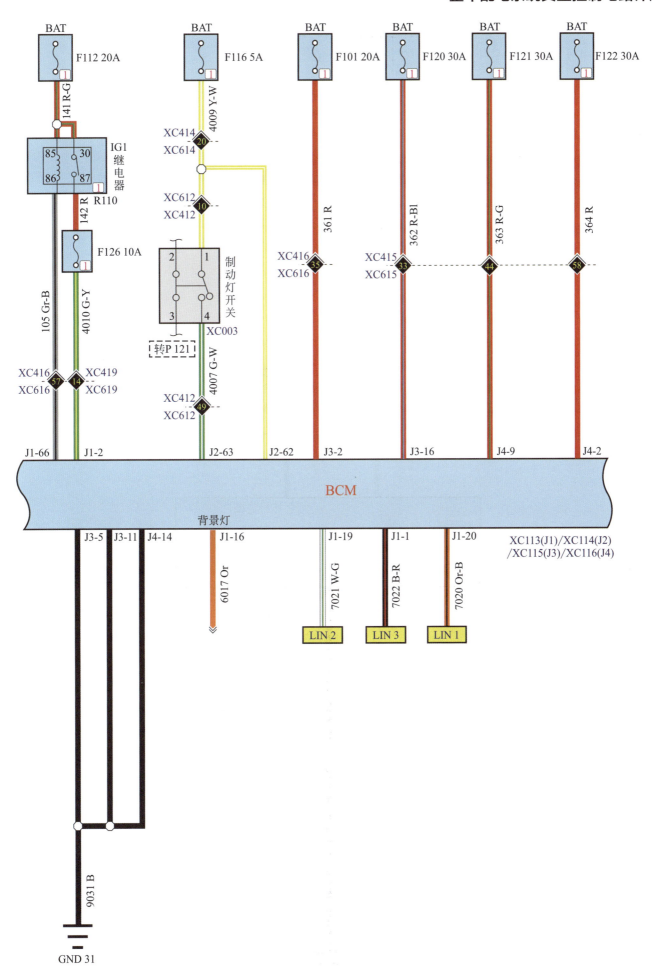

图 3-3-13

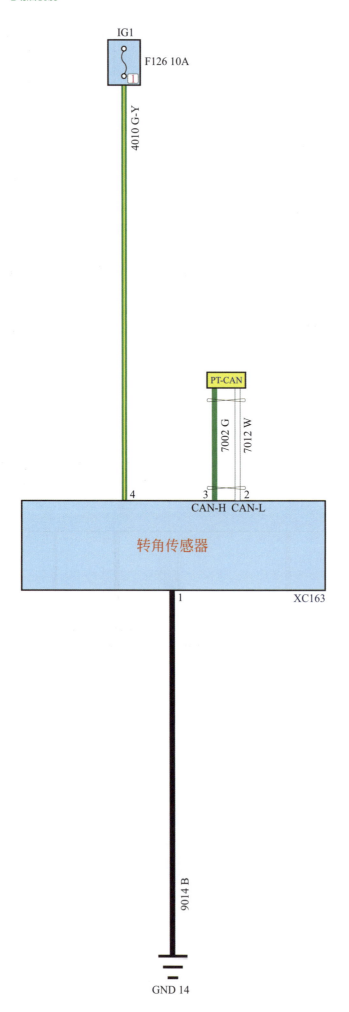

第三章
整车配电系统典型控制电路详解

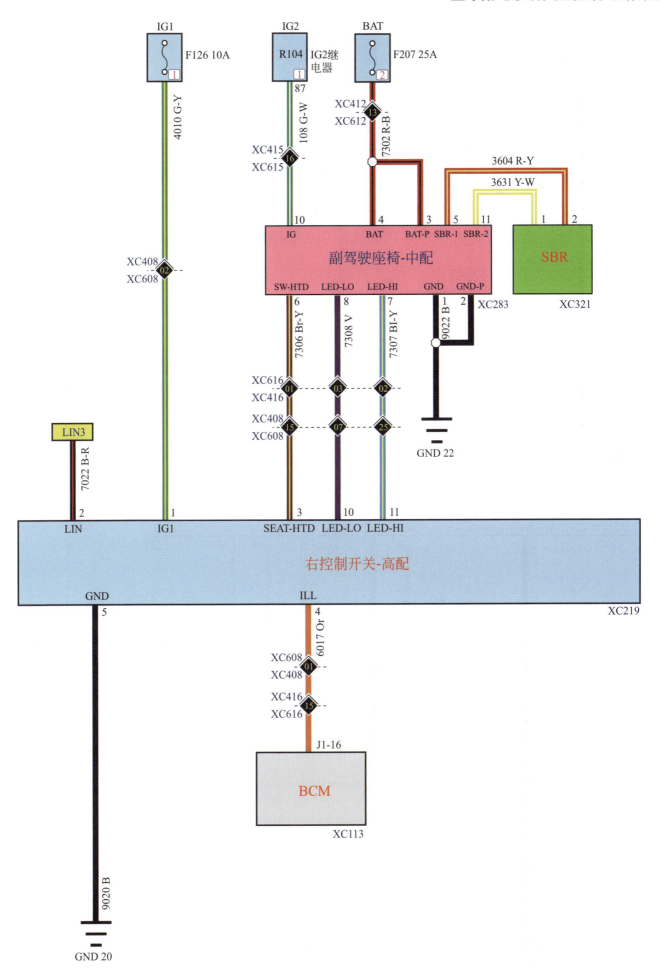

图 3-3-13

175

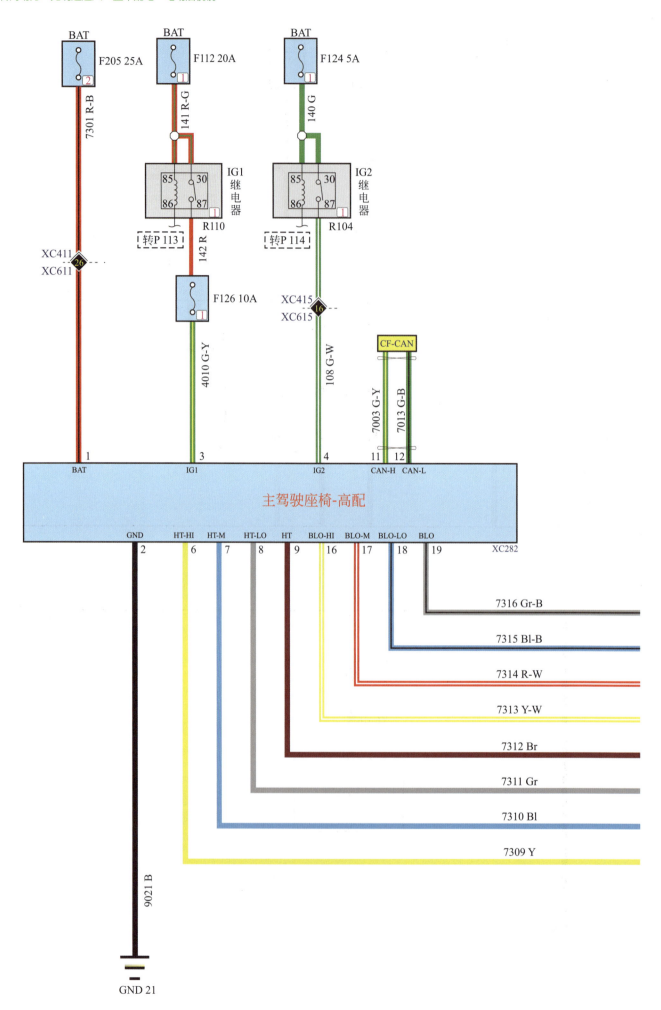

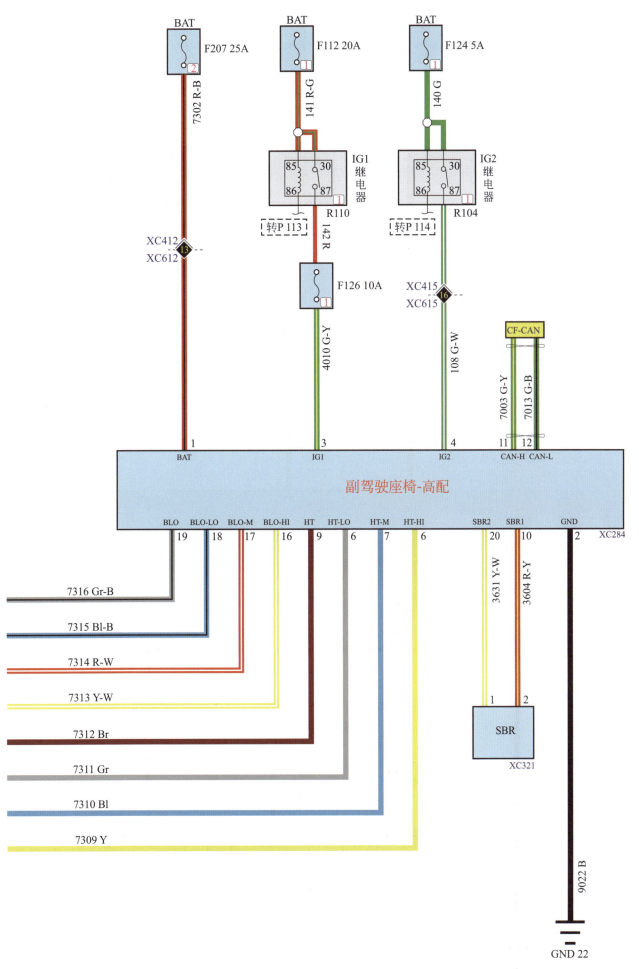

图 3-3-13

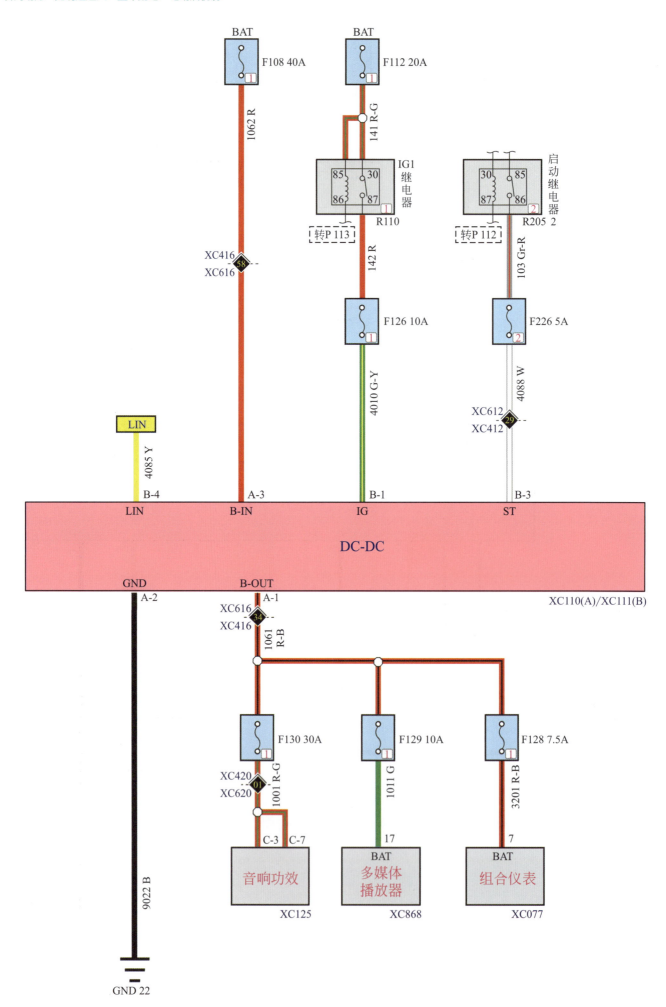

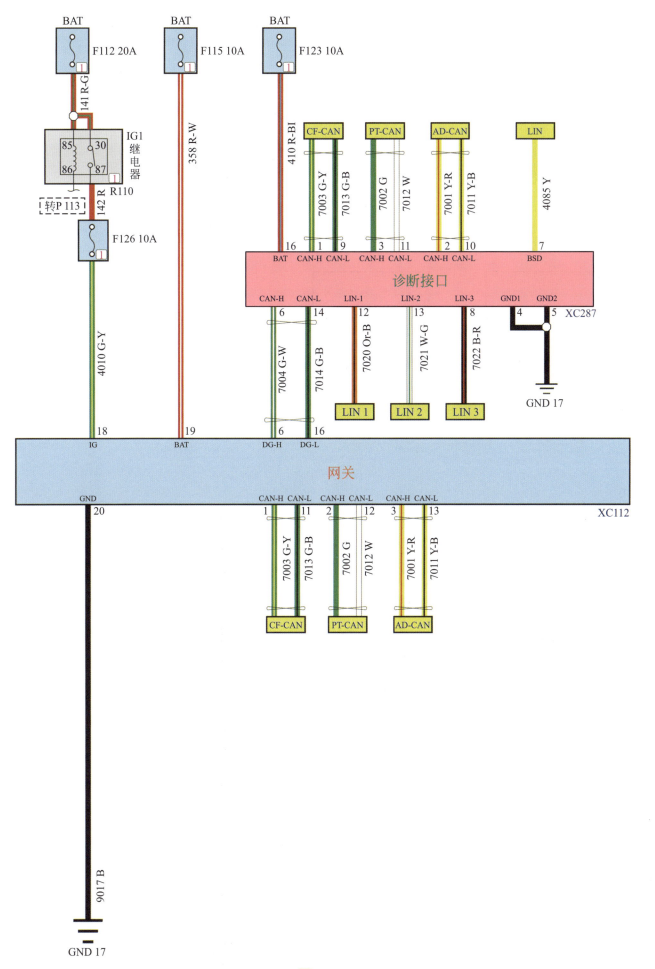

图 3-3-13

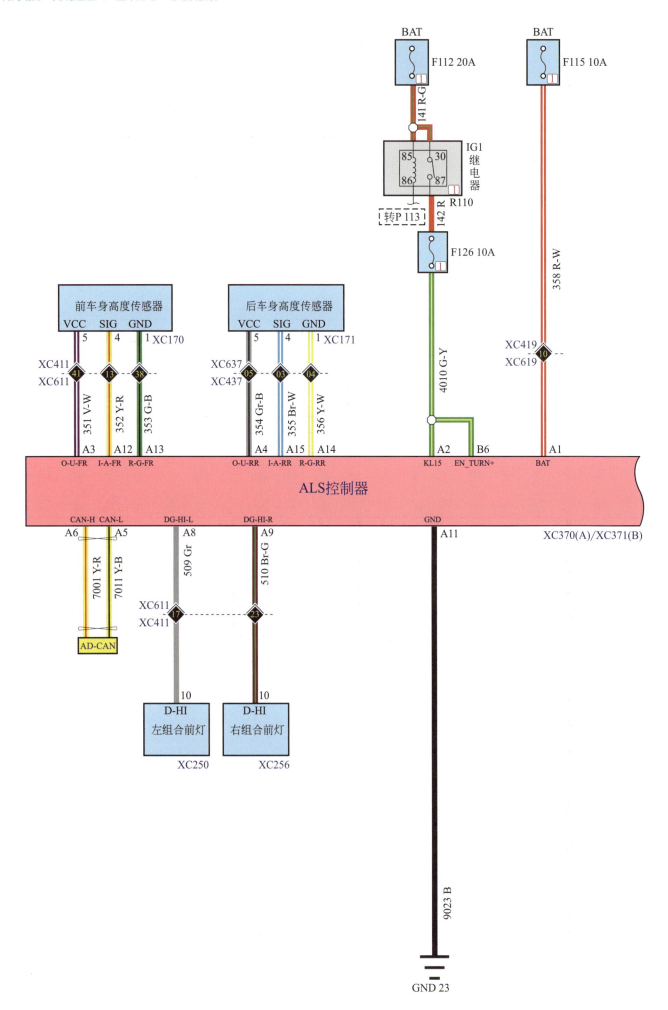

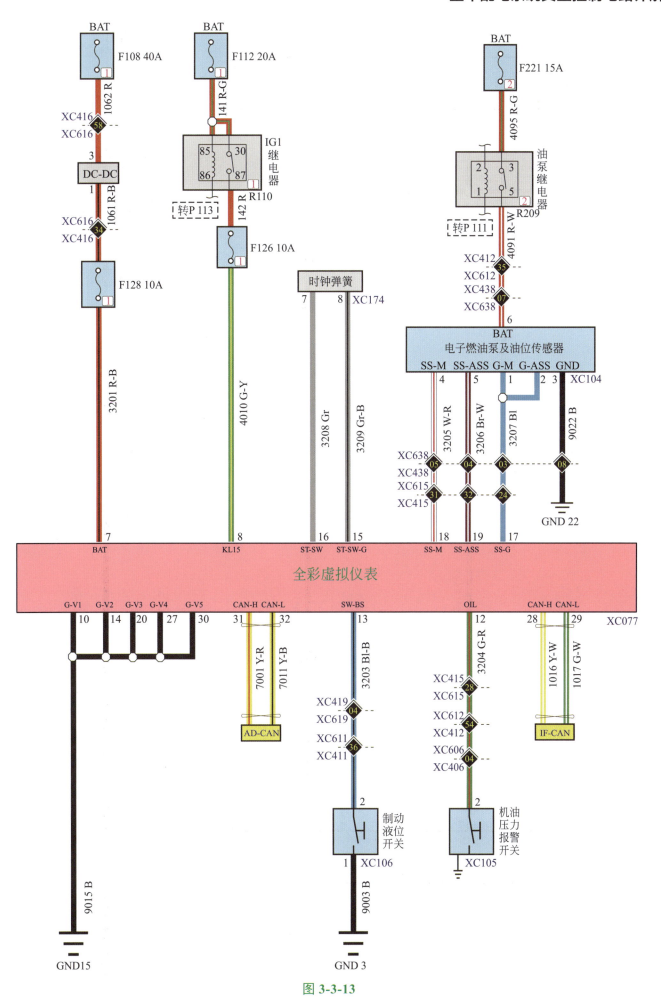

图 3-3-13

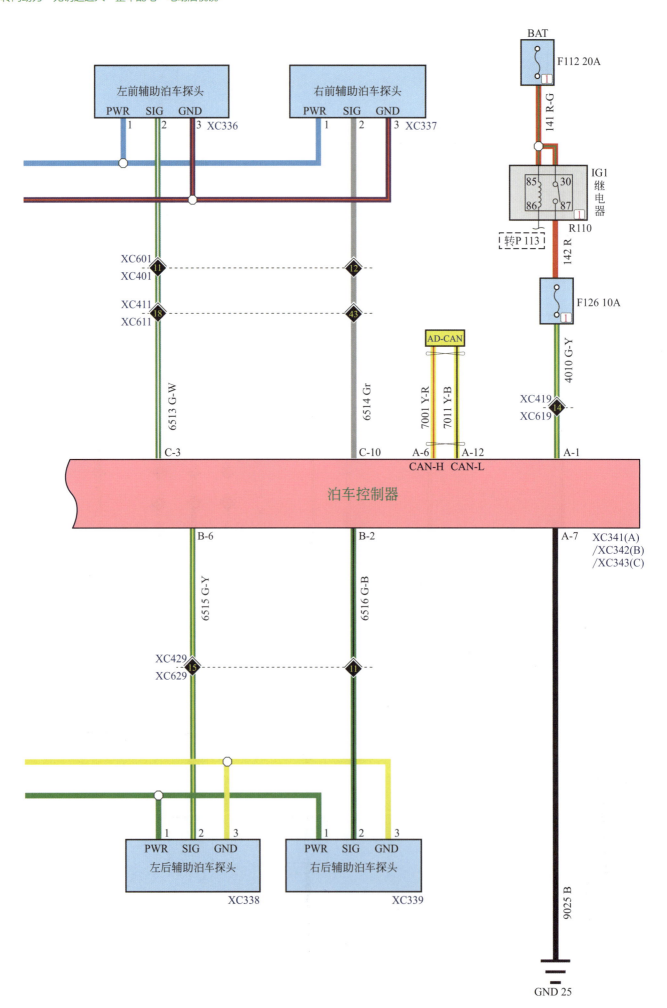

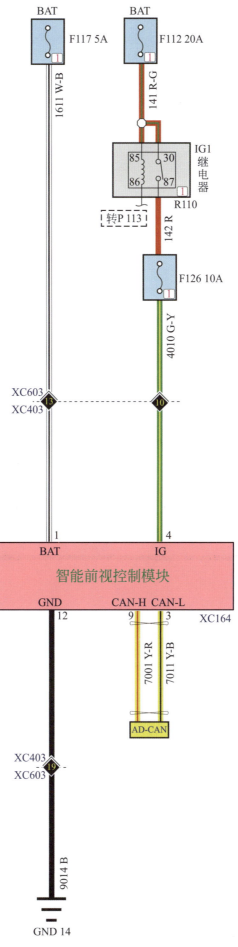

图 3-3-13

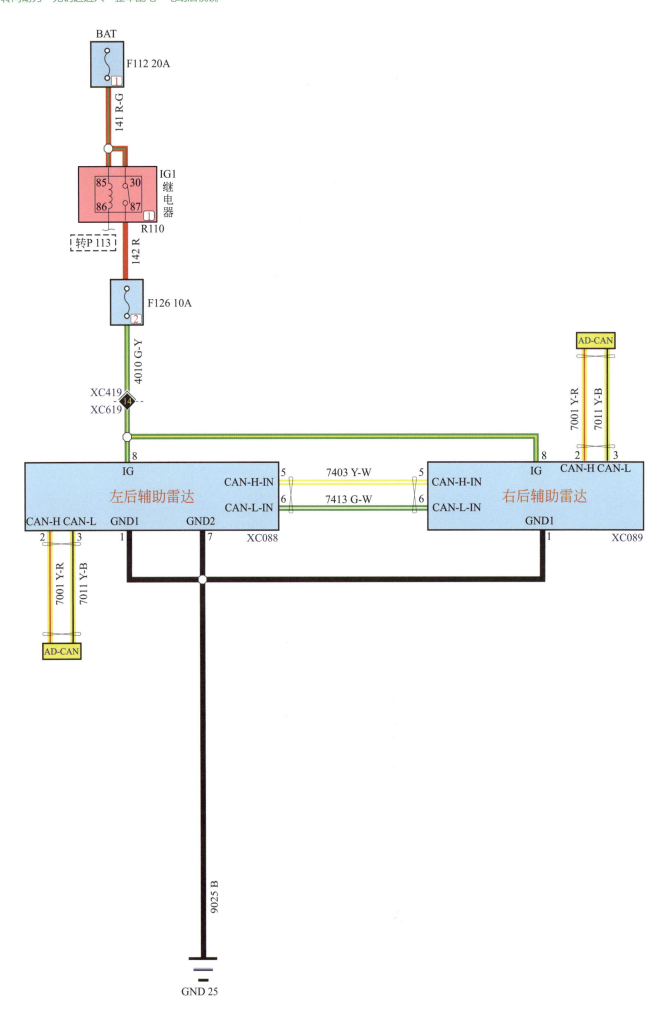

第三章
整车配电系统典型控制电路详解

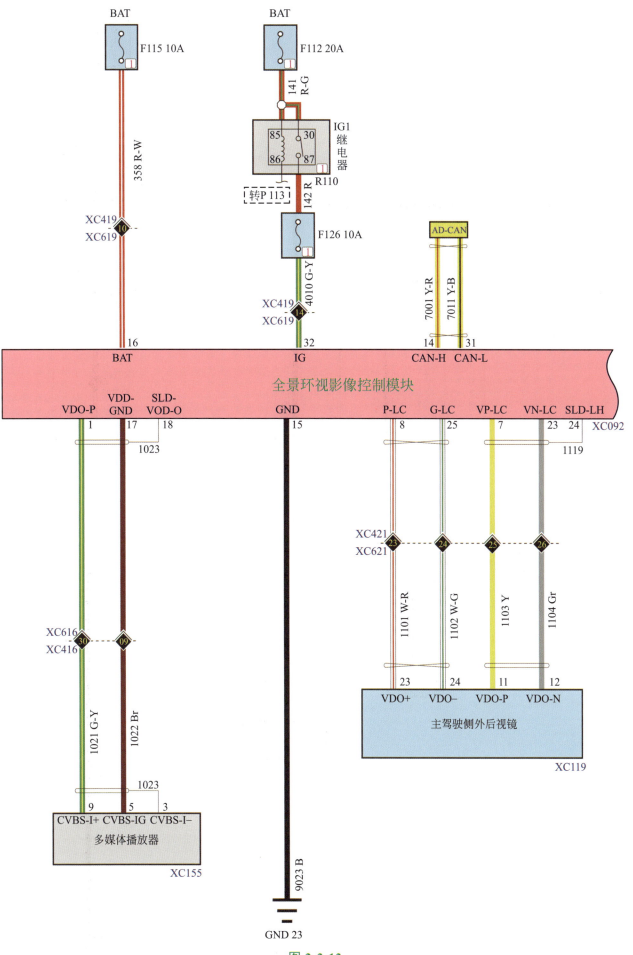

图 3-3-13

185

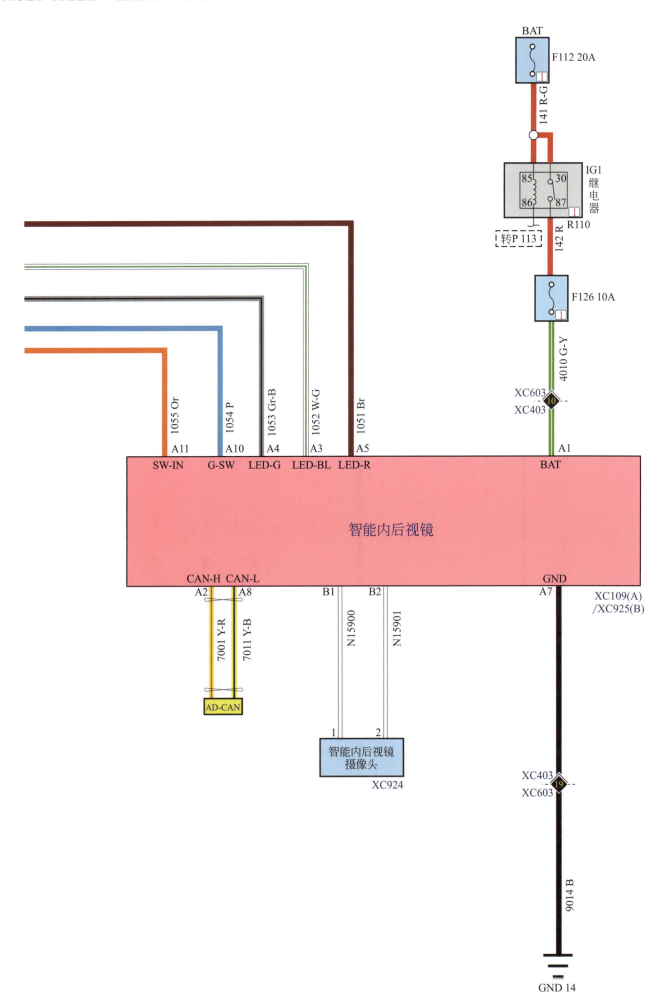

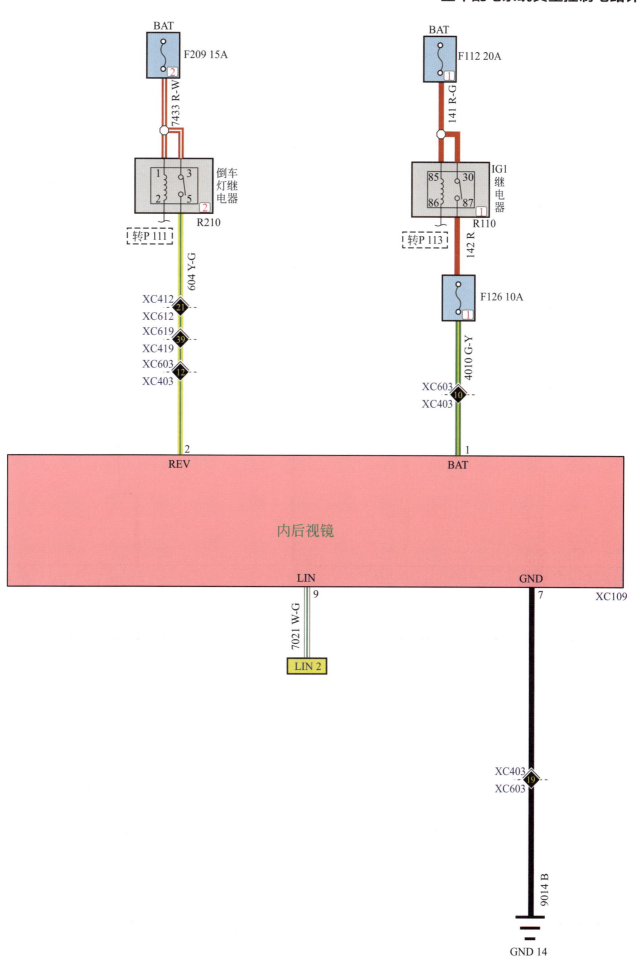

图 3-3-13

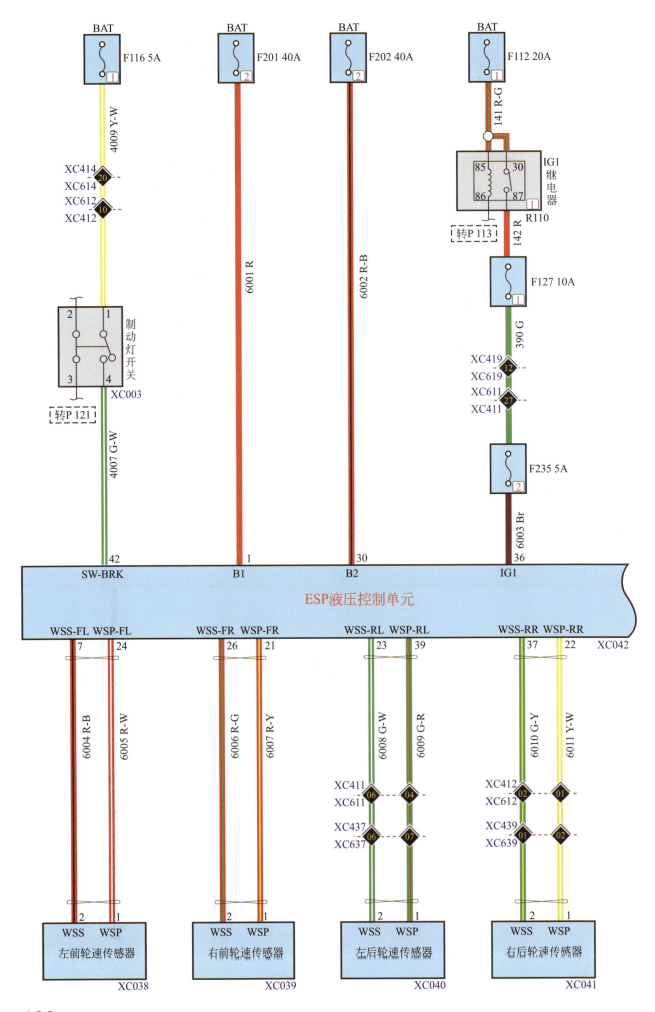

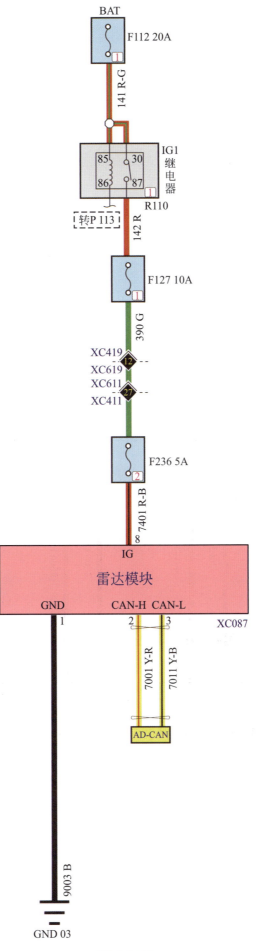

图 3-3-13

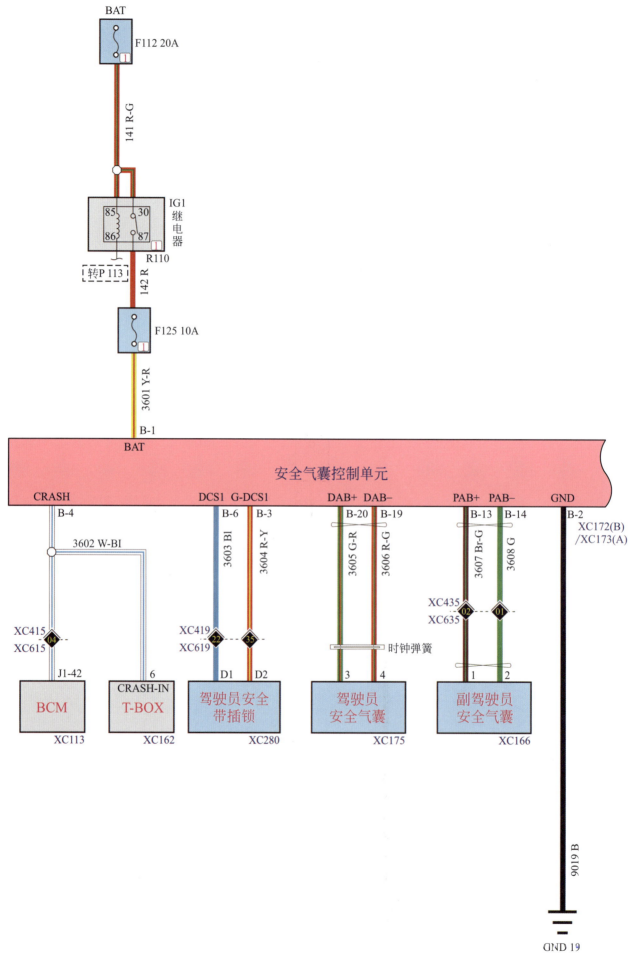

(c) IG1挡位电路

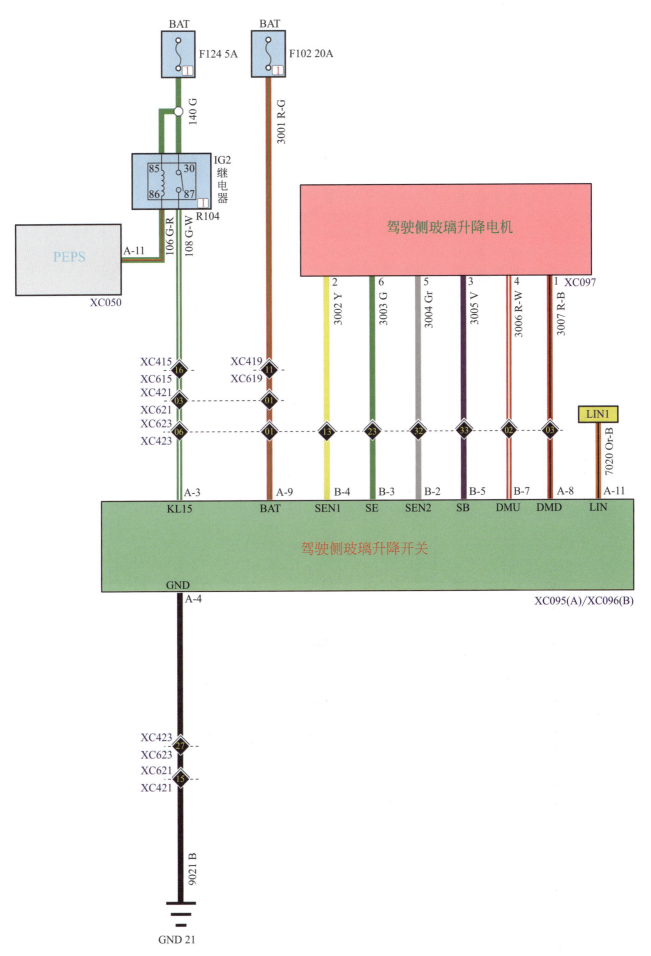

图 3-3-13

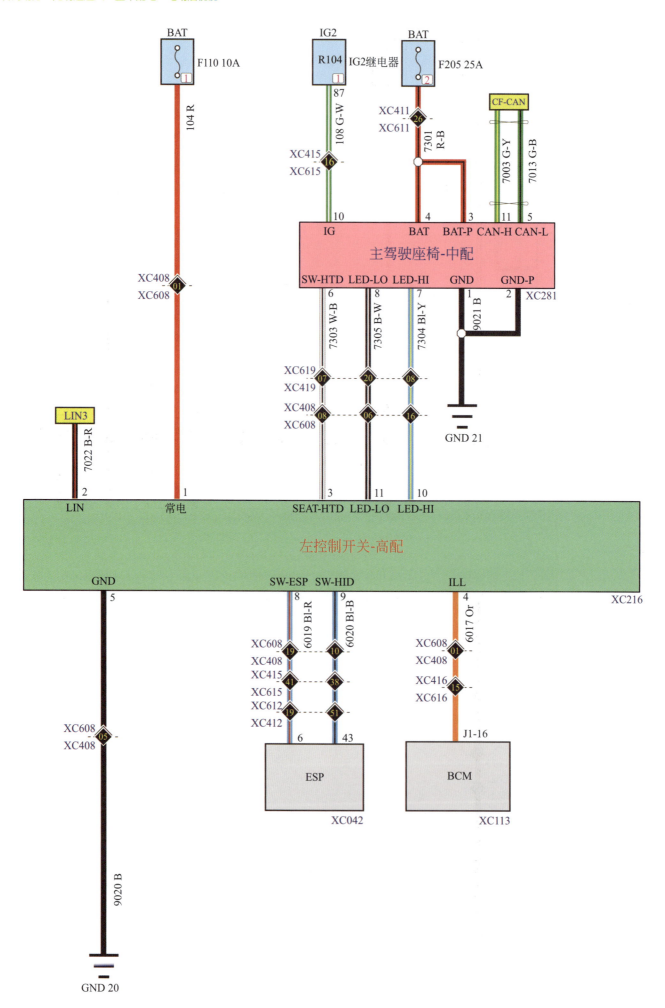

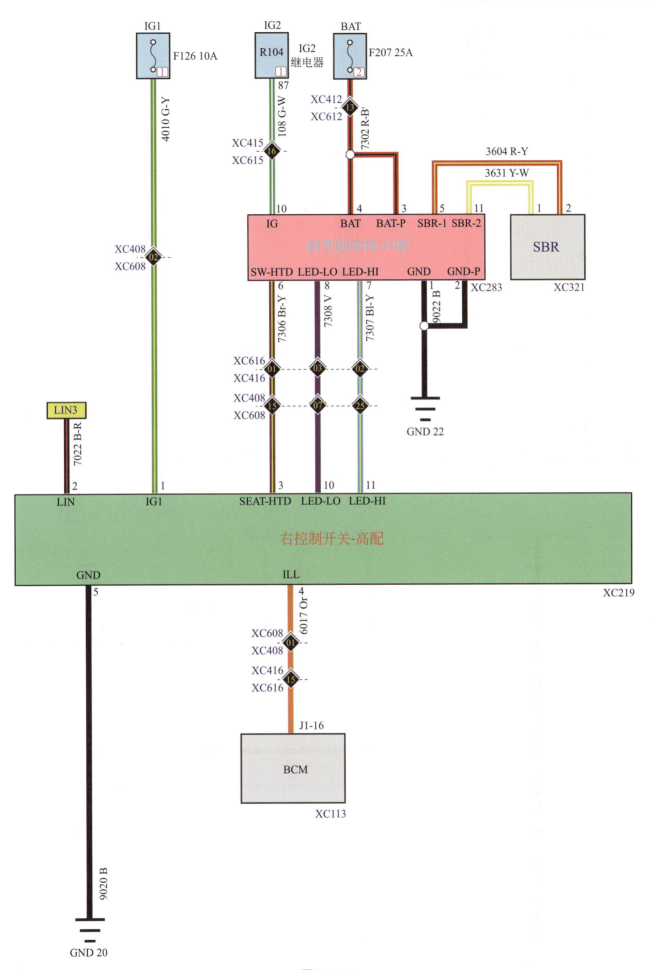

图 3-3-13

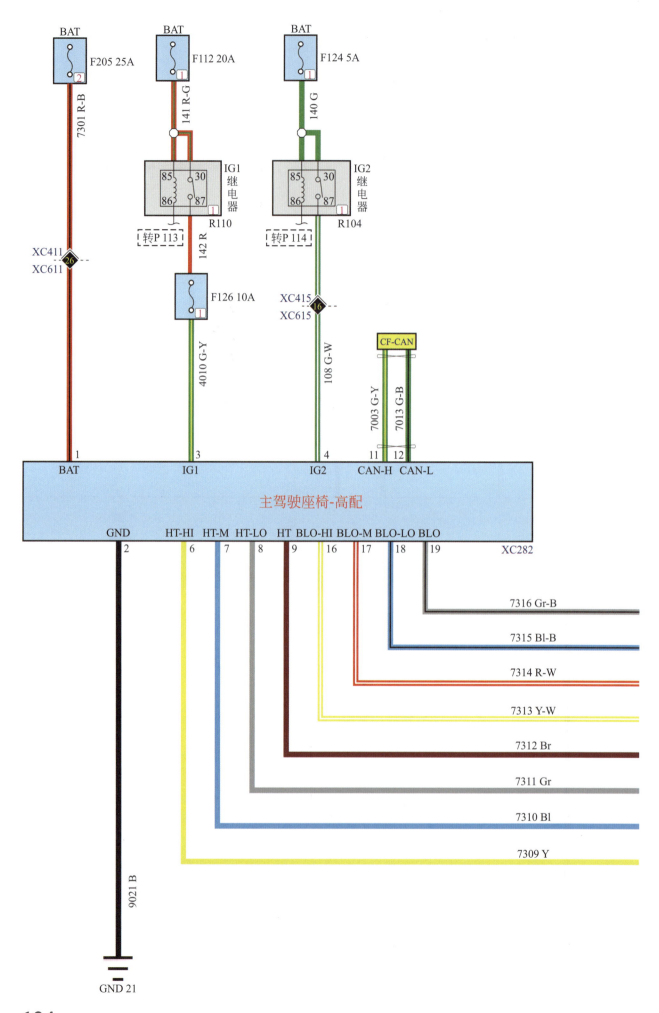

第三章
整车配电系统典型控制电路详解

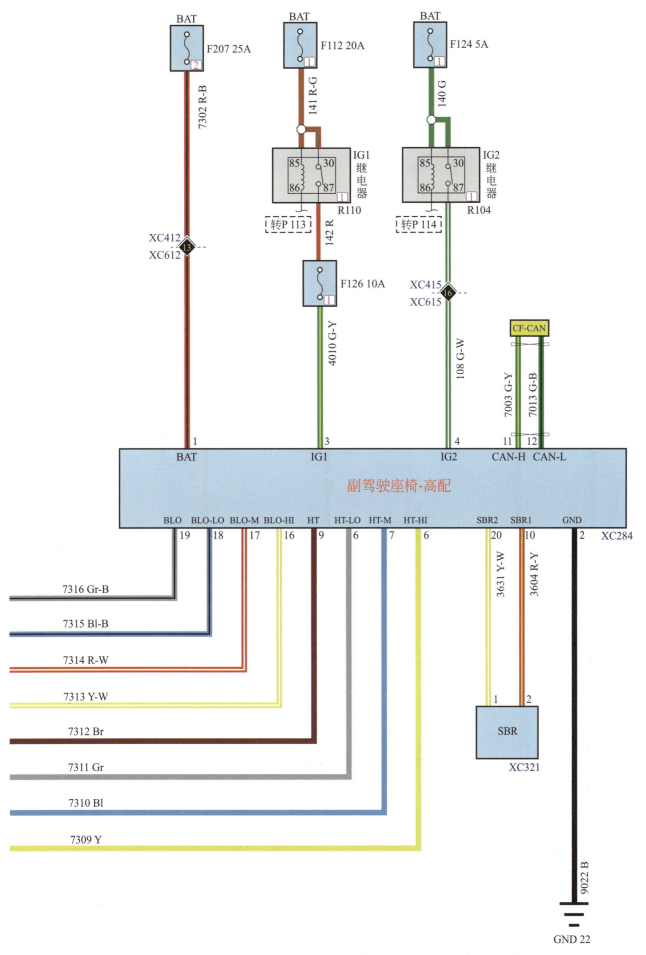

图 3-3-13

195

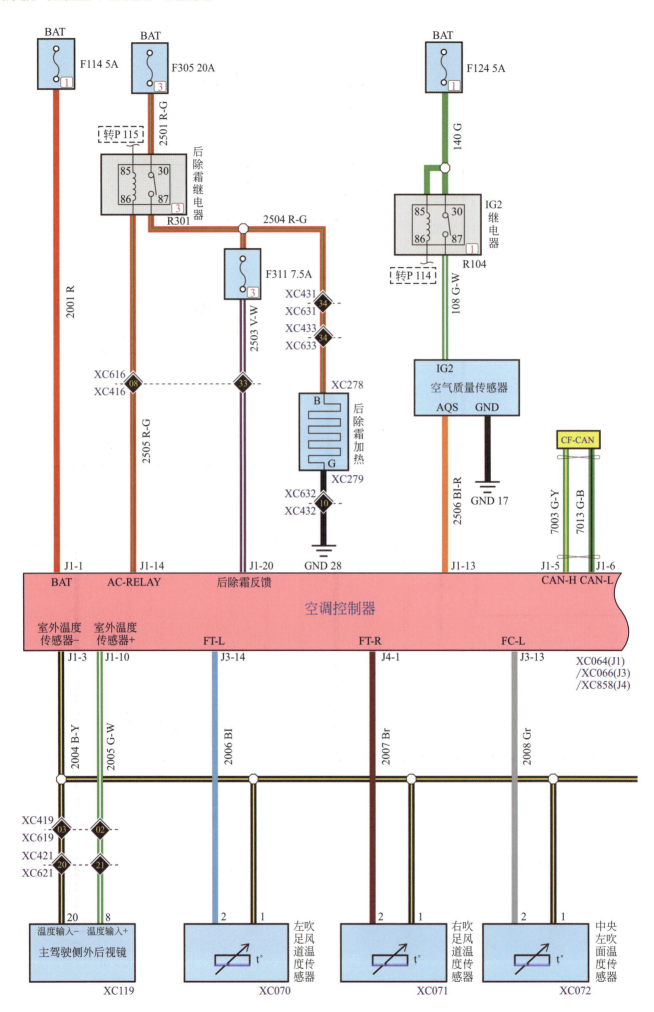

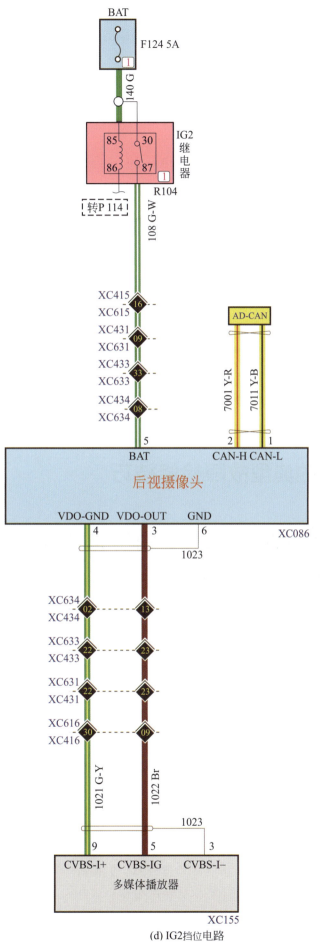

(d) IG2挡位电路

图 3-3-13　长城 WEY（魏派）VV7 控制电路

4. IG2 主电路 [图 3-3-13（d）]

蓄电池正极→F124（5A）保险丝→IG2 继电器 30 端子→IG2 继电器 87 端子→PEPS 控制单元 B-6 号端子。

蓄电池正极→F124（5A）保险丝→IG2 继电器 30 端子→IG2 继电器 87 端子→BCM 控制单元 J1-3 号端子。

蓄电池正极→F124（5A）保险丝→IG2 继电器 30 端子→IG2 继电器 87 端子→驾驶侧玻璃升降开关 A-3 号端子。

蓄电池正极→F124（5A）保险丝→IG2 继电器 30 端子→IG2 继电器 87 端子→主驾驶座椅 - 中配 10 号端子。

蓄电池正极→F124（5A）保险丝→IG2 继电器 30 端子→IG2 继电器 87 端子→副驾驶座椅 - 中配 10 号端子。

蓄电池正极→F124（5A）保险丝→IG2 继电器 30 端子→IG2 继电器 87 端子→主驾驶座椅 - 高配 4 号端子。

蓄电池正极→F124（5A）保险丝→IG2 继电器 30 端子→IG2 继电器 87 端子→副驾驶座椅 - 高配 4 号端子。

蓄电池正极→F124（5A）保险丝→IG2 继电器 30 端子→IG2 继电器 87 端子→空气质量传感器。

蓄电池正极→F124（5A）保险丝→IG2 继电器 30 端子→IG2 继电器 87 端子→后视摄像头 5 号端子。

第四节 整车配电系统的典型故障检修技巧

一、ACC 继电器输出故障、IG1 继电器输出故障、IG2 继电器输出故障、START 继电器输出故障诊断

1. 故障码

B25A012：ACC 继电器输出故障。
B25A112：IG1 继电器输出故障。
B25A212：IG2 继电器输出故障。
B25A312：START 继电器输出故障。

2. 故障诊断

a. 连接车辆诊断仪清除故障码。

b. 关闭点火开关，重新打开启动开关。

c. 再次读取故障码，检查故障码是否存在。

如果是，则进行下一步；如果否，则表示为偶发性故障，检查 PEPS 控制单元引脚是否松动、腐蚀。

d. 检查前舱配电盒 EF38（30A）、EF41（80A）保险丝和仪表板配电盒 IF14（30A）、IF29（7.5A）保险丝是否正常。

如果是，则进行下一步；如果否，即为保险丝故障，更换故障保险丝。

e. 检查前舱配电盒启动继电器 ER03 和仪表板配电盒点火开关 1 继电器 IR01、点火开关 2 继电器 IR02、ACC 继电器 IR07 是否正常。

如果是，则进行下一步；如果否，则为继电器故障，更换故障继电器。

f. 断开 PEPS 控制单元线束连接器 IP58（图 3-4-1）。

g. 测量 IP58-13、IP58-26 和接地之间的电压是否为蓄电池电压。

如果是，则进行下一步；如果否，即为导线短路或断路故障，维修故障导线。

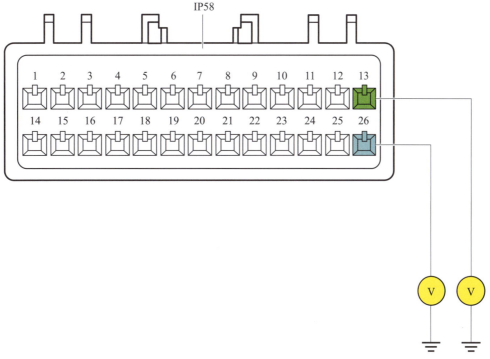

图 3-4-1　PEPS 控制单元线束连接器 IP58 端子 13、26 和接地间电压测量

h. 测量 IP58-10、IP58-8、IP58-7 和接地之间的电压是否为蓄电池电压，测量方法见图 3-4-2。

如果是，则进行下一步；如果否，即为导线短路或断路故障，维修故障导线。

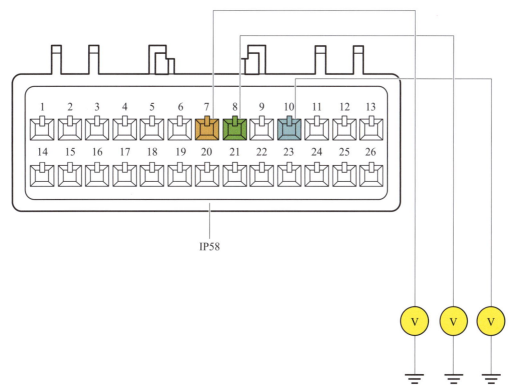

图 3-4-2　PEPS 控制单元线束连接器 IP58 端子 7、8 和 10 和接地间电压测量

i. 测量 IP58-23、IP58-21、IP58-9 和接地间电压是否正常（图 3-4-3）。

如果是，则进行下一步；如果否，则为启动继电器、ACC 继电器、点火开关继电器控制导线故障，维修故障导线。

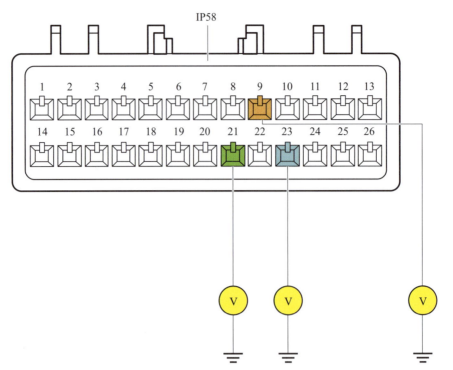

图 3-4-3　PEPS 控制单元线束连接器 IP58 端子 9、21、23 和接地间电压测量

更换确认良好的 PEPS 控制单元并进行测试，如果症状及故障码消失，则更换新的 PEPS 控制单元。

二、组合仪表对搭铁短路或对电压短路故障诊断

1. 故障描述

车辆电源模式主控模块就是车身控制模块（BCM）。

车身控制模块（BCM）监测开关输入并在需要时按照计算的电源模式激活电源模式主控模块的继电器和其他直接输出。

组合仪表有一个开关电压输入，如果电源模式主控模块的串行数据信息与单独模块通过自身的连接所检测到的信息不一致，则组合仪表可能以默认模式运行。

2. 故障码

B1370：控制模块点火接通和启动电路。

3. 故障码出现条件

B1370 01：点火电路对电压短路。
B1370 06：点火电路开路、点火电路对搭铁短路。

4. 故障诊断

a. 将点火开关置于 OFF（关闭）位置，断开组合仪表的线束连接器。

b. 确认点火电路端子 8 和搭铁之间的测试灯是否点亮。

⇒ 如果测试灯点亮，修理点火电路对电压短路故障。

⇒ 如果测试灯未点亮，则进行以下步骤。

c. 将点火开关置于 ON（打开）位置。

d. 确认点火端子和搭铁之间的测试灯是否点亮。

⇒ 如果测试灯点亮，且点火保险丝良好。

⇒ 如果测试灯未点亮，且点火保险丝熔断。

e. 测试点火电路和搭铁之间的电阻是否为无穷大。

⇒ 如果电阻不为无穷大，则修理电路中对搭铁短路故障。

⇒ 如果电阻为无穷大，则更换 P16 组合仪表。

三、附件电源电路故障诊断

1. 故障描述

无钥匙进入控制模块向点火开关电源电路提供电压，从而对点火开关电源电路进行辅助控制。当车辆电源模式为 ACC（附件）或 Ignition ON（点火开关打开）时，点火电源电路通电。

2. 故障码

B1451：附件电源电路。

3. 故障码出现条件

B1451 01：点火电路对电压短路。

B1451 02：点火输出未启动，连续 3 次检测到对搭铁短路。

B1451 04：点火输出未启动，连续 20 次检测到开路。

4. 故障诊断

a. 将点火开关置于 ON（打开）位置，断开无钥匙进入控制模块的 X2 线束连接器。

b. 确认 B+ 电路端子 5 和搭铁之间的测试灯是否点亮。

如果测试灯未点亮且电路保险丝完好，则将点火开关置于 OFF（关闭）位置，拆下测试灯，测试 B+ 电路端对端的电阻是否小于 2Ω。

如果为 2Ω 或更大，则修理电路中的开路/电阻过大故障；如果小于 2Ω，则确认保险丝状态是否良好以及保险丝处是否有电压。

如果测试灯未点亮且电路保险丝熔断，则将点火开关置于 OFF（关闭）位置，拆下测试灯，测试 B+ 电路和搭铁之间的电阻是否为无穷大。

如果电阻不为无穷大，则修理电路中对搭铁短路故障；如果电阻为无穷大，则更换无钥匙进入控制模块。

如果测试灯点亮，则进行以下步骤。

c. 将点火开关置于 OFF（关闭）位置，连接无钥匙进入控制模块的 X2 线束连接器，并断开车身控制模块的 X3 线束连接器。

d. 测试点火电路端子 5 和搭铁之间的电阻是否小于 1V。

如果等于或高于 1V，则修理电路上对电压短路故障。

如果低于 1V，则进行以下步骤。

e. 将点火开关置于 ON（打开）位置。

f. 确认点火电路端子 5 和搭铁之间的测试灯是否点亮。

如果测试灯未点亮，则将点火开关置于 OFF（关闭）位置，拆下测试灯，测试点火电路和搭铁之间的电阻是否为无穷大。

如果电阻不为无穷大，则修理电路中对搭铁短路故障；如果电阻为无穷大，则测试点火电路端对端的电阻是否小于 2Ω。

如果为 2Ω 或更大，则修理电路中的开路/电阻过大故障；如果小于 2Ω，则更换无钥匙进入控制模块。

如果测试灯点亮，则进行下一步。

g. 更换车身控制模块。

四、可中断的保持型附件电源继电器电路故障诊断

1. 故障描述

无钥匙进入控制模块向可中断保持型附件电源继电器线圈控制电路提供电压，以通过控制电路

控制保持型附件电源继电器。当点火开关处于 ACC（附件）或 ON（打开）位置时，保持型附件电源继电器通电。在所有车门关闭的情况下，将点火开关置于 OFF（关闭）位置，继电器还能再通电约 10min。

2. 故障码
B305E：可中断的保持型附件电源继电器电路。

3. 故障码出现条件
B305E 01：点火输出未启动，且连续 3 次检测到点火电压电路对蓄电池短路。

B305E 02：点火输出激活，在点火电压电路中检测到对搭铁短路。

B305E 05：点火输出激活，在点火电压电路中检测到开路或对蓄电池短路。

4. 故障诊断
a. 将点火开关置于 OFF（关闭）位置，在下列控制电路和搭铁之间连接一个测试灯。

X51A 保险丝盒 - 仪表板 - 保险丝 F35DA；

X51A 保险丝盒 - 仪表板 - 保险丝 F36DA。

b. 将点火开关在 ON（打开）和 OFF（关闭）位置之间切换，确认测试灯是否点亮和熄灭。

如果测试灯点亮和熄灭，则表明一切正常。

如果测试灯未点亮和熄灭，则进行以下步骤。

c. 将点火开关置于 OFF（关闭）位置，断开无钥匙进入控制模块的线束连接器。

d. 暂时在控制电路端子 7/X1 和 B+ 之间安装一条带 3A 保险丝的跨接线。

e. 在连接和断开跨接线时，确认测试灯点亮和熄灭。

如果测试灯始终熄灭，则测试控制电路和搭铁之间的电阻是否为无穷大。

如果电阻不为无穷大，则修理电路中对搭铁短路故障；如果电阻为无穷大，则测试控制电路端对端的电阻是否小于 2Ω。

如果大于或等于 2Ω，则修理电路中的开路 / 电阻过大故障。

如果小于 2Ω，则更换仪表板保险丝盒。

如果测试灯始终点亮，则测试控制电路和搭铁之间的电压是否小于 1V。

如果等于或大于 1V，则修理电路对电压短路故障。

如果测试灯点亮和熄灭，则进行下一步。

f. 更换无钥匙进入控制模块。

第四章 电动后视镜典型控制电路详解

第一节 电动后视镜的作用与组成

一、电动后视镜的作用

汽车上的后视镜位置直接关系到驾驶员能否观察到车后的情况,与行车的安全性有着密切联系。采用电动后视镜(图 4-1-1),可通过开关进行调整,操作起来十分方便。

图 4-1-1　电动后视镜

二、电动后视镜的组成及开关电路

1. 电动后视镜的组成

电动后视镜的背后装有两套电机和驱动器,可操纵反射镜进行上下及左右转动。通常上下方向的转动用一个电机控制,左右方向的转动用另一个电机控制(图4-1-2)。

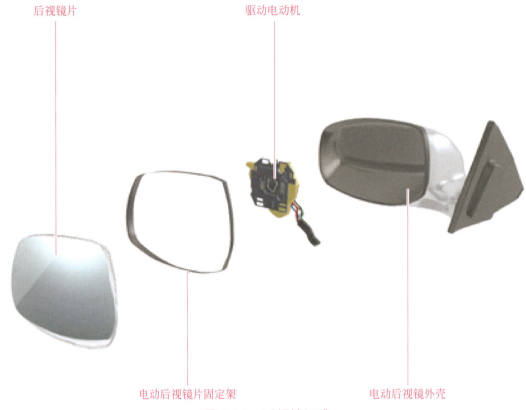

图 4-1-2 后视镜组成

2. 电动后视镜开关电路(图4-1-3)

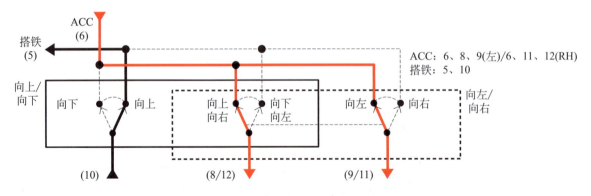

(a) 电动后视镜开关向上电路

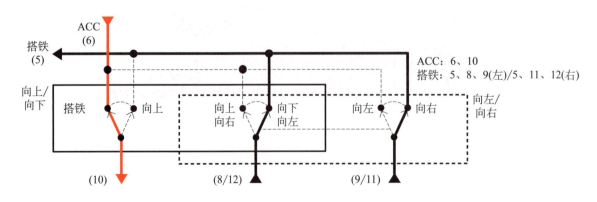

(b) 电动后视镜开关向下电路

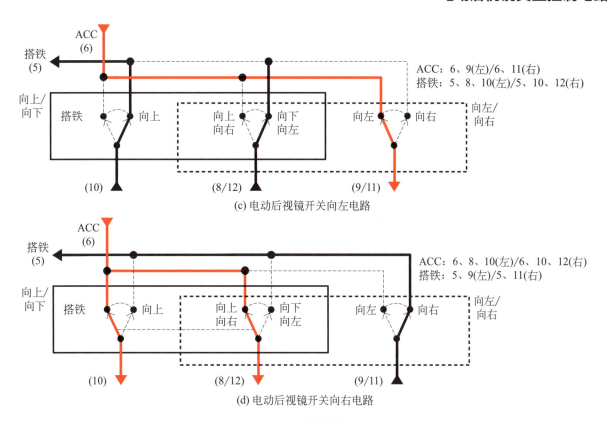

图 4-1-3　电动后视镜开关电路

第二节
电动后视镜的工作原理

电动后视镜的背后装有两套电机和驱动器，可操纵反射镜上下及左右转动。通常上下方向的转动用一个电机控制，左右方向的转动用另一个电机控制。通过改变电机的电流方向，即可完成后视镜的上下及左右调整。每个电动后视镜都有一个独立控制开关，开关杆可多方向移动，可使一个电机工作或两个电机同时工作。

有的电动后视镜还带有伸缩功能，由伸缩开关控制伸缩电机工作，使整个后视镜回转伸出或缩回（图 4-2-1）。

图 4-2-1　电动后视镜工作原理

第三节
电动后视镜的典型控制电路

一、相关部件

后视镜方向开关——控制后视镜向左、向右、向上和向下移动。
后视镜选择开关——允许操作者选择要移动的后视镜。
左侧外部后视镜——包括水平和垂直调节后视镜电机。
右侧外部后视镜——包括水平和垂直调节后视镜电机。

二、大众／奥迪车型电动后视镜典型电路详解——大众迈腾控制电路

这里以大众迈腾车型为例进行介绍，同样适用于大众／奥迪其他车型，限于篇幅不再赘述。

1. 驾驶员侧电动后视镜开关电路（图4-3-1）

后视镜调节开关总成号端子作用说明见表4-3-1。

表4-3-1 迈腾后视镜调节开关总成端子作用说明

序号	作用
T6aq/1	与J386驾驶员侧车门控制单元T32a/8号端子连接
T6aq/2	接地
T6aq/3	与J386驾驶员侧车门控制单元T32a/28号端子连接
T6aq/5	与J386驾驶员侧车门控制单元T32a/6号端子连接
T6aq/6	与J386驾驶员侧车门控制单元T32a/24号端子连接

2. 驾驶员侧电动后视镜总成（图4-3-2）

驾驶员侧电动后视镜总成端子作用说明见表4-3-2。

表4-3-2 迈腾驾驶员侧电动后视镜总成端子作用说明

序号	作用
1	与J386驾驶员侧车门控制单元T16k/1号端子连接
2	与J386驾驶员侧车门控制单元T16k/2号端子连接
3	与J386驾驶员侧车门控制单元T16k/3号端子连接
4	与J386驾驶员侧车门控制单元T16k/4号端子连接
5	与J386驾驶员侧车门控制单元T16k/5号端子连接
7	与J386驾驶员侧车门控制单元T16k/7号端子连接
9	与J386驾驶员侧车门控制单元T16k/9号端子连接
10	与J386驾驶员侧车门控制单元T16k/10号端子连接
11	与J386驾驶员侧车门控制单元T16k/11号端子连接
12	与J386驾驶员侧车门控制单元T16k/12号端子连接
13	与J386驾驶员侧车门控制单元T16k/13号端子连接
14	与J386驾驶员侧车门控制单元T16k/14号端子连接
15	与J386驾驶员侧车门控制单元T16k/15号端子连接

第四章 电动后视镜典型控制电路详解

E43—后视镜调节开关
E48—后视镜调节转换开关
E231—车外后视镜加热按钮
E233—后舱盖摇控开锁按钮
E263—后视镜内折开关
J386—驾驶员车门控制单元
L76—按钮照明灯泡
L78—后视镜调节开关照明灯泡

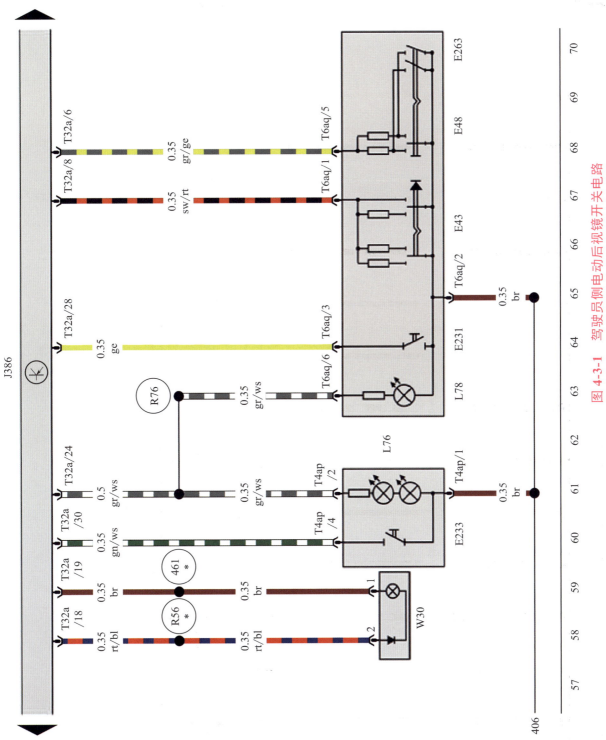

图 4-3-1 驾驶员侧电动后视镜开关电路

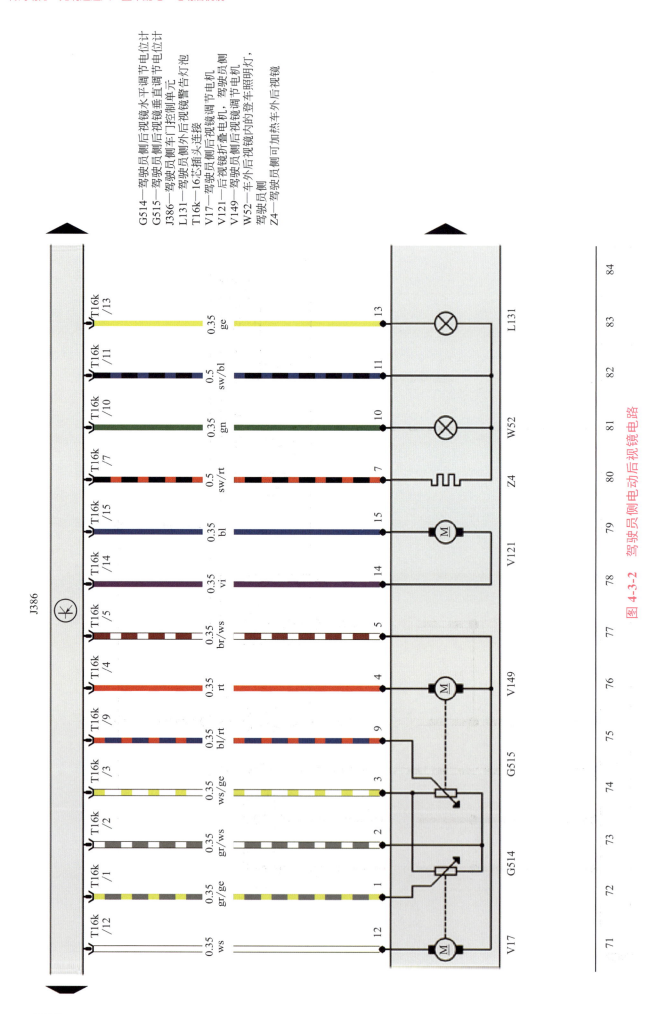

图 4-3-2 驾驶员侧电动后视镜电路

3. 驾驶员侧车门控制单元

J386 驾驶员侧车门控制单元端子作用说明见表 4-3-3。

表 4-3-3　迈腾 J386 驾驶员侧车门控制单元端子作用说明

序号	作用
T20g/15	地址码 131，与 J926 控制单元 T20l/8 号端子连接
T20g/1	地址码 240，与自动防眩的车内后视镜 T6t/4 号端子连接
T20g/10	地址码 241，与自动防眩的车内后视镜 T6t/5 号端子连接
T20g/8	地址码 184，为 CAN-H 与舒适 / 便捷系统连接
T20g/9	地址码 185，为 CAN-L 与舒适 / 便捷系统连接

4. 副驾驶侧电动后视镜电路（图 4-3-3）

副驾驶侧电动后视镜总成和 J387 副驾驶侧车门控制单元端子作用说明见表 4-3-4。

表 4-3-4　迈腾副驾驶侧电动后视镜总成和 J387 副驾驶侧车门控制单元端子作用说明

所在部件	序号	作用
副驾驶员侧电动后视镜总成	1	与 J387 副驾驶侧车门控制单元 T16l/9 号端子连接
	2	与 J387 副驾驶侧车门控制单元 T16l/2 号端子连接
	3	与 J387 副驾驶侧车门控制单元 T16l/3 号端子连接
	4	与 J387 副驾驶侧车门控制单元 T16l/12 号端子连接
	5	与 J387 副驾驶侧车门控制单元 T16l/5 号端子连接
	7	与 J387 副驾驶侧车门控制单元 T16l/7 号端子连接
	9	与 J387 副驾驶侧车门控制单元 T16l/1 号端子连接
	10	与 J387 副驾驶侧车门控制单元 T16l/10 号端子连接
	11	与 J387 副驾驶侧车门控制单元 T16l/11 号端子连接
	12	与 J387 副驾驶侧车门控制单元 T16l/12 号端子连接
	13	与 J387 副驾驶侧车门控制单元 T16l/13 号端子连接
	14	与 J387 副驾驶侧车门控制单元 T16l/14 号端子连接
	15	与 J387 副驾驶侧车门控制单元 T16l/15 号端子连接
J387 副驾驶侧车门控制单元	T20j/8	地址码 187，为 CAN-H 与舒适 / 便捷系统连接
	T20j/9	地址码 188，为 CAN-L 与舒适 / 便捷系统连接
	T20j/18	地址码 19/20，为电源线，与 SC28/25A 保险丝连接
	T20j/20	地址码 24，为电源线，与 SC35/25A 保险丝连接
	T20j/15	地址码 165，与 J927 控制单元 T20k/8 号端子连接

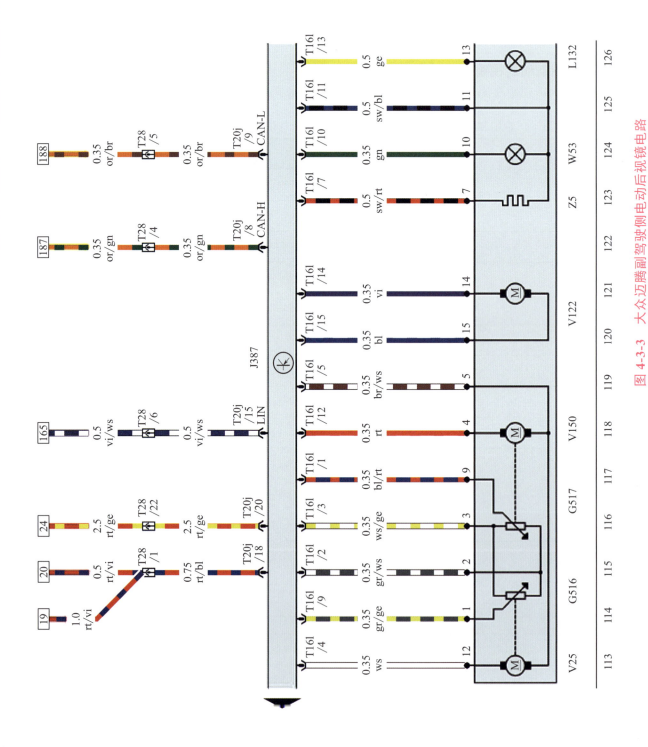

图 4-3-3 大众迈腾副驾驶侧电动后视镜电路

三、别克/雪佛兰/凯迪拉克车型电动后视镜典型电路详解——别克君越控制电路（图4-3-4）

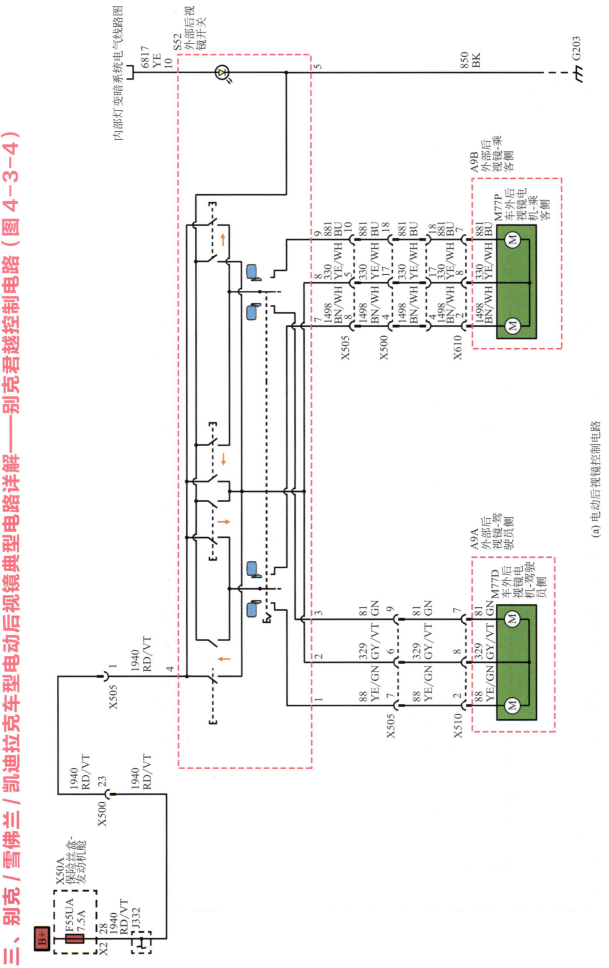

(a) 电动后视镜控制电路

图 4-3-4

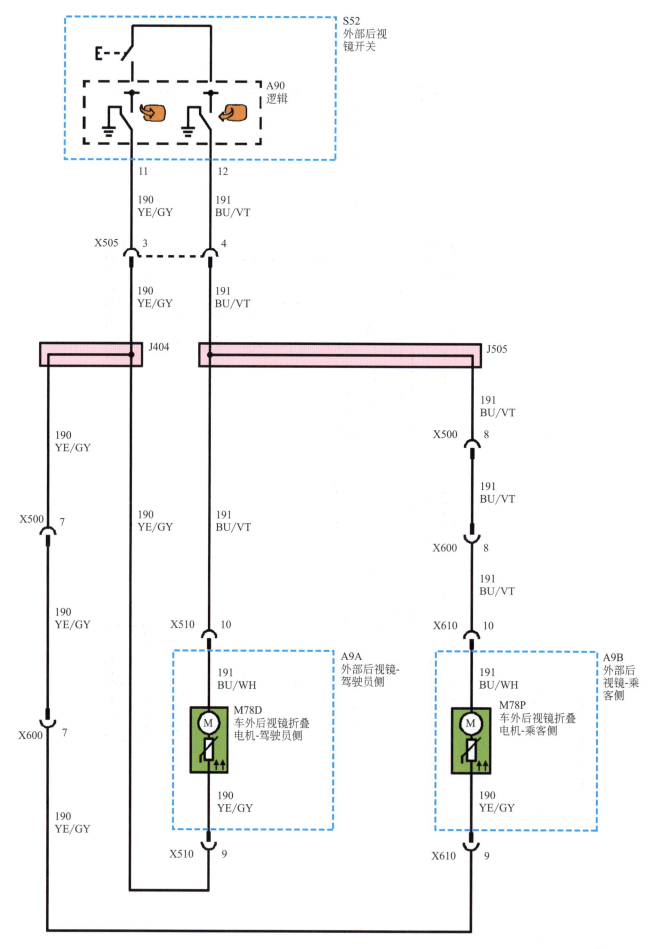

(b) 电动后视镜折叠控制电路

图 4-3-4 别克君越电动后视镜控制电路

这里以别克车型为例进行介绍，同样适用于别克/雪佛兰/凯迪拉克其他车型，限于篇幅不再赘述。

1. 电动后视镜系统控制装置

外部后视镜开关装配有一个后视镜选择开关和一个 4 位后视镜方向开关。

后视镜选择开关允许驾驶员选择欲移动的后视镜，将开关按至 L（左侧）位置启动左侧外部后视镜，或将开关按至 R（右侧）位置启动右侧外部后视镜。

后视镜方向开关是一个 4 位开关，使操作者将所选择的后视镜向上、向下、向左或向右移动。

2. 电动后视镜系统的操作

外部后视镜开关从发动机舱保险丝盒接收流经蓄电池正极电压电路的电流，也接收持续搭铁信号。

方向开关的 4 个位置有多个开关触点。不使用时，方向触点不与任何电路连接。每个触点通过选择开关连接至相应后视镜电机的另一侧。根据选择开关的位置（左侧或右侧），选择开关中断或连接这些电路。

如果后视镜选择开关置于 L（左侧）位置，且按下向上开关，蓄电池电压通过驾驶员侧后视镜电机上升控制电路，提供至驾驶员侧外部后视镜垂直调节电机，并通过驾驶员侧后视镜电机向左/下降控制电路返回到后视镜开关，然后回到搭铁，后视镜将向上移动。如果按下向下开关，驾驶员侧后视镜电机向左/下降控制电路提供蓄电池电压，通过驾驶员侧后视镜电机上升控制电路输送到后视镜开关，然后到搭铁，后视镜则向下移动。

后视镜其余功能的工作和上述方式相同。将后视镜控制开关置于相反位置，向左/向右或向上/向下，会使后视镜电机的电压极性变反，使用相同的电路且后视镜将发生相应的移动。

3. 折叠后视镜

通过电子开关控制折叠后视镜系统，将后视镜选择开关置于中间位置可激活该电子开关。后视镜选择开关置于中间位置时，通过按向下箭头启用折叠/展开功能。折叠/展开开关将根据其当前状态折叠或展开后视镜。当电动折叠或展开功能启用时，蓄电池电压通过相应的折叠或展开控制电路供至折叠电机，且相反的控制电路将电机搭铁。

四、比亚迪车型电动后视镜典型电路详解——比亚迪元控制电路（图 4-3-5）

镜片调节：驾驶员通过镜片的上下左右调节获得最佳的后视镜视野。

手动折叠功能：通过开关控制外后视镜的折叠与展开，提高行车的通过性及对外后视镜的保护。

左前及右前门外后视镜端子作用说明见表 4-3-5。

表 4-3-5　比亚迪元左前及右前门外后视镜端子作用说明

所在部件	序号	作用
左前门外后视镜	T03/1	为外后视镜电机向上信号输入，与左前窗控 T05（B）-4 号端子连接
	T03/2	为外后视镜照脚灯电源输入，与室内灯系统 TJK01-20 号端子连接
	T03/3	为外后视镜折叠信号输入，与 BCM 外后视镜折叠驱动 G64（A）-5 号端子连接
	T03/4	为外后视镜加热信号输入，与自动空调系统 KJG01-18 号端子连接
	T03/8	为外后视镜侧转向灯开启信号输入，与闪光继电器 TJK01-7 号端子连接
	T03/9	为外后视镜向左信号输入，与左前窗控 T05（B）-5 号端子连接

续表

所在部件	序号	作用
左前门外后视镜	T03/10	为外后视镜向右或向下信号输入，与左前窗控 T05（B）-6 号端子连接
	T03/11	为外后视镜展开信号输入，与 BCM 外后视镜展开驱动 G64（C）-1 号端子连接
	T03/12	外后视镜接地
	T03/16	接地
右前门外后视镜	U03/1	为外后视镜电机向上信号输入，与左前窗控 T05（B）-3 号端子连接
	U03/2	外后视镜照脚灯电源输入，与室内灯系统 UJK01-20 号端子连接
	U03/3	为外后视镜折叠信号输入，与 BCM 外后视镜折叠驱动 G64（A）-5 号端子连接
	U03/4	为外后视镜加热信号输入，与自动空调系统 KJG01-18 号端子连接
	U03/8	为外后视镜转向灯开启信号输入，与闪光继电器 UJK01-7 号端子连接
	U03/9	为外后视镜向左信号输入，与左前窗控 T05（B）-2 号端子连接
	U03/10	为外后视镜向右或向下信号输入，与左前窗控 T05（B）-6 号端子连接
	U03/11	为外后视镜展开信号输入，与 BCM 外后视镜展开驱动 G64（C）-1 号端子连接
	U03/12	外后视镜接地
	U03/16	接地

五、吉利车型电动后视镜典型电路详解——帝豪 GS 控制电路（图 4-3-6）

控制电路中端子作用说明见表 4-3-6。

表 4-3-6 帝豪 GS 电动后视镜控制电路端子作用说明

所在部件	序号	作用
外后视镜调节开关	IP16/12	接地
	IP16/13	接 ACC 电源
BCM 控制单元	IP12/50	接电源
	IP12/49	接地
前乘员侧门后视镜	DR18/1	为电动后视镜向右信号输入，与外后视镜调节开关 IP16/4 号端子连接
	DR18/2	为电动后视镜向左或向下信号输入，与外后视镜调节开关 IP16/7 号端子连接
	DR18/3	为电动后视镜向上信号输入，与外后视镜调节开关 IP16/3 号端子连接
	DR18/4	为电动后视镜展开信号输入，与 BCM 控制单元 IP12/51 号端子连接
	DR18/5	为电动后视镜折叠信号输入，与 DCM 控制单元 IP12/52 号端子连接

第四章
电动后视镜典型控制电路详解

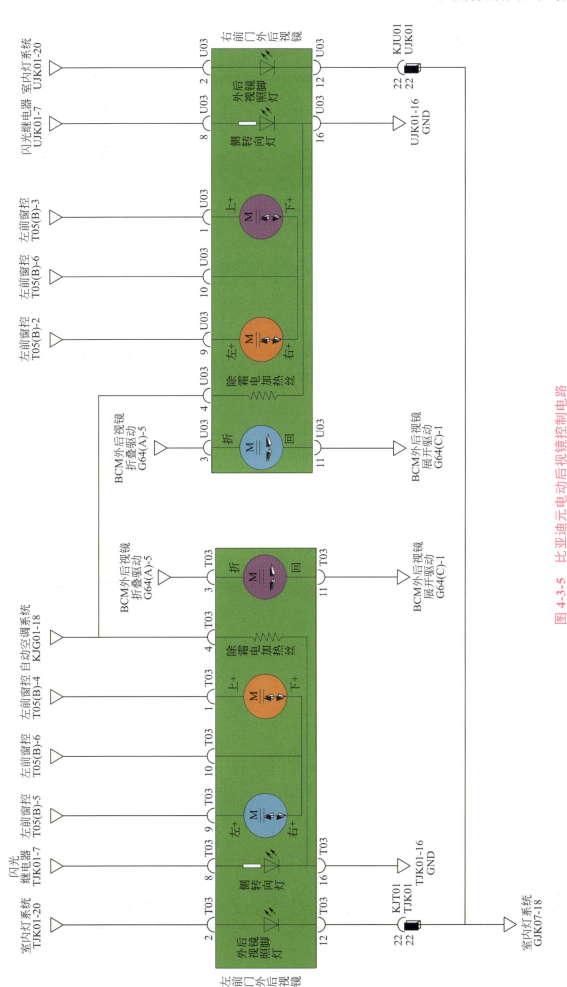

图 4-3-5 比亚迪元电动后视镜控制电路

215

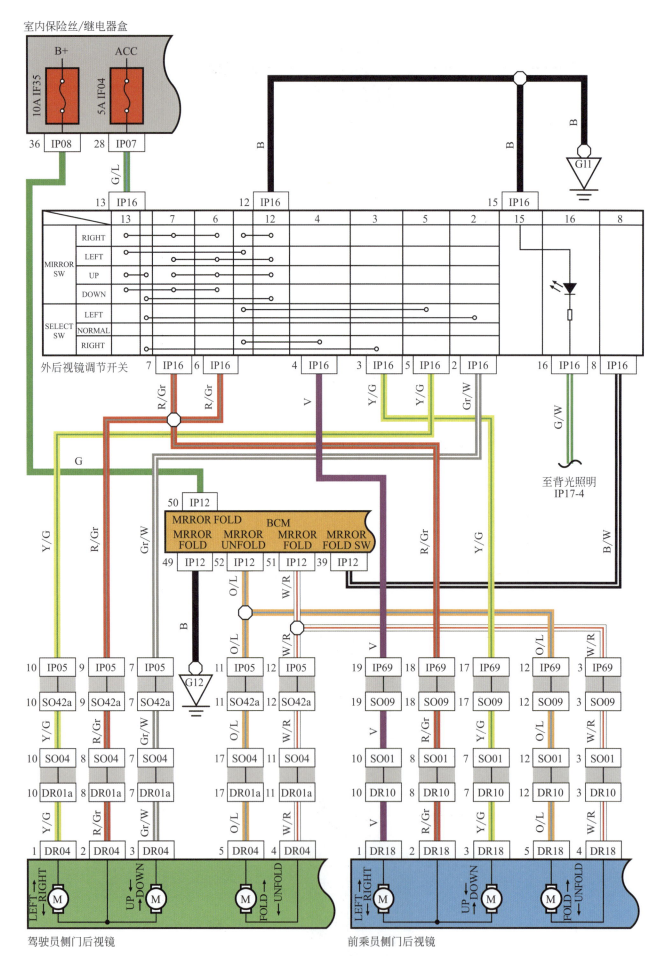

图 4-3-6 吉利帝豪 GS 电动后视镜控制电路

六、长安车型电动后视镜典型电路详解——悦翔 V7 控制电路（图 4-3-7）

外后视镜为内调式电动后视镜，内部有三个电机，通过操纵安装在驾驶员侧仪表板下装饰板上的外后视镜调节开关，可以实现对外后视镜的调整和折叠。外后视镜在到达最大调整角度时停止操作，但电机在按下开关的状态下仍然持续工作，所以按下开关的时间不要超过必要的时间，否则会损坏电机。

电动后视镜及开关端子作用说明见表 4-3-7。

表 4-3-7　悦翔 V7 电动后视镜及开关端子作用说明

所在部件	序号	作用
电动后视镜开关	P03/7	接地
	P03/8	接 ACC 电源
左电动后视镜	D05/1	为电动后视镜向上信号输入，与电动后视镜开关 P03/4 号端子连接
	D05/2	为电动后视镜向下或向右信号输入，与电动后视镜开关 P03/6 号端子连接
	D05/3	为电动后视镜向左信号输入，与电动后视镜开关 P03/5 号端子连接
	D05/7	为电动后视镜展开信号输入，与电动后视镜开关 P03/9 号端子连接
	D05/8	为电动后视镜折叠信号输入，与电动后视镜开关 P03/10 号端子连接
右电动后视镜	D11/1	为电动后视镜向上信号输入，与电动后视镜开关 P03/3 号端子连接
	D11/2	为电动后视镜向下或向右信号输入，与电动后视镜开关 P03/6 号端子连接
	D11/3	为电动后视镜向左信号输入，与电动后视镜开关 P03/2 号端子连接
	D11/7	为电动后视镜展开信号输入，与电动后视镜开关 P03/9 号端子连接
	D11/8	为电动后视镜折叠信号输入，与电动后视镜开关 P03/10 号端子连接

七、丰田车型电动后视镜典型电路详解——卡罗拉控制电路（图 4-3-8）

车外后视镜开关总成 18 号端子为接地；
车外后视镜开关总成 19 号端子为 ACC 电源。

1. 左侧电动后视镜工作电路

❶ 左侧电动后视镜向左调整

将选择开关的"左"触点、方向控制开关的"左"和"上"触点闭合，电流经 ACC 保险丝流过组合开关"左"触点，再流经车外后视镜开关总成 16 号端子，再流经左侧电动后视镜总成 6 号端子，再由左侧电动后视镜总成 7 号端子流出，再流经方向控制开关，搭铁。

❷ 左侧电动后视镜向右调整

将选择开关的"左"触点、方向控制开关的"右"和"右下"触点闭合，电流经 ACC 保险丝流过组合开关"右下"触点，再流经车外后视镜开关总成 17 号端子，再流经左侧电动后视镜总成 7 号端子，再由左侧电动后视镜总成 6 号端子流出，再流经车外后视镜开关总成，搭铁。

❸ 左侧电动后视镜向上调整

将选择开关的"左"触点、方向控制开关的"上"和"左上"触点闭合，电流经 ACC 保险丝流过组合开关"上"触点，再流经车外后视镜开关总成 15 号端子，再流经左侧电动后视镜总成 3 号端子，再由左侧电动后视镜总成 7 号端子流出，再流经方向控制开关，搭铁。

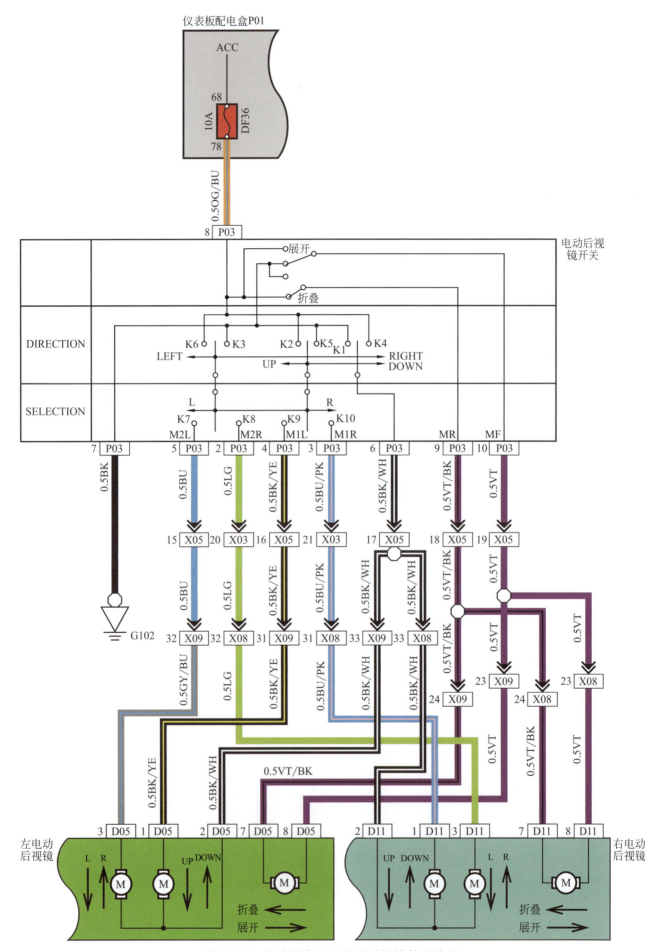

图 4-3-7 长安悦翔 V7 电动后视镜控制电路

第四章
电动后视镜典型控制电路详解

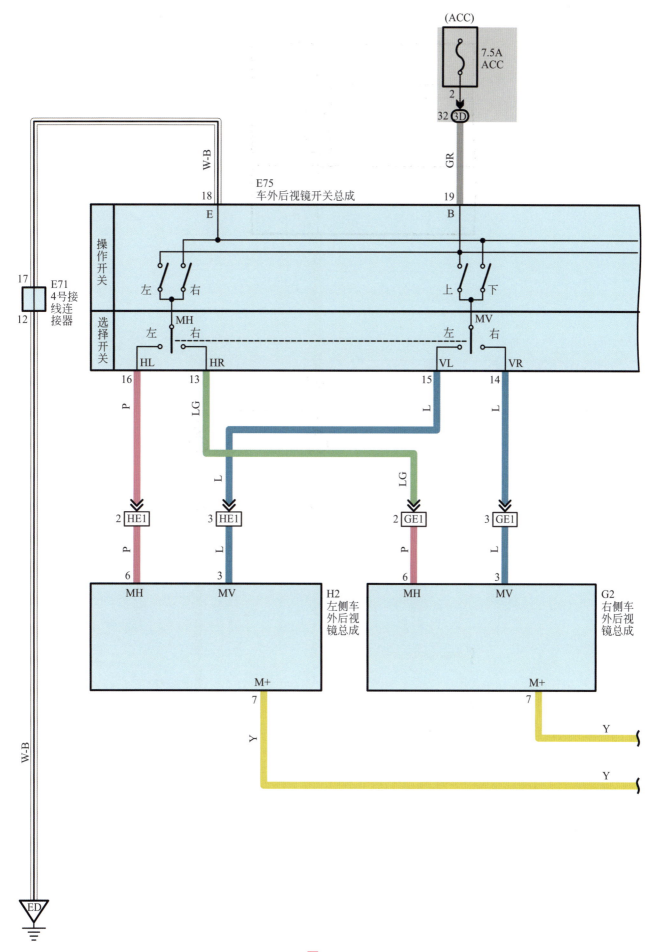

图 4-3-8

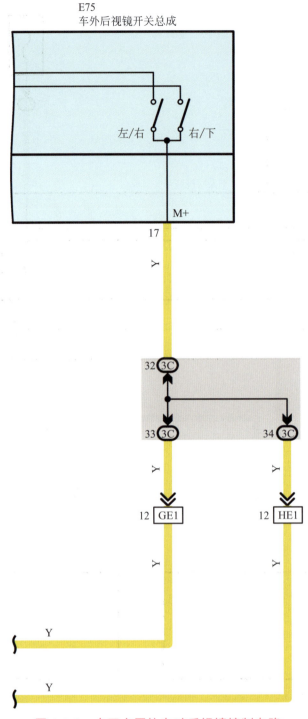

图 4-3-8　丰田卡罗拉电动后视镜控制电路

❹ 左侧电动后视镜向下调整

将选择开关的"左"触点、方向控制开关的"下"和"右下"触点闭合，电流经 ACC 保险丝流过组合开关"右下"触点，再流经车外后视镜开关总成 17 号端子，再流经左侧电动后视镜总成 7 号端子，再由左侧电动后视镜总成 3 号端子流出，再流经车外后视镜开关总成，搭铁。

2. 右侧电动后视镜工作电路

❶ 右侧电动后视镜向左调整

将选择开关的"右"触点、方向控制开关的"左"和"上"触点闭合，电流经 ACC 保险丝流过组合开关"左"触点，再流经车外后视镜开关总成 13 号端子，再流经右侧电动后视镜总成 6 号端子，再由右侧电动后视镜总成 7 号端子流出，再流经方向控制开关，搭铁。

❷ 右侧电动后视镜向右调整

将选择开关的"右"触点、方向控制开关的"右"和"右下"触点闭合，电流经 ACC 保险丝流过组合开关"右下"触点，再流经车外后视镜开关总成 17 号端子，再流经左侧电动后视镜总成 7 号端子，再由右侧电动后视镜总成 6 号端子流出，再流经车外后视镜开关总成，搭铁。

❸ 右侧电动后视镜向上调整

将选择开关的"右"触点、方向控制开关的"上"和"左上"触点闭合，电流经 ACC 保险丝流过组合开关"上"触点，再流经车外后视镜开关总成 14 号端子，再流经右侧电动后视镜总成 3 号端子，再由右侧电动后视镜总成 7 号端子流出，再流经方向控制开关，搭铁。

❹ 右侧电动后视镜向下调整

将选择开关的"右"触点、方向控制开关的"下"和"右下"触点闭合，电流经 ACC 保险丝流过组合开关"右下"触点，再流经车外后视镜开关总成 17 号端子，再流经右侧电动后视镜总成 7 号端子，再由右侧电动后视镜总成 3 号端子流出，再流经车外后视镜开关总成，搭铁。

八、本田车型电动后视镜典型电路详解——XR-V 控制电路（图 4-3-9）

电动后视镜开关 4 号端子为 IG2 电源，蓄电池正极 → A1 号（100A）保险丝 → D1-2 号（30A）保险丝 → IG2 → C24 号（7.5A）保险丝 → 电动后视镜开关 4 号端子。

1. 左侧电动后视镜工作电路

当调整左侧电动后视镜向上时，电动后视镜开关 1 号端子 → 左侧电动后视镜 1 号端子 → 左侧电动后视镜 2 号端子 → 电动后视镜开关 9 号端子 → 接地；

当调整左侧电动后视镜向下时，电动后视镜开关 9 号端子 → 左侧电动后视镜 2 号端子 → 左侧电动后视镜 1 号端子 → 电动后视镜开关 1 号端子 → 接地；

当调整左侧电动后视镜向左时，电动后视镜开关 9 号端子 → 左侧电动后视镜 2 号端子 → 左侧电动后视镜 3 号端子 → 电动后视镜开关 7 号端子 → 接地；

当调整左侧电动后视镜向右时，电动后视镜开关 7 号端子 → 左侧电动后视镜 3 号端子 → 左侧电动后视镜 2 号端子 → 电动后视镜开关 9 号端子 → 接地。

2. 右侧电动后视镜工作电路

当调整右侧电动后视镜向上时，电动后视镜开关 1 号端子 → 右侧电动后视镜 1 号端子 → 右侧电动后视镜 2 号端子 → 电动后视镜开关 8 号端子 → 接地；

当调整右侧电动后视镜向下时，电动后视镜开关 8 号端子 → 右侧电动后视镜 2 号端子 → 右侧电动后视镜 1 号端子 → 电动后视镜开关 1 号端子 → 接地；

当调整右侧电动后视镜向左时，电动后视镜开关 8 号端子 → 右侧电动后视镜 2 号端子 → 右侧电动后视镜 3 号端子 → 电动后视镜开关 6 号端子 → 接地；

当调整右侧电动后视镜向右时，电动后视镜开关 6 号端子 → 右侧电动后视镜 3 号端子 → 右侧电动后视镜 2 号端子 → 电动后视镜开关 8 号端子 → 接地。

不同操作状态下左右两侧电动后视镜端子极性见表 4-3-8。

表 4-3-8　左右两侧电动后视镜端子极性

操作	1 号端子 [14]	2 号端子 [13]	3 号端子 [12]
向上倾斜	⊕	⊖	
向下倾斜	⊖	⊕	
向左摆动		⊕	⊖
向右摆动		⊖	⊕

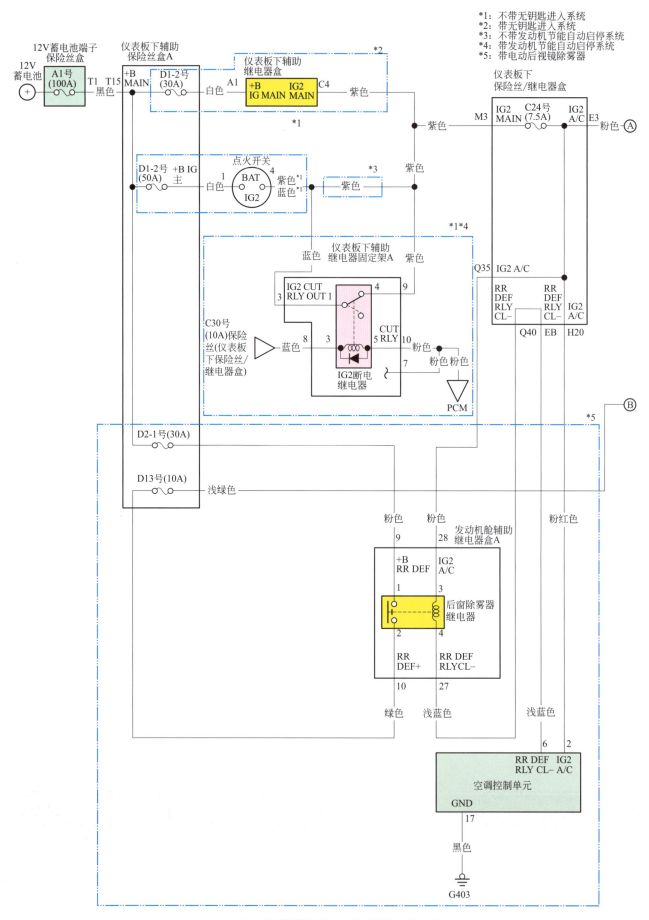

(a) 电动后视镜开关及电动后视镜电源电路

第四章
电动后视镜典型控制电路详解

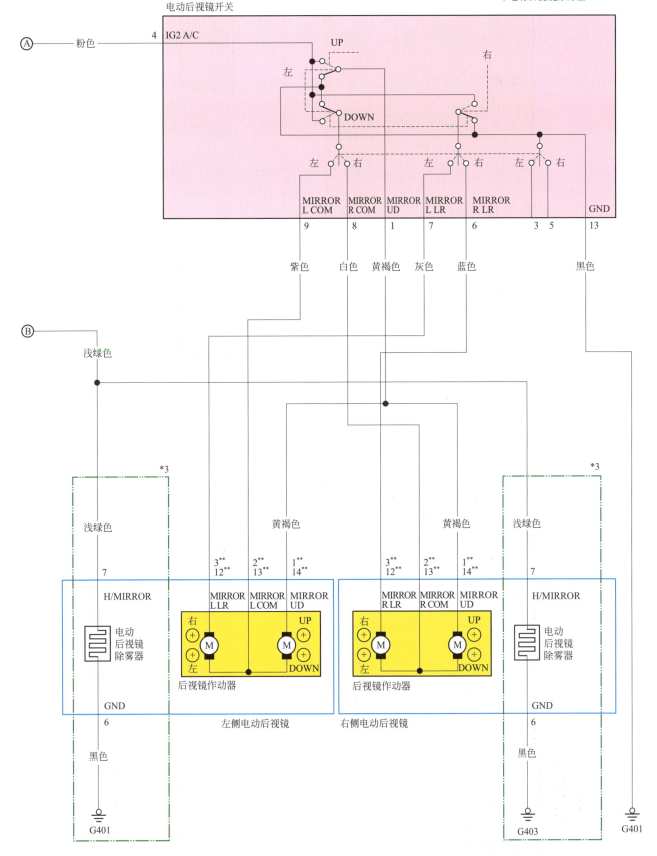

(b) 电动后视镜开关及电动后视镜电路

图 4-3-9　本田 XR-V 电动后视镜控制电路

223

九、马自达车型电动后视镜典型电路详解——CX-4 控制电路（图 4-3-10）

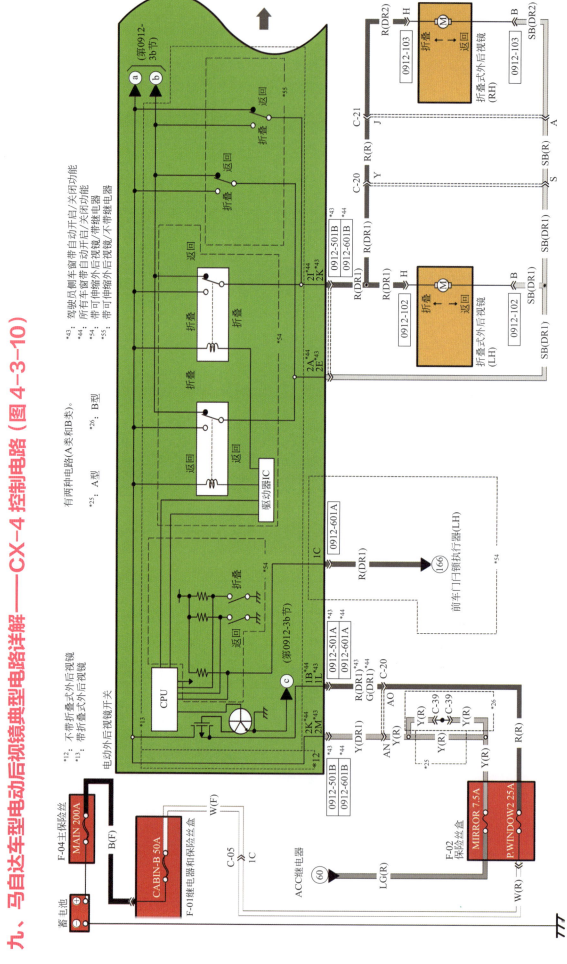

(a) 电动外后视镜电源电路

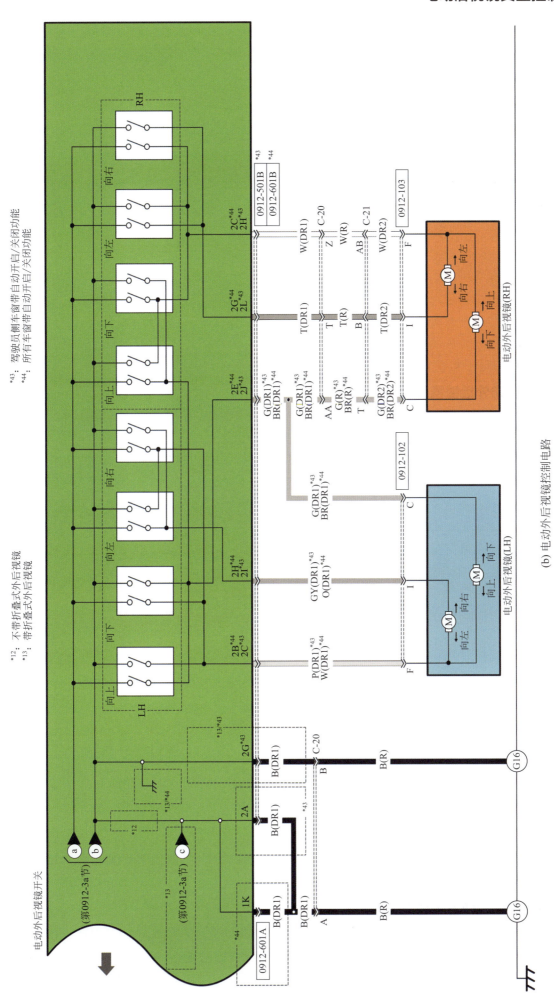

(b) 马自达 CX-4 电动后视镜控制电路

图 4-3-10 马自达 CX-4 电动后视镜控制电路

电动外后视镜开关 1B 端子接蓄电池常电源，蓄电池正极→ F-04 主保险丝 MAIN（200A）→ 50A 保险丝→ 25A 保险丝→电动外后视镜开关 1B 端子。

电动外后视镜开关 2K 端子接 ACC 电源。

当电动外后视镜折叠时，折叠继电器线圈通电，使常开开关闭合，电流经 2I 端子流向左前／右前电动外后视镜 H 端子，然后搭铁，此时电动外后视镜折叠。

当电动外后视镜展开时，返回继电器线圈通电，使常开开关闭合，电流经 2A 端子流向左前／右前电动外后视镜 B 端子，然后搭铁，此时电动外后视镜展开。

1. 左侧电动外后视镜工作电路

当调整左侧电动外后视镜向上时，电动外后视镜开关 2E 端子→左侧电动外后视镜 C 端子→左侧电动外后视镜 F 端子→电动外后视镜开关→搭铁。

当调整左侧电动外后视镜向下时，电动外后视镜开关 2B 端子→左侧电动外后视镜 F 端子→左侧电动外后视镜 C 端子→电动外后视镜开关→搭铁。

当调整左侧电动外后视镜向左时，电动外后视镜开关 2H 端子→左侧电动外后视镜 I 端子→左侧电动外后视镜 F 端子→电动外后视镜开关→搭铁。

当调整左侧电动外后视镜向右时，电动外后视镜开关 2B 端子→左侧电动外后视镜 F 端子→左侧电动外后视镜 I 端子→电动外后视镜开关→搭铁。

2. 右侧电动外后视镜工作电路

当调整右侧电动外后视镜向上时，电动外后视镜开关 2E 端子→右侧电动外后视镜 C 端子→右侧电动外后视镜 F 端子→电动外后视镜开关→搭铁。

当调整右侧电动外后视镜向下时，电动外后视镜开关 2C 端子→右侧电动外后视镜 F 端子→右侧电动外后视镜 C 端子→电动外后视镜开关→搭铁。

当调整右侧电动外后视镜向左时，电动外后视镜开关 2G 端子→右侧电动外后视镜 I 端子→右侧电动外后视镜 F 端子→电动外后视镜开关→搭铁。

当调整右侧电动外后视镜向右时，电动外后视镜开关 2C 端子→右侧电动外后视镜 F 端子→右侧电动外后视镜 I 端子→电动外后视镜开关→搭铁。

十、日产车型电动后视镜典型电路详解——轩逸控制电路（图 4-3-11）

车门后视镜遥控开关 13 号端子接电源；
车门后视镜遥控开关 12 号端子接地。

1. 左侧车门后视镜工作电路

当调整左侧车门后视镜向上时，车门后视镜遥控开关 2 号端子→左侧车门后视镜 5 号端子→左侧车门后视镜 7 号端子→车门后视镜遥控开关→搭铁。

当调整左侧车门后视镜向下时，车门后视镜遥控开关 6 号端子→左侧车门后视镜 7 号端子→左侧车门后视镜 5 号端子→车门后视镜遥控开关→搭铁。

当调整左侧车门后视镜向左时，车门后视镜遥控开关 5 号端子→左侧车门后视镜 6 号端子→左侧车门后视镜 7 号端子→车门后视镜遥控开关→搭铁。

当调整左侧车门后视镜向右时，车门后视镜遥控开关 6 号端子→左侧车门后视镜 7 号端子→左侧车门后视镜 6 号端子→车门后视镜遥控开关→搭铁。

2. 右侧车门后视镜工作电路

当调整右侧车门后视镜向上时，车门后视镜遥控开关 3 号端子→右侧车门后视镜 5 号端子→右侧车门后视镜 7 号端子→车门后视镜遥控开关→搭铁。

第四章 电动后视镜典型控制电路详解

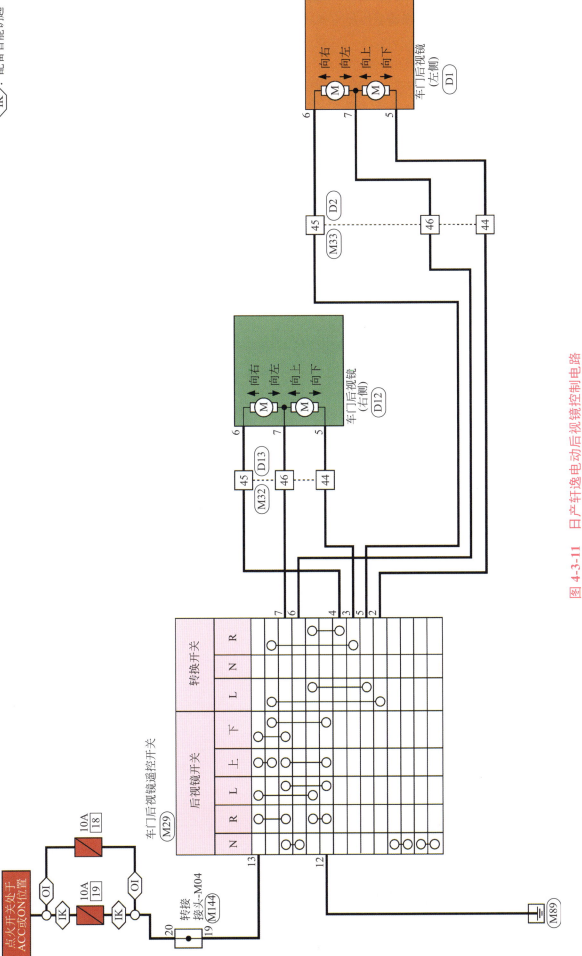

图 4-3-11 日产轩逸电动后视镜控制电路

当调整右侧车门后视镜向下时，车门后视镜遥控开关 7 号端子→右侧车门后视镜 7 号端子→右侧车门后视镜 5 号端子→车门后视镜遥控开关→搭铁。

当调整右侧车门后视镜向左时，车门后视镜遥控开关 4 号端子→右侧车门后视镜 6 号端子→右侧车门后视镜 7 号端子→车门后视镜遥控开关→搭铁。

当调整右侧车门后视镜向右时，车门后视镜遥控开关 7 号端子→右侧车门后视镜 7 号端子→右侧车门后视镜 6 号端子→车门后视镜遥控开关→搭铁。

十一、现代／起亚车型电动后视镜典型电路详解——现代名图 MISTRA 控制电路（图 4-3-12）

电动室外后视镜开关 6 号端子接 ACC 电源；
电动室外后视镜开关 5 号端子接地。

1. 左侧电动室外后视镜工作电路

当调整左侧电动室外后视镜向上时，电动室外后视镜开关 8 号端子→驾驶员侧（左侧）电动室外后视镜 3 号端子→左侧电动室外后视镜 2 号端子→电动室外后视镜开关→搭铁。

当调整左侧电动室外后视镜向下时，电动室外后视镜开关 10 号端子→左侧电动室外后视镜 2 号端子→左侧电动室外后视镜 3 号端子→电动室外后视镜开关→搭铁。

当调整左侧电动室外后视镜向左时，电动室外后视镜开关 9 号端子→左侧电动室外后视镜 1 号端子→左侧电动室外后视镜 3 号端子→电动室外后视镜开关→搭铁。

当调整左侧电动室外后视镜向右时，电动室外后视镜开关 8 号端子→左侧电动室外后视镜 3 号端子→左侧电动室外后视镜 1 号端子→电动室外后视镜开关→搭铁。

2. 右侧电动室外后视镜工作电路

当调整右侧电动室外后视镜向上时，电动室外后视镜开关 12 号端子→副驾驶侧（右侧）电动室外后视镜 3 号端子→右侧电动室外后视镜 2 号端子→电动室外后视镜开关→搭铁。

当调整右侧电动室外后视镜向下时，电动室外后视镜开关 10 号端子→右侧电动室外后视镜 2 号端子→右侧电动室外后视镜 3 号端子→电动室外后视镜开关→搭铁。

当调整右侧电动室外后视镜向左时，电动室外后视镜开关 11 号端子→右侧电动室外后视镜 1 号端子→右侧电动室外后视镜 3 号端子→电动室外后视镜开关→搭铁。

当调整右侧电动室外后视镜向右时，电动室外后视镜开关 12 号端子→右侧电动室外后视镜 3 号端子→右侧电动室外后视镜 1 号端子→电动室外后视镜开关→搭铁。

十二、福特车型电动后视镜典型电路详解——锐界控制电路

1. 驾驶员侧车门模块电源电路（图 4-3-13）

驾驶员侧车门模块 1 号端子接常电电源；
驾驶员侧车门模块 2 号端子接地。

2. 驾驶员侧车门车窗控制开关电路（图 4-3-14）

驾驶员侧车门车窗控制开关 1 号端子接电源；
驾驶员侧车门车窗控制开关 3 号端子为 LIN 总线。

3. 驾驶员侧车外电动后视镜电路（图 4-3-15）

驾驶员侧车外电动后视镜端子作用说明见表 4-3-9。

第四章 电动后视镜典型控制电路详解

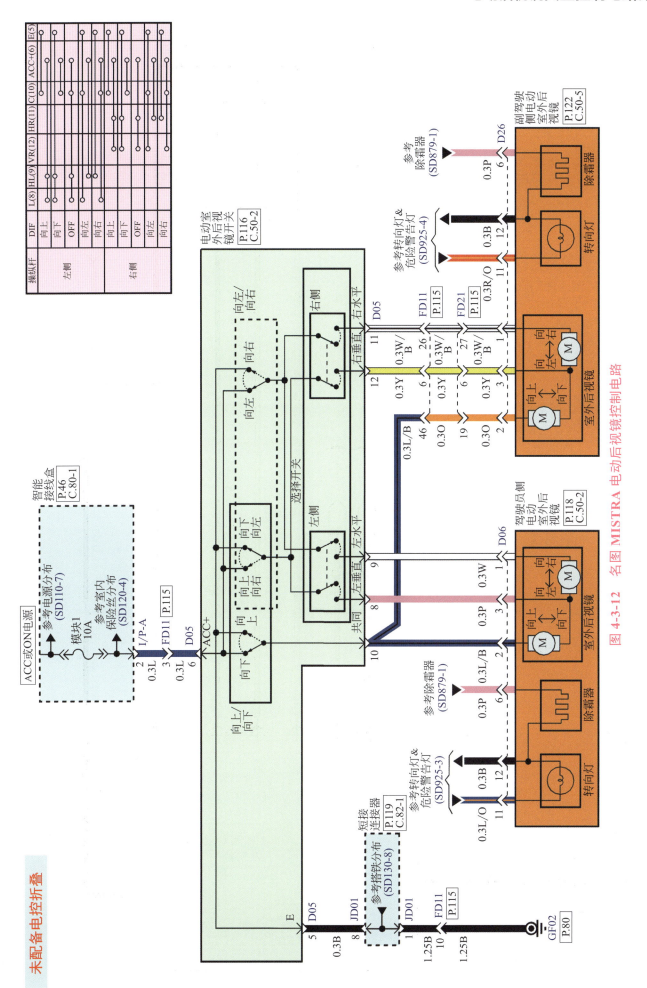

图 4-3-12 名图 MISTRA 电动后视镜控制电路

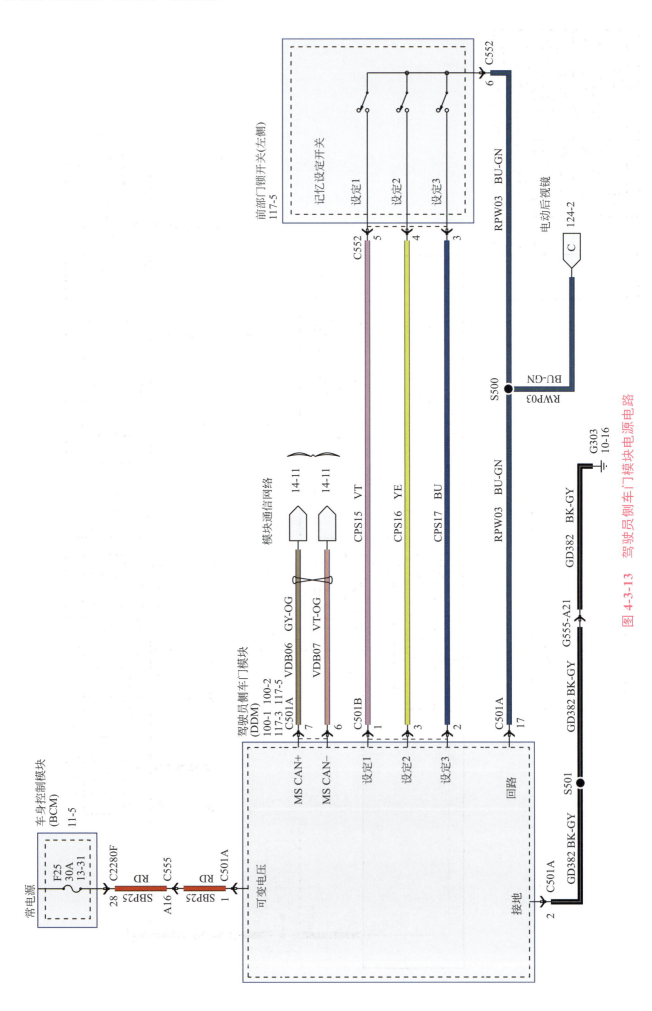

图 4-3-13 驾驶员侧车门模块电源电路

第四章
电动后视镜典型控制电路详解

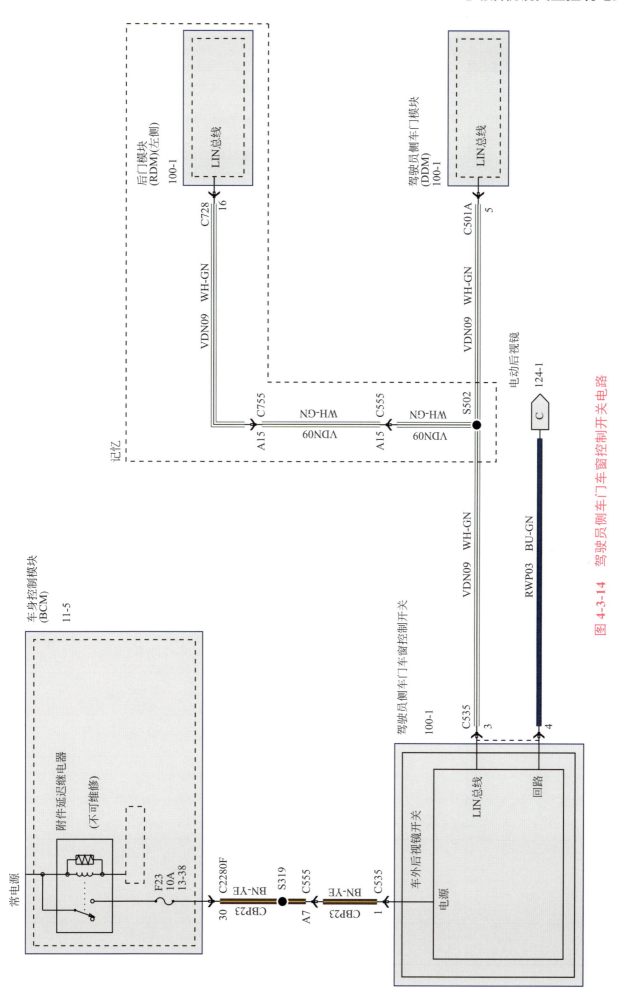

图 4-3-14 驾驶员侧车门车窗控制开关电路

表 4-3-9　锐界驾驶员侧车外电动后视镜端子作用说明

序号	作用
1	为防眩目后视镜负极
2	为电动后视镜加热，与驾驶员侧车门模块 20 号端子连接
3	为驾驶员侧转向灯，与驾驶员侧车门模块 4 号端子连接
4	为驾驶员侧地面照明，与驾驶员侧车门模块 10 号端子连接
5	为电动后视镜向上调整，与驾驶员侧车门模块 7 号端子连接
6	为电动后视镜展开信号
10	为电动后视镜折叠信号
11	为电动后视镜向右或向下调整，与驾驶员侧车门模块 17 号端子连接
14	为电动后视镜向左调整，与驾驶员侧车门模块 8 号端子连接
15	为防眩目后视镜正极
16	接地

4. 乘客侧车外电动后视镜电路（图 4-3-16）

乘客侧车外电动后视镜端子作用说明见表 4-3-10。

表 4-3-10　锐界乘客侧车外电动后视镜端子作用说明

序号	作用
2	为电动后视镜加热，与乘客侧车门模块 20 号端子连接
3	为乘客侧转向灯，与乘客侧车门模块 4 号端子连接
4	为乘客侧地面照明，与乘客侧车门模块 10 号端子连接
5	为电动后视镜向上调整，与乘客侧车门模块 7 号端子连接
6	为电动后视镜展开信号
10	为电动后视镜折叠信号
11	为电动后视镜向右或向下调整，与乘客侧车门模块 17 号端子连接
14	电动后视镜向左调整，与乘客侧车门模块 8 号端子连接
16	接地

第四章 电动后视镜典型控制电路详解

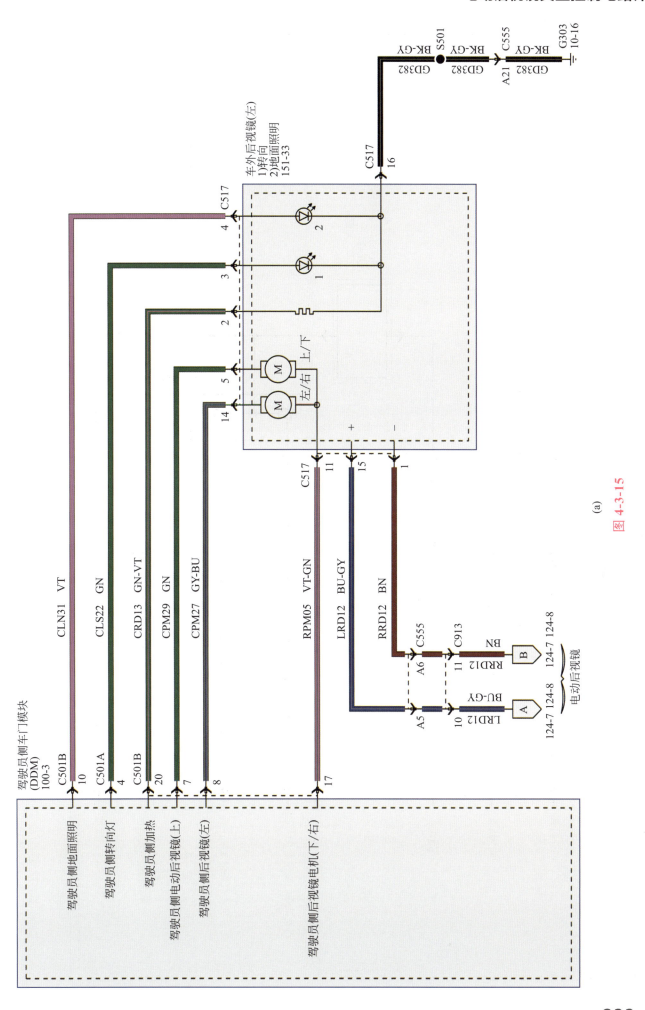

图 4-3-15 (a)

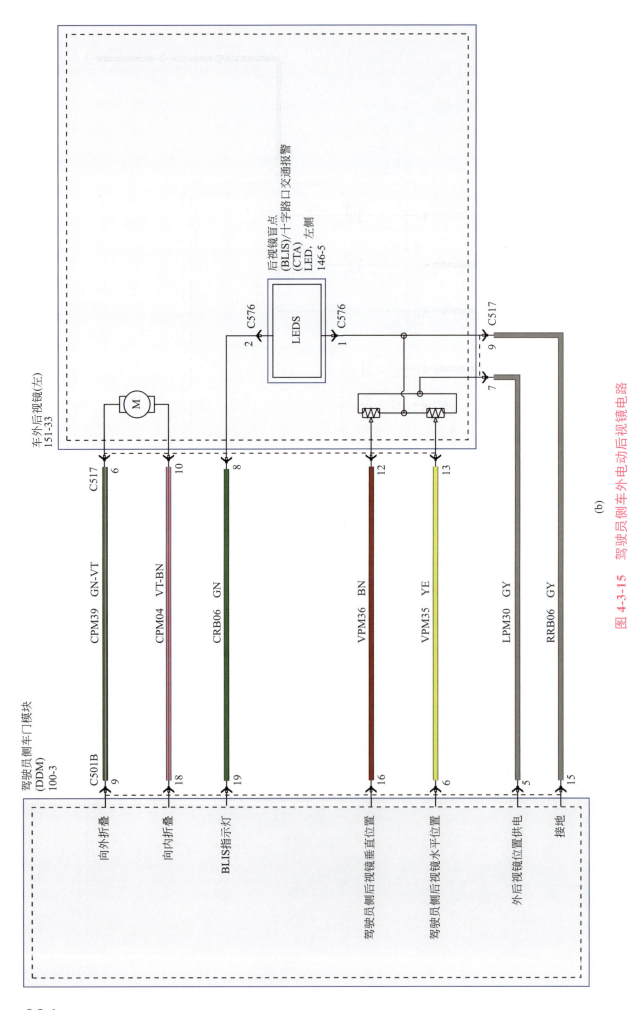

图 4-3-15 驾驶员侧车外电动后视镜电路

第四章
电动后视镜典型控制电路详解

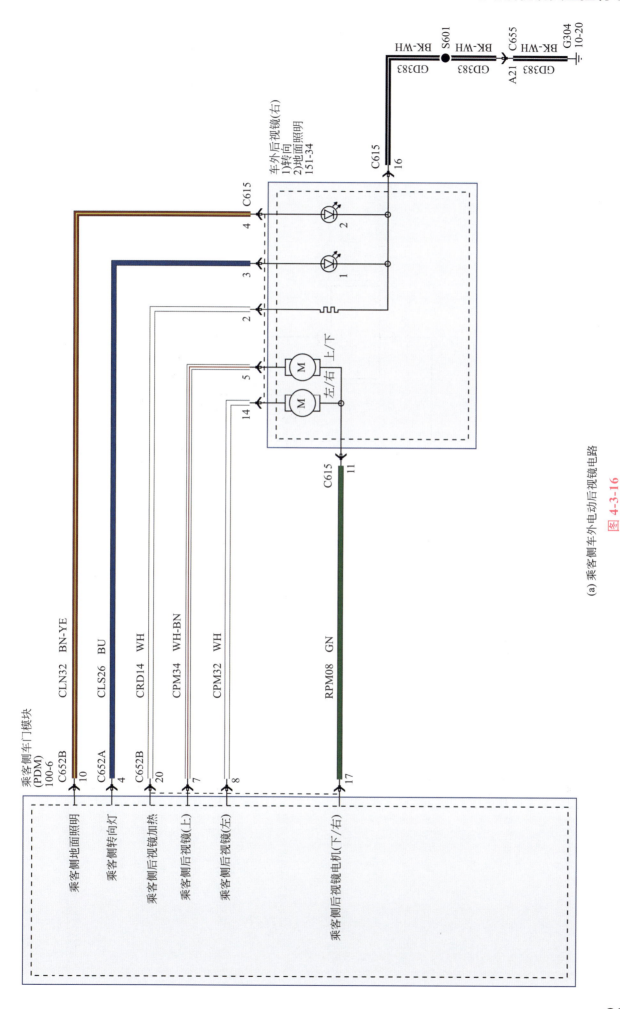

图 4-3-16 (a) 乘客侧车外电动后视镜电路

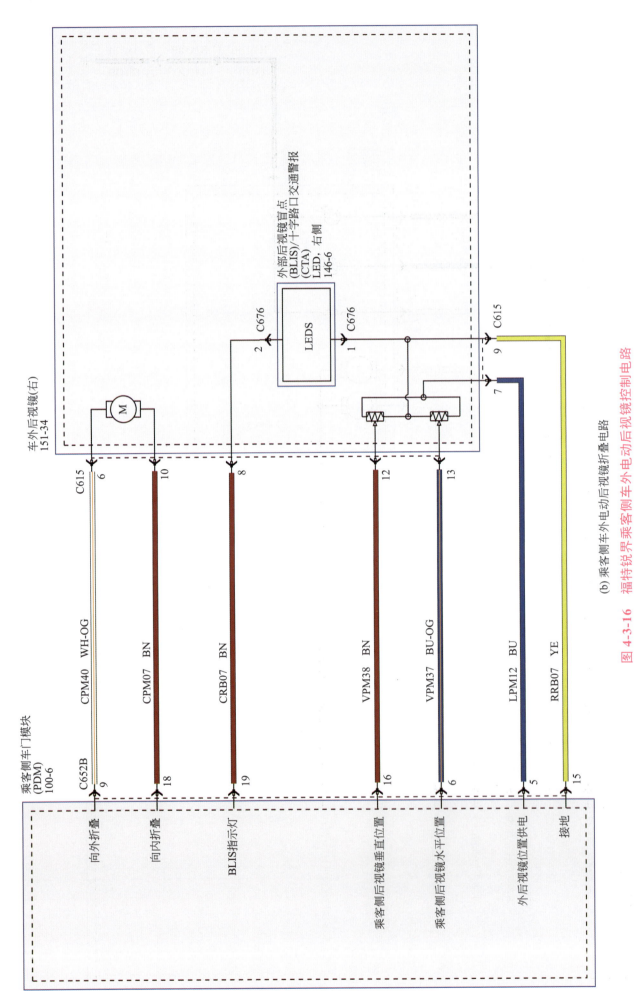

(b) 乘客侧界乘客侧车外电动后视镜折叠电路

图 4-3-16 福特锐界乘客侧车外电动后视镜控制电路

十三、传祺车型电动后视镜典型电路详解——GS5 控制电路（图 4-3-17）

车外后视镜调节开关 DD11-1 号端子接地；

车外后视镜调节开关 DD11-3 号端子为电源线，点火开关 ACC（IP27-3）挡位→IF29（7.5A）保险丝→车外后视镜调节开关 DD11-3 号端子→搭铁。

1. 左侧车外电动后视镜工作电路

当左侧车外电动后视镜向左调整时，电路为，车外后视镜调节开关 DD11-10 号端子→左侧车外电动后视镜 DD03-1 号端子→左侧车外电动后视镜 DD03-3 号端子→车外后视镜调节开关→搭铁；

当左侧车外电动后视镜向右调整时，电路为，车外后视镜调节开关 DD11-11 号端子→左侧车外电动后视镜 DD03-3 号端子→左侧车外电动后视镜 DD03-1 号端子→车外后视镜调节开关→搭铁；

当左侧车外电动后视镜向上调整时，电路为，车外后视镜调节开关 DD11-5 号端子→左侧车外电动后视镜 DD03-2 号端子→左侧车外电动后视镜 DD03-3 号端子→车外后视镜调节开关→搭铁；

当左侧车外电动后视镜向下调整时，电路为，车外后视镜调节开关 DD11-11 号端子→左侧车外电动后视镜 DD03-3 号端子→左侧车外电动后视镜 DD03-2 号端子→车外后视镜调节开关→搭铁。

2. 右侧车外电动后视镜工作电路

当右侧车外电动后视镜向左调整时，电路为，车外后视镜调节开关 DD11-6 号端子→右侧车外电动后视镜 PD02-1 号端子→右侧车外电动后视镜 PD02-3 号端子→车外后视镜调节开关→搭铁；

当右侧车外电动后视镜向右调整时，电路为，车外后视镜调节开关 DD11-12 号端子→右侧车外电动后视镜 PD02-3 号端子→右侧车外电动后视镜 PD02-1 号端子→车外后视镜调节开关→搭铁；

当右侧车外电动后视镜向上调整时，电路为，车外后视镜调节开关 DD11-5 号端子→右侧车外电动后视镜 PD02-2 号端子→右侧车外电动后视镜 PD02-3 号端子→车外后视镜调节开关→搭铁；

当右侧车外电动后视镜向下调整时，电路为，车外后视镜调节开关 DD11-12 号端子→右侧车外电动后视镜 PD02-3 号端子→右侧车外电动后视镜 PD02-2 号端子→车外后视镜调节开关→搭铁。

3. 车外电动后视镜折叠和展开电路

当车外电动后视镜折叠时，电路为，车外后视镜调节开关 DD11-8 号端子→左侧车外电动后视镜 DD03-7 号端子／右侧车外电动后视镜 PD02-7 号端子→搭铁；

当车外电动后视镜展开时，电路为，车外后视镜调节开关 DD11-7 号端子→左侧车外电动后视镜 DD03-8 号端子／右侧车外电动后视镜 PD02-8 号端子→搭铁。

十四、宝马车型电动后视镜典型电路详解——3 系 G28 控制电路（图 4-3-18）

外后视镜调节驱动器集成在外后视镜内，能够水平和垂直调节外后视镜，并由驾驶员侧车门开关组控制。

此调节驱动器也执行后视镜记忆功能，通过两个电位计将中间位置通报给电子装置并进行存储。从而有针对性地移到这些中间位置。

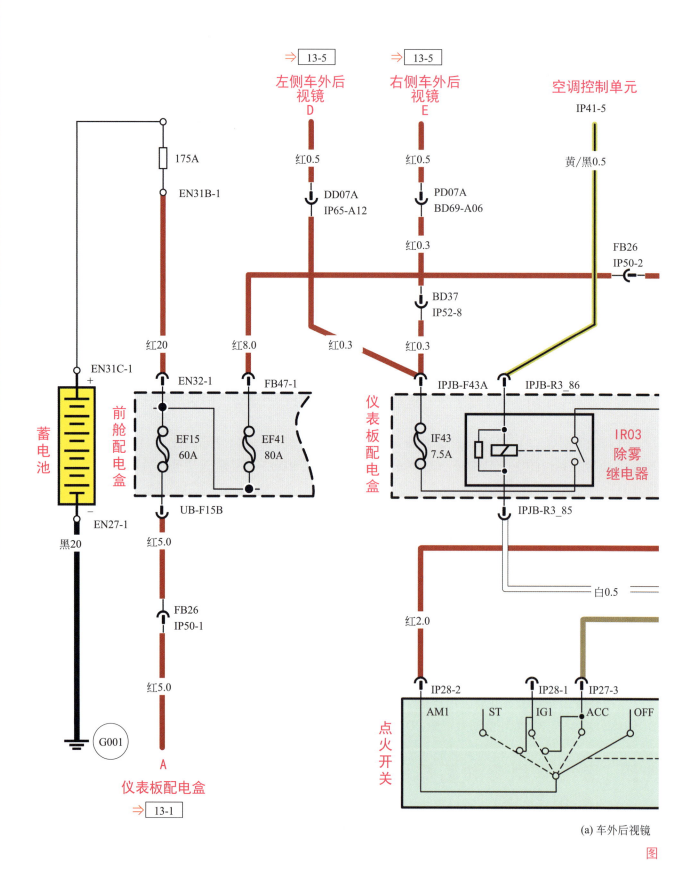

(a) 车外后视镜

第四章 电动后视镜典型控制电路详解

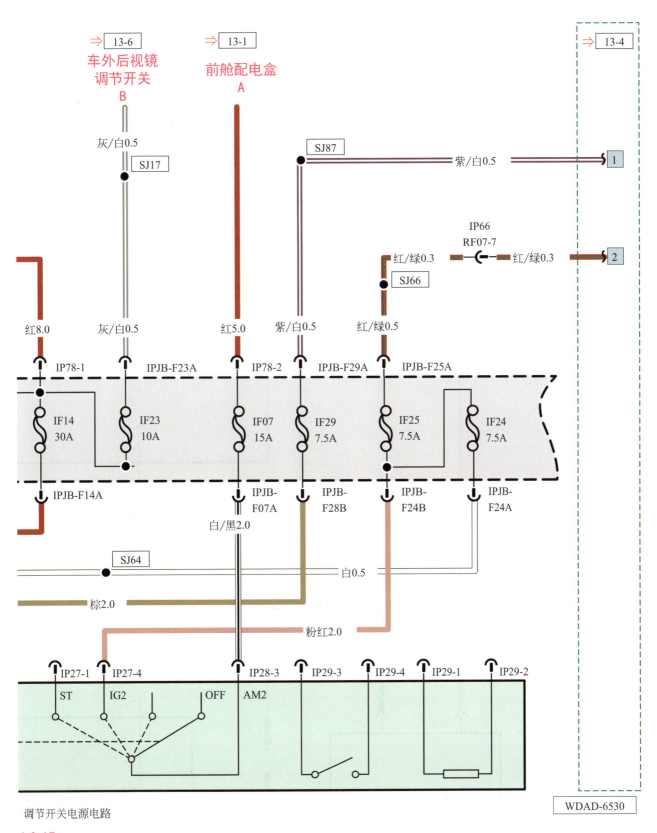

调节开关电源电路

4-3-17

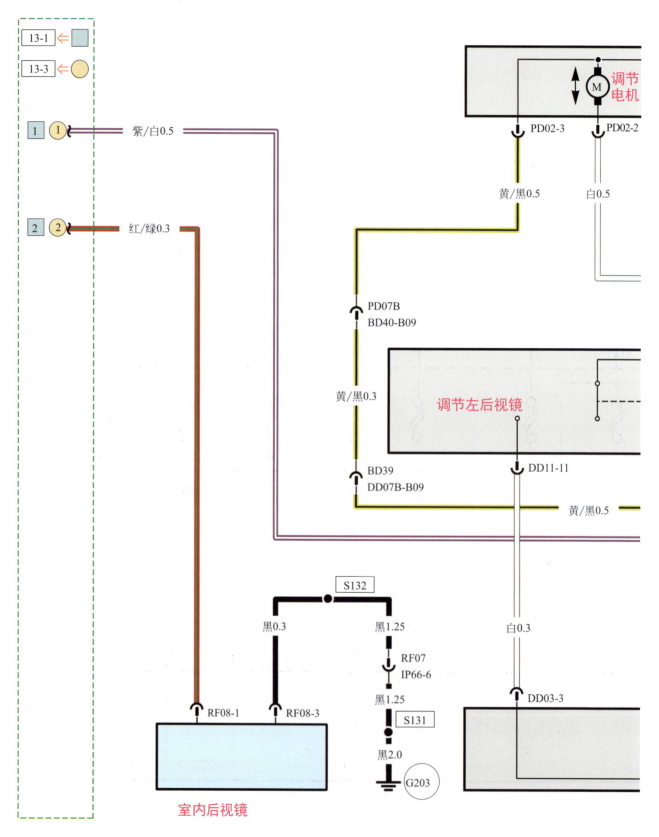

(b) 车外后视镜

第四章
电动后视镜典型控制电路详解

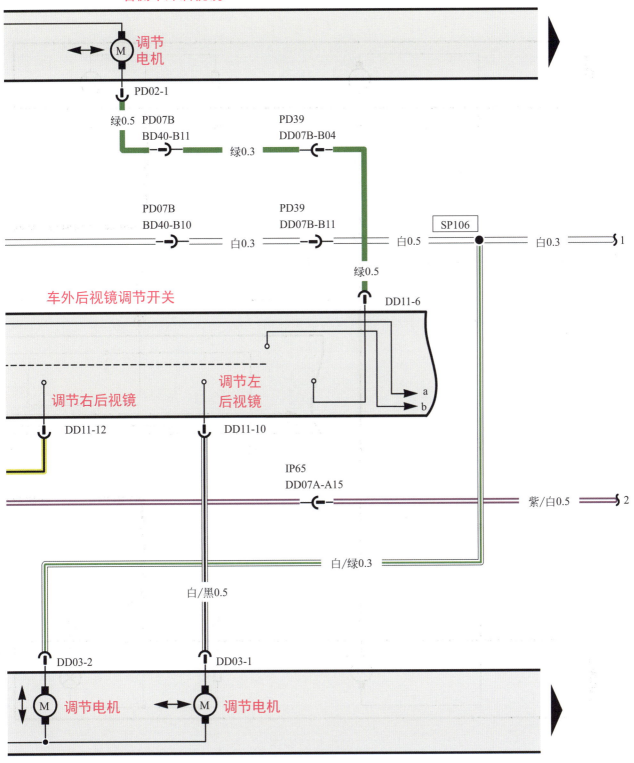

调节开关电路1

4-3-17

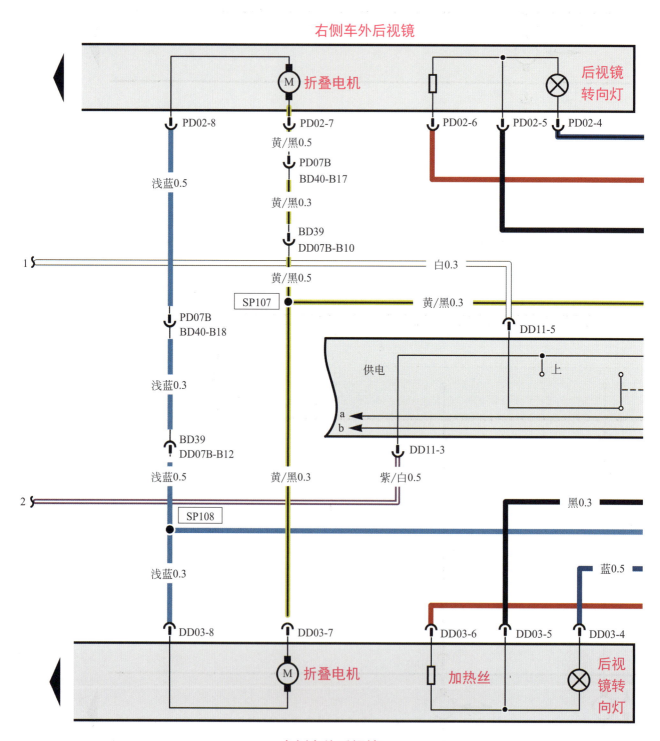

(c) 车外后视镜

第四章
电动后视镜典型控制电路详解

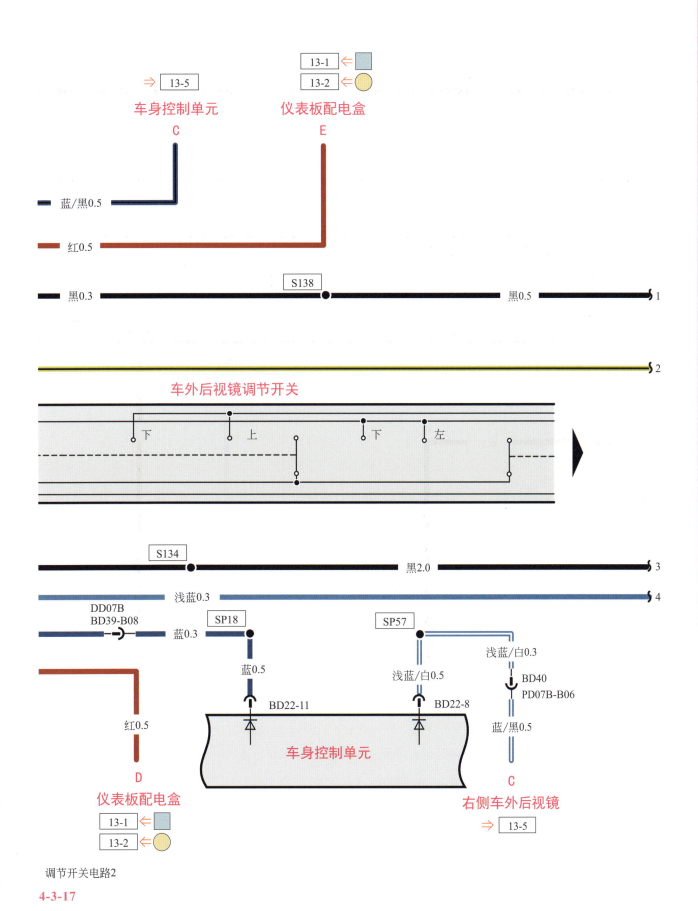

调节开关电路2

4-3-17

243

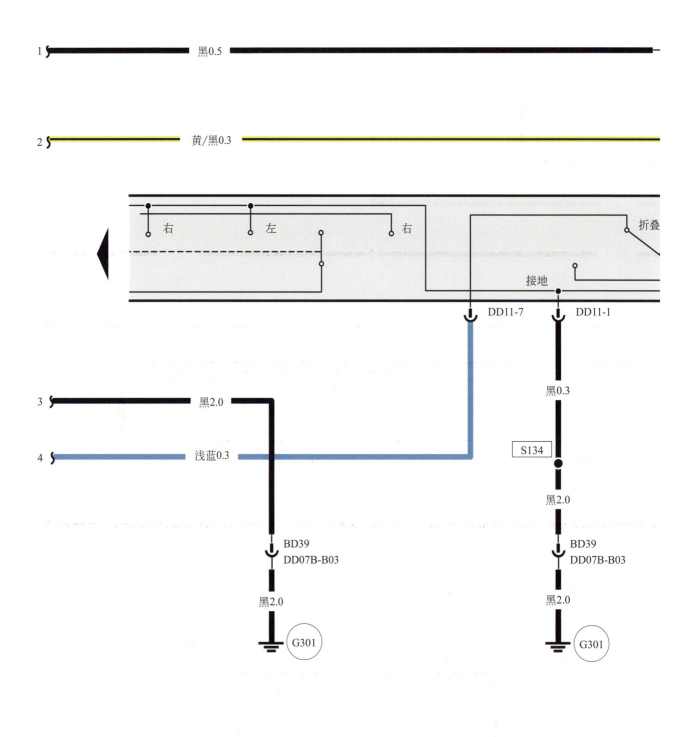

(d) 车外后视镜

图 4-3-17 传祺 GS5

第四章 电动后视镜典型控制电路详解

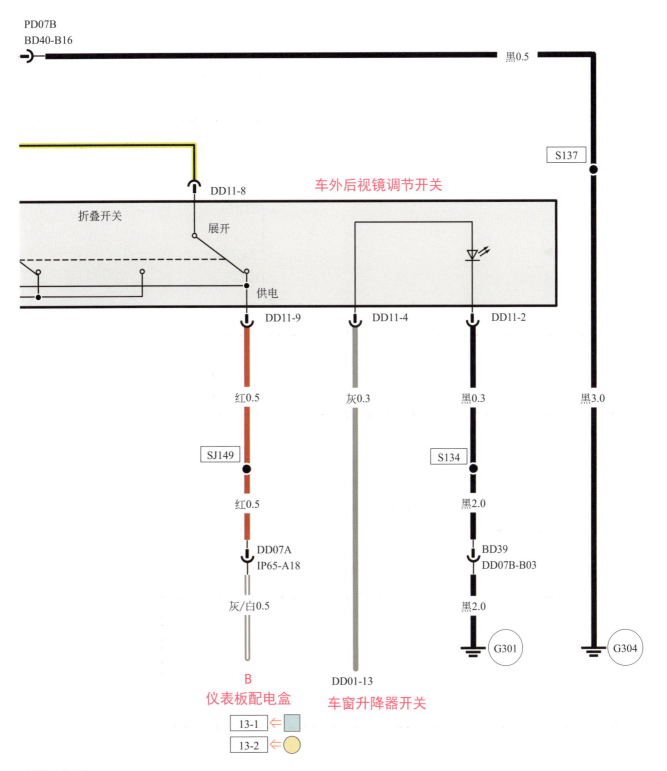

调节开关电路3
电动后视镜控制电路

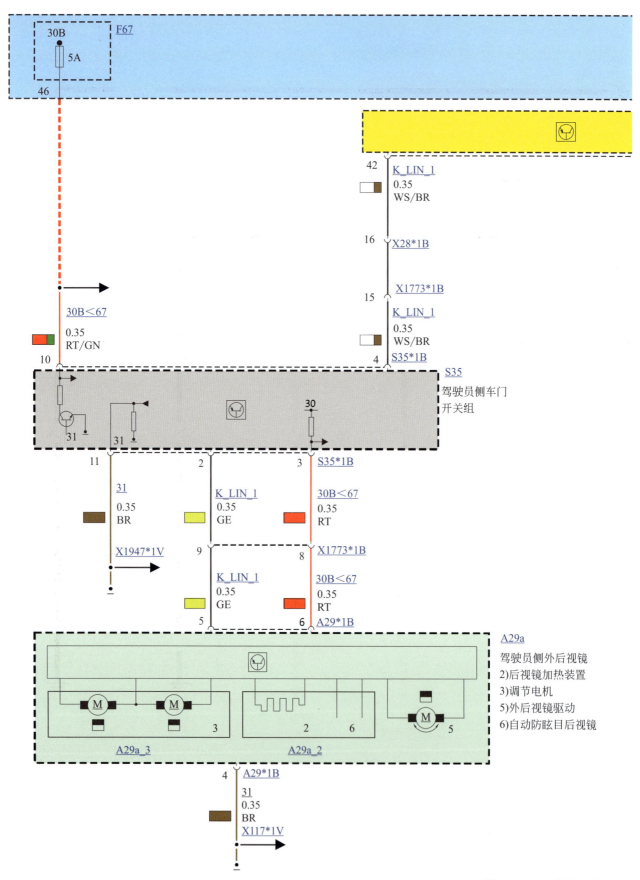

图 4-3-18 宝马 3 系 G28

第四章

电动后视镜典型控制电路详解

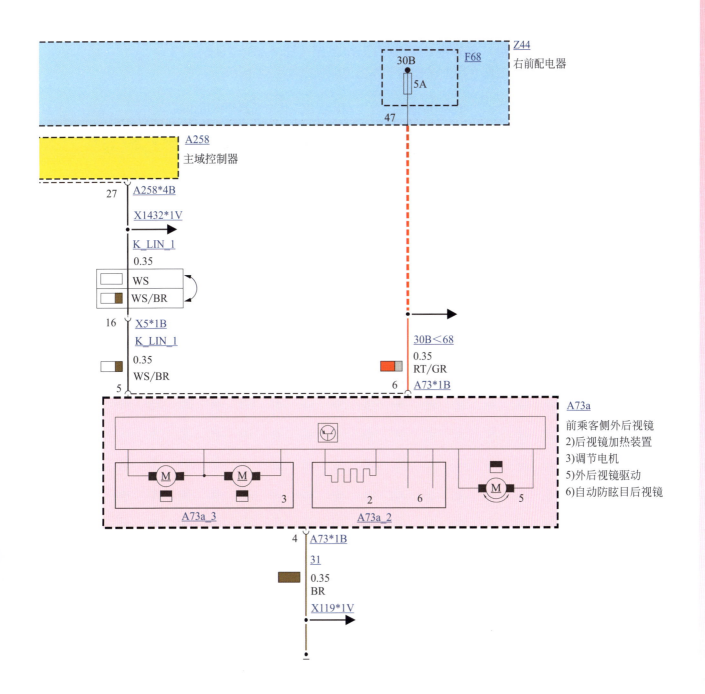

电动后视镜控制电路

十五、长城车型电动后视镜典型电路详解——哈弗 H6 控制电路

1. 左侧（主驾驶员侧）车外电动后视镜工作电路（图 4-3-19）

左侧车外电动后视镜工作电路中部分端子作用说明如表 4-3-11 所示。

表 4-3-11 哈弗 H6 左侧车外电动后视镜工作电路端子作用说明

所在部件	序号	作用
主驾驶侧门模块	A-2	接电源
电动外后视镜开关	1	为后视镜折叠/打开信号线，与主驾驶侧门模块 A-10 号端子连接
	2	后视镜调节信号-方向，与主驾驶侧门模块 A-24 号端子连接
	3	为后视镜模块接地，与主驾驶侧门模块 A-17 号端子连接
	4	为信号线，与 BCM 模块 J1-16 号端子连接
	5	为后视镜模块电源，与主驾驶侧门模块 A-4 号端子连接
	7	为后视镜调节信号-右侧 2，与主驾驶侧门模块 A-23 号端子连接
	8	为后视镜调节信号-左侧 1，与主驾驶侧门模块 A-11 号端子连接
	10	为后视镜调节信号-右侧 1，与主驾驶侧门模块 A-12 号端子连接
	11	为后视镜调节信号-左侧 2，与主驾驶侧门模块 A-22 号端子连接
主驾驶侧外后视镜	1	为后视镜位置传感器电源，与主驾驶侧门模块 B-19 号端子连接
	2	为后视镜镜面上/下调节输出，与主驾驶侧门模块 B-2 号端子连接
	3	为后视镜位置传感器 Y 轴信号，与主驾驶侧门模块 B-18 号端子连接
	4	为后视镜镜面左/右调节输出，与主驾驶侧门模块 B-3 号端子连接
	5	为 X 轴方向位置传感器信号，与主驾驶侧门模块 B-17 号端子连接
	6	为后视镜镜面调节公共端，与主驾驶侧门模块 B-1 号端子连接
	7	为后视镜位置传感器接地，与主驾驶侧门模块 B-15 号端子连接
	8	为后视镜除霜，与主驾驶侧门模块 B-20 号端子连接
	11	为后视镜折叠，与主驾驶侧门模块 B-4 号端子连接
	12	为后视镜展开，与主驾驶侧门模块 B-5 号端子连接
	13	为后视镜照地灯，与主驾驶侧门模块 B-9 号端子连接

第四章 电动后视镜典型控制电路详解

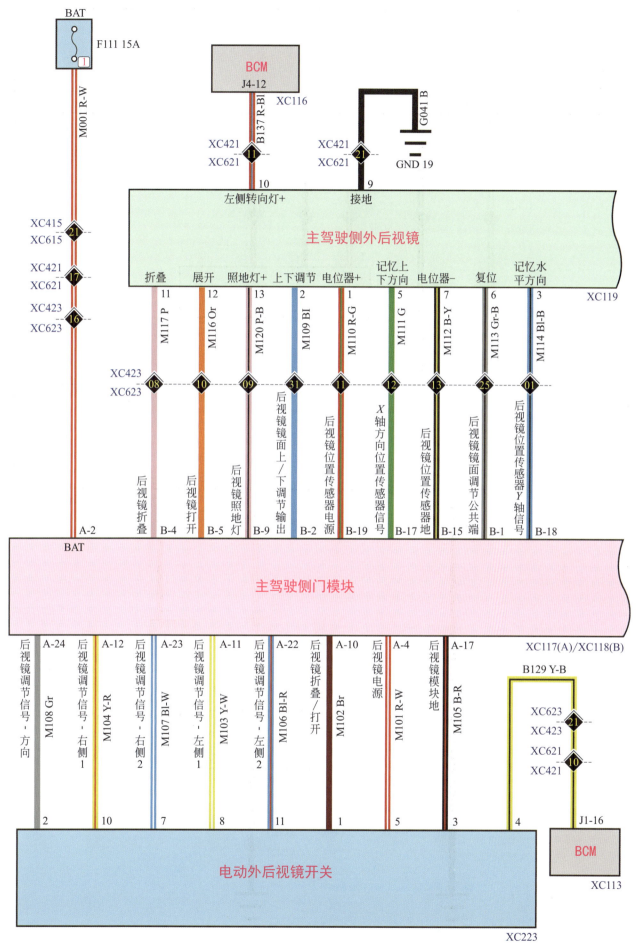

图 4-3-19

249

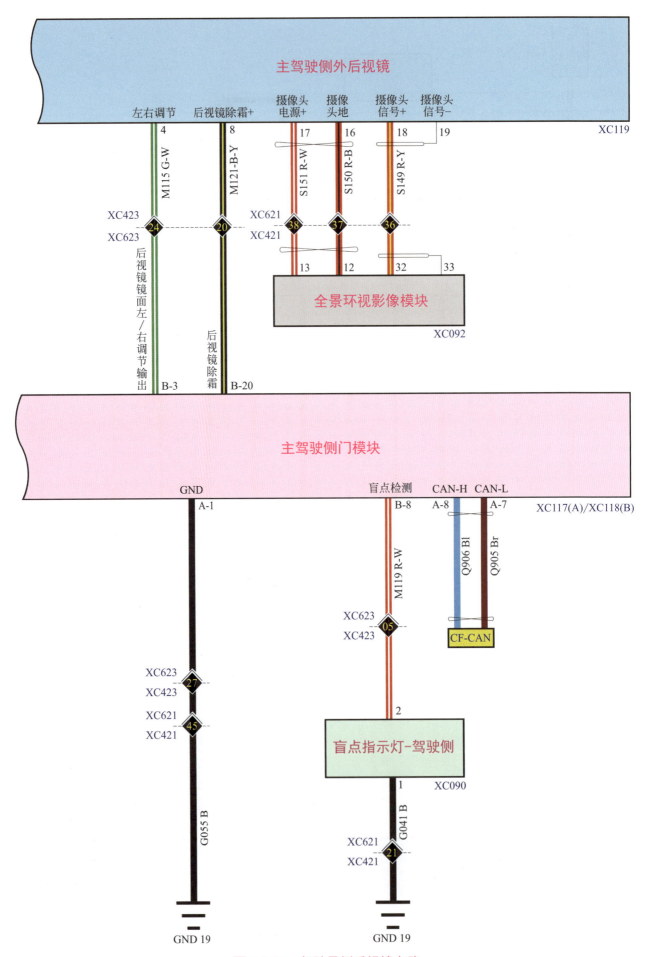

图 4-3-19　驾驶员侧后视镜电路

2. 右侧（副驾驶侧）车外电动后视镜工作电路（图 4-3-20）

右侧车外电动后视镜工作电部部分端子作用说明见表 4-3-12。

表 4-3-12　哈弗 H6 副驾驶侧车外电动后视镜工作电路端子作用说明

所在部件	序号	作用
副驾驶侧门模块	A-1	接地
	A-2	接电源
副驾驶侧外后视镜	1	为后视镜位置传感器电源，与副驾驶侧门模块 B-19 号端子连接
	2	为后视镜镜面上/下调节输出，与副驾驶侧门模块 B-2 号端子连接
	3	为后视镜位置传感器 Y 轴信号，与副驾驶侧门模块 B-18 号端子连接
	4	为后视镜镜面左/右调节输出，与副驾驶侧门模块 B-3 号端子连接
	5	为 X 轴方向位置传感器信号，与副驾驶侧门模块 B-17 号端子连接
	6	为后视镜镜面调节公共端，与副驾驶侧门模块 B-1 号端子连接
	7	为后视镜位置传感器接地，与副驾驶侧门模块 B-15 号端子连接
	8	为后视镜除霜，与副驾驶侧门模块 B-20 号端子连接
	11	为后视镜折叠，与副驾驶侧门模块 B-4 号端子连接
	12	为后视镜展开，与副驾驶侧门模块 B-5 号端子连接
	13	为后视镜照地灯，与副驾驶侧门模块 B-9 号端子连接

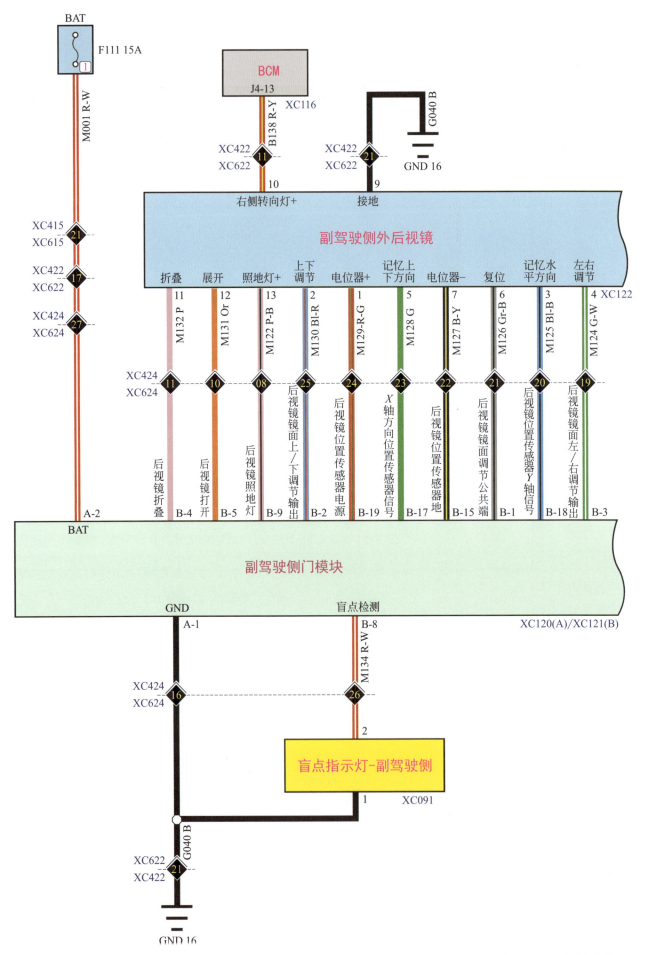

图 4-3-20　长城哈弗 H6

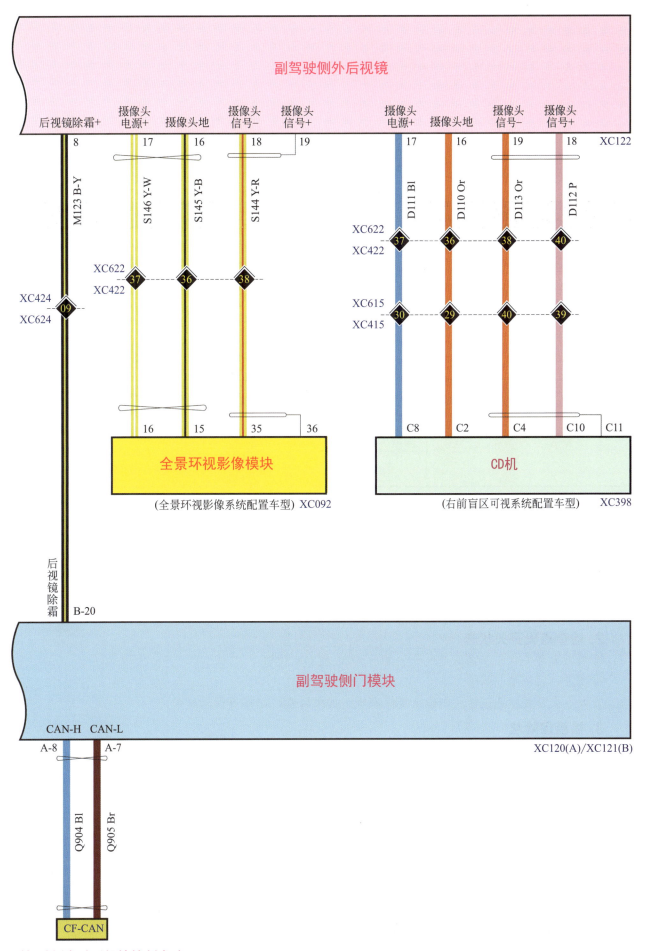

第四节
电动后视镜的典型故障检修技巧

一、故障症状表（表 4-4-1）

表 4-4-1　故障症状表

故障类型	症状	可疑部位
电动外后视镜加热功能故障	电动外后视镜加热功能不工作	电路保护装置 电动外后视镜控制电路 电动外后视镜加热元件
	电动外后视镜加热功能一直工作	
电动外后视镜折叠功能故障	电动外后视镜不能折叠	电路保护装置 电动外后视镜开关 电动外后视镜折叠电机 电动外后视镜控制电路
	电动外后视镜不能展开	
电动外后视镜镜片调节功能故障	电动外后视镜片不调节	电路保护装置 电动外后视镜开关 电动外后视镜垂直调节电机 电动外后视镜水平调节电机 电动外后视镜控制电路
	电动外后视镜片垂直调节异常	
	电动外后视镜片水平调节异常	

二、所有后视镜都不能调节诊断流程

1. 一般检查
检查后视镜控制开关、后视镜总成线束连接器有无破损、接触不良、老化、松脱等迹象。
如果正常，则检查点火开关状态；如果异常，则维修故障点。

2. 检查点火开关状态
检查点火开关状态，确认点火开关处于 ACC 或 ON 位置。
重新进行后视镜的调整。
如果点火开关状态正常，则确认维修完成；如果异常，则检查保险丝。

3. 检查保险丝
检查室内电器中心后视镜控制开关保险丝 DF36。
保险丝额定容量：10A。
如果保险丝正常，则检查后视镜控制开关；如果异常，则检修保险丝线路，更换额定容量的保险丝。

4. 检查后视镜控制开关
转动点火开关至 LOCK 位置，断开后视镜控制开关线束连接器 P03。
按照后视镜控制开关挡位表，检查后视镜控制开关的导通性。
如果正常，则检查后视镜控制开关电源线路；如果异常，则转动点火开关至 LOCK 位置，更换后视镜控制开关。

5. 检查后视镜控制开关电源线路
转动点火开关至 LOCK 位置，断开后视镜控制开关线束连接器 P03（图 4-4-1）。
转动点火开关至 ON 位置。

测量后视镜控制开关线束连接器 P03 的 8 号端子与可靠接地之间的电压。
标准电压值：11～14V。
如果正常，则检查后视镜开关接地线路；如果异常，则检修后视镜控制开关线束连接器 P03 的 8 号端子和室内电器中心 P01 上的保险丝 DF36 的 78 号端子之间线路的断路故障。

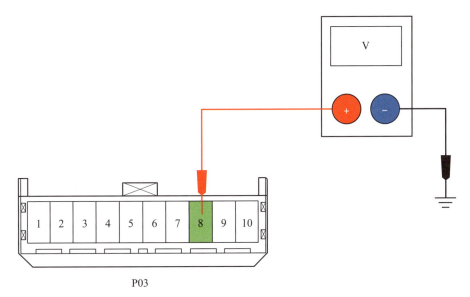

图 4-4-1　测量 P03 的 8 号端子与接地之间的电压

6. 检查后视镜控制开关接地线路

转动点火开关至 LOCK 位置，检查后视镜控制开关线束 P03 的 7 号端子与可靠接地电阻（图 4-4-2）。
标准电阻值：小于 5Ω。
如果正常，则检查后视镜控制开关至左/右后视镜的线路（以左后视镜向左侧调节为例）；如果异常，则检修后视镜控制开关线束 P03 的 7 号端子与接地点 G102 之间线路的断路故障。

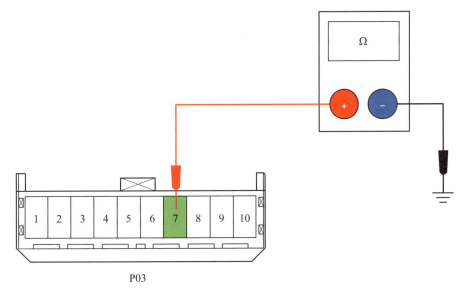

图 4-4-2　测量 P03 的 7 号端子与接地点 G102 之间的电阻

7. 检查后视镜控制开关至左/右后视镜的线路（以左后视镜向左侧调节为例）

转动点火开关至 LOCK 位置。
断开电动后视镜开关线束连接器 P03。
断开电动后视镜总成（左）线束连接器 D05。
测量后视镜控制开关线束连接器 P03 的 6 号端子与左后视镜总成线束连接器 D05 的 2 号端子之间线路的电阻（图 4-4-3）。

测量后视镜控制开关线束连接器 P03 的 5 号端子至左后视镜总成线束连接器 D05 的 3 号端子之间线路的电阻（图 4-4-4）。

标准电阻值：小于 5Ω。

如果正常，则更换电动后视镜总成；如果异常，则检修后视镜控制开关线束连接器 P03 的 6 号端子至左后视镜总成线束连接器 D05 的 2 号端子之间线路的断路故障，检修后视镜控制开关线束连接器 P03 的 5 号端子至左后视镜总成线束连接器 D05 的 3 号端子之间线路的断路故障。

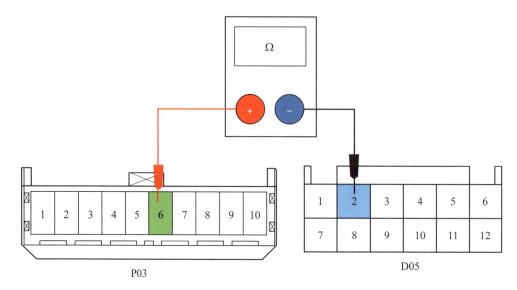

图 4-4-3　测量 P03 的 6 号端子与 D05 的 2 号端子之间的电阻

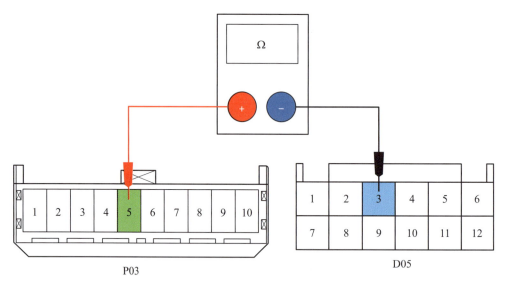

图 4-4-4　测量 P03 的 5 号端子与 D05 的 3 号端子之间的电阻

三、单一后视镜不能调节诊断流程

1. 一般检查

检查后视镜控制开关、后视镜总成线束连接器有无破损、接触不良、老化、松脱等迹象。

如果正常，则检查后视镜控制开关；如果异常，则维修故障点。

2. 检查后视镜控制开关

转动点火开关至 LOCK 位置，断开后视镜开关上的线束。

按照后视镜控制开关挡位表，检查后视镜开关的导通性。

如果正常，则检查左后视镜总成线路；如果异常，则转动点火开关至 LOCK 位置，更换后视镜控制开关。

3. 检查左后视镜总成线路（图 4-4-5）

转动点火开关至 LOCK 位置，断开后视镜控制开关线束连接器 P03，断开左后视镜总成线束连接器 D05。

测量后视镜开关线束连接器 P03 的 6 号端子至左后视镜总成线束连接器 D05 的 2 号端子的线路电阻，后视镜控制开关线束连接器 P03 的 4 号端子至左后视镜总成线束连接器 D05 的 1 号端子的线路电阻，后视镜控制开关线束连接器 P03 的 5 号端子至左后视镜总成线束连接器 D05 的 3 号端子的线路电阻。

标准电阻值：小于 5Ω。

如果正常，则更换左后视镜总成；如果异常，则检修后视镜控制开关线束至左后视镜总成线束的故障。

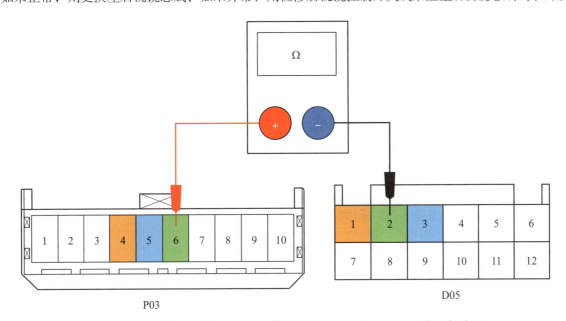

图 4-4-5　测量 P03 的 6、4、5 号端子与 D05 的 2、1、3 端子间电阻

4. 更换左后视镜总成

转动点火开关至 LOCK 位置，更换左后视镜总成。

如果正常，则确认维修完成；如果异常，则检查右后视镜总成线路。

5. 检查右后视镜总成线路（图 4-4-6）

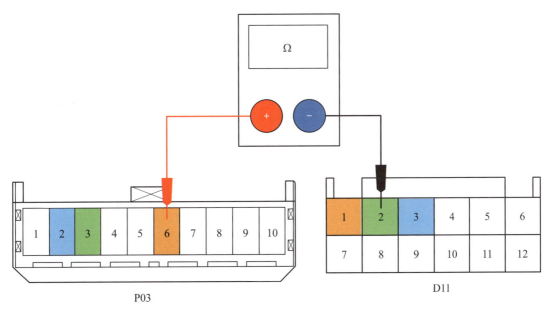

图 4-4-6　测量 P03 的 6、3、2 号端子与 D11 的 2、1、3 号端子间电阻

转动点火开关至 LOCK 位置，断开后视镜控制开关线束连接器 P03，断开右后视镜总成线束连接器 D11。

测量后视镜控制开关线束连接器 P03 的 6 号端子至右后视镜总成线束连接器 D11 的 2 号端子的线路电阻，后视镜控制开关线束连接器 P03 的 3 号端子至右后视镜总成线束连接器 D11 的 1 号端子的线路电阻，后视镜控制开关线束连接器 P03 的 2 号端子至右后视镜总成线束连接器 D11 的 3 号端子的线路电阻。

标准电阻值：小于 5Ω。

如果正常，则更换右后视镜总成；如果异常，则检修后视镜控制开关线束至右后视镜总成线束的故障。

四、单一后视镜不能折叠诊断流程

1. 一般检查

检查后视镜控制开关、后视镜总成线束连接器有无破损、接触不良、老化、松脱等迹象。

如果正常，则检查后视镜控制开关；如果异常，则维修故障点。

2. 检查后视镜控制开关

转动点火开关至 LOCK 位置，断开后视镜控制开关线束连接器 P03。

按照后视镜控制开关挡位表，检查后视镜控制开关的导通性。

如果正常，则检查后视镜总成线路（以左侧为例）；如果异常，则更换后视镜控制开关。

3. 检查后视镜总成线路（以左侧为例）

转动点火开关至 LOCK 位置。

断开电动后视镜控制开关线束连接器 P03。

断开电动后视镜总成（左）线束连接器 D05。

测量后视镜控制开关线束连接器 P03 的 9 号、10 号端子至左后视镜总成线束连接器 D05 的 7 号、8 号端子之间线路的电阻（图 4-4-7）。

标准电阻值：小于 5Ω。

如果正常，则更换电动后视镜总成；如果异常，则检修后视镜控制开关线束连接器 P03 的 9 号、10 号端子与左后视镜总成线束连接器 D05 的 7 号、8 号端子之间线路的断路故障。

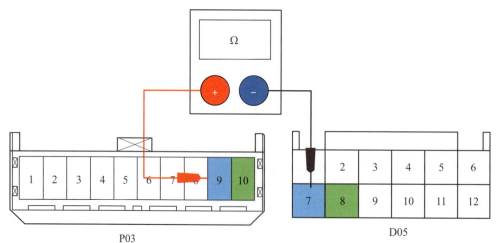

图 4-4-7　测量 P03 的 9、10 号端子与 D05 的 7、8 号端子间电阻

五、检查车外后视镜总成

以检查左侧车外后视镜总成为例。

（1）检查左侧车外后视镜总成功能（图 4-4-8）

a. 断开后视镜总成线束连接器。

b. 施加蓄电池电压并检查后视镜总成的工作情况（表4-4-2）。

表4-4-2　正常状态

测量条件	规定状态
蓄电池正极（+）→端子5（MV） 蓄电池负极（-）→端子4（M+）	上翻
蓄电池正极（+）→端子4（M+） 蓄电池负极（-）→端子5（MV）	下翻
蓄电池正极（+）→端子3（MH） 蓄电池负极（-）→端子4（M+）	左转
蓄电池正极（+）→端子4（M+） 蓄电池负极（-）→端子3（MH）	右转

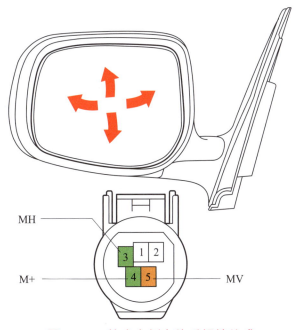

图4-4-8　检查左侧车外后视镜总成

如果结果不符合规定，更换后视镜总成。

（2）检查带后视镜加热器的电阻（图4-4-9）

a. 根据表4-4-3中的值测量电阻。

表4-4-3　标准电阻

检测仪连接	条件	规定状态
1（H+）—2（H-）	25℃（77℉）	7.6～11.4Ω

如果结果不符合规定，更换车外后视镜总成。

b. 将蓄电池正极（+）端子连接至端子1，并将蓄电池负极（-）端子连接至端子2，然后检查并确认后视镜变暖。

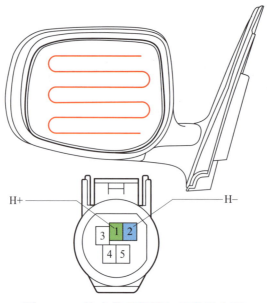

图 4-4-9 检查带后视镜加热器的电阻

正常：后视镜变暖。

提示

短时间内后视镜变暖。

如果结果不符合规定，更换车外后视镜总成。

六、检查车外后视镜开关总成

将左/右调整开关调到 L 位置，根据图 4-4-10 和表 4-4-4 测量电阻。

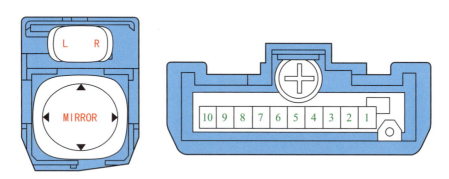

图 4-4-10 车外后视镜开关线束连接器

表 4-4-4 标准电阻（左侧）

检测仪连接	开关条件	规定状态
4（VL）—8（B） 6（M+）—7（E）	UP	小于 1Ω
	OFF	10kΩ 或更大
4（VL）—7（E） 6（M+）—8（B）	DOWN	小于 1Ω
	OFF	10kΩ 或更大
5（HL）—8（B） 6（M+）—7（E）	LEFT	小于 1Ω
	OFF	10kΩ 或更大

续表

检测仪连接	开关条件	规定状态
5（HL）—7（E） 6（M+）—8（B）	RIGHT	小于 1Ω
	OFF	10kΩ 或更大

如果结果不符合规定，则更换开关总成。

将左/右调整开关调到 R 位置，根据图 4-4-10 和表 4-4-5 测量电阻。

表 4-4-5　标准电阻（右侧）

检测仪连接	开关条件	规定状态
3（VR）—8（B） 6（M+）—7（E）	UP	小于 1Ω
	OFF	10kΩ 或更大
3（VR）—7（E） 6（M+）—8（B）	DOWN	小于 1Ω
	OFF	10kΩ 或更大
2（HR）—8（B） 6（M+）—7（E）	LEFT	小于 1Ω
	OFF	10kΩ 或更大
2（HR）—7（E） 6（M+）—8（B）	RIGHT	小于 1Ω
	OFF	10kΩ 或更大

七、检查电动外后视镜折叠开关电路

1. 检查搭铁控制电路

将点火开关置于 OFF 位置，断开电动外后视镜开关线束连接器。

根据图 4-4-11 和表 4-4-6 测量电阻。

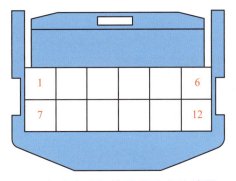

图 4-4-11　电动外后视镜开关线束连接器 XC223

表 4-4-6　标准电阻

测试条件	标准状态
XC223-3—车身	＜ 1Ω

如果正常，则维修电路中的开路/电阻过大故障；如果异常，则检查控制电路。

2. 检查控制电路

断开 BCM 线束连接器。

根据图 4-4-12 和表 4-4-7 测量电阻。

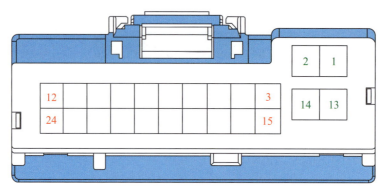

图 4-4-12　BCM 线束连接器

表 4-4-7　标准电阻

测试条件	标准状态
XC223-1—XC117-10	<1Ω
XC114-10—车身	电阻无穷大

如果正常，则检查电动外后视镜折叠、展开电机电路；如果异常，则维修电路中的开路 / 短路故障。

八、电动外后视镜镜片调节电路

1. 检查搭铁电路

将点火开关置于 OFF 位置，断开电动外后视镜开关线束连接器。

根据图 4-4-11 和表 4-4-6 测量电阻。

如果正常，则检查电源电路；如果异常，则维修电路中的开路 / 短路故障。

2. 检查电源电路

将点火开关置于 ON 位置，使试灯两端分别连接电动后视镜开关电源和车身。

根据图 4-4-11 和表 4-4-8 测量电阻。

表 4-4-8　标准状态测试

测试条件	标准状态
XC223-5—车身	试灯点亮

如果正常，则检查电动外后视镜开关至左电动外后视镜的电路；如果异常，则维修电路中的开路 / 短路故障。

3. 检查电动外后视镜开关至左电动外后视镜的电路

断开左电动外后视镜总成线束连接器。

根据图 4-4-11、图 4-4-13 和表 4-4-9 测量电阻。

表 4-4-9　标准电阻

测试条件	标准状态
XC223-11—XC119-6	<1Ω
XC223-11—车身	电阻无穷大

续表

测试条件	标准状态
XC223-8—XC119-2	<1Ω
XC223-8—车身	电阻无穷大
XC223-2—XC119-4	<1Ω
XC223-2—车身	电阻无穷大

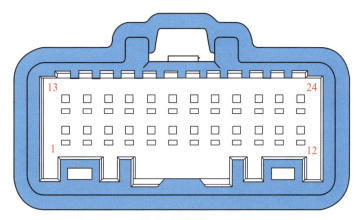

图 4-4-13　线束连接器 XC119/XC122

如果正常，则检查电动外后视镜开关至右电动外后视镜的电路；如果异常，则维修电路中的开路/短路故障。

4. 检查电动外后视镜开关至右电动外后视镜的电路

断开右电动外后视镜总成线束连接器。

根据图 4-4-11、图 4-4-13 和表 4-4-10 测量电阻。

表 4-4-10　标准电阻

测试条件	标准状态
XC223-7—XC122-6	<1Ω
XC223-7—车身	电阻无穷大
XC223-10—XC122-2	<1Ω
XC223-10—车身	电阻无穷大
XC223-2—XC122-4	<1Ω
XC223-2—车身	电阻无穷大

如果正常，则检查电动外后视镜；如果异常，则维修电路中的开路/短路故障。

5. 检查电动外后视镜

如果正常，则更换电动外后视镜开关；如果异常，则更换电动外后视镜。

九、电动外后视除霜电路

1. 检查搭铁电路

将点火开关置于 OFF 位置，断开电动外后视镜总成线束连接器。

根据图 4-4-13 和表 4-4-11 测量电阻。

表 4-4-11 标准电阻

测试条件	标准状态
XC119/XC122-9—车身	＜1Ω

如果正常，则检查电源电路；如果异常，则维修电路中的开路 / 短路故障。

2. 检查电源电路

启动发动机，打开后除霜开关，使试灯两端分别连接电动后外视镜电源和车身。
根据图 4-4-13 和表 4-4-12 进行测试。

表 4-4-12 标准状态测试

测试条件	标准状态
XC119/XC122-8—车身	试灯点亮

关闭后除霜开关，使试灯两端分别连接电动后外视镜电源和车身。
如果正常，则排除空调系统故障；如果异常，则维修电路中的开路 / 短路故障。